em neu

Hauptkurs

Deutsch als Fremdsprache
Niveaustufe B2

2., aktualisierte Auflage

Michaela Perlmann-Balme
Susanne Schwalb

ARBEITSBUCH

Hueber Verlag

QUELLEN:

S. 9: Foto © Interfoto München; Text frei nach Kindlers Literaturlexikon; S. 15: © Süddeutscher Verlag, Bilderdienst, München; S. 18: © Süddeutscher Verlag, Bilderdienst, München; S. 19: © Interfoto München; S. 24: Text aus: Eltern 4/90, S. 5, © Picture Press, Hamburg; S. 36: Foto © Interfoto München; Text nach Movie Line; S. 40: © Landesbildstelle Berlin; S. 41: © Interfoto München; S. 43: Text aus: Spiegel 39/1996, S. 242, Spiegel-Verlag, Hamburg; S. 47: © Interfoto München; S. 48: Text aus: Lexikon des deutschen Films, Philipp Reclam jun. Verlag, Ditzingen; S. 49: Gedicht aus: Anspiel Nr. 39, Inter Nationes, Bonn; S. 70: © Interfoto München; Text aus: Lexikon des deutschen Films, Philipp Reclam jun. Verlag, Ditzingen; S. 75: Statistik © Globus Infografik GmbH ; S. 76: © Dieter Reichler (MHV-Archiv); S. 78: © picture-alliance/dpa-Fotoreport; Text: Zeitsprung Film + TV Produktions GmbH; S. 84: Statistik © Globus Infografik GmbH; S. 88: Ullstein Bilderdienst, Berlin/Aero Picture; S. 96: Text aus: AZ vom 31.1.1994, S. 8, Verlag die Abendzeitung, München; S. 98: Fotos © Süddeutscher Verlag, Bilderdienst, München; Autorenbeschreibung aus: Geschichte einer Liebe in Briefen, Bildern und Dokumenten zusammengestellt von © Renate Wagner, Wien (Niedieck Linder AG); S. 100: Foto und Text: Atlas Film- und Videoverleih, Moers; S. 106: Text aus: Spiegel spezial 3/1995, S. 115, Spiegel-Verlag, Hamburg; S. 107: Statistik © Globus Infografik GmbH; S. 108: Text nach: ADAC Motorwelt 11/96, S. 135; S. 109: Foto © Süddeutscher Verlag, Bilderdienst, München; Text oben aus: AZ vom 29.4.1996, S. 4, Verlag die Abendzeitung, München; Text unten aus: SZ vom 15.12. 1995/Bernadette Calonego, Zürich; S. 111: Interview aus: SZ vom 10.2.1996, Süddeutscher Verlag, München; S. 112: Foto © Interfoto München; Text: X-Filme, Berlin; S. 116: Text von: www.helsana.ch; S. 119: Fotos © MEV/MHV; S. 124: Text aus: Psychologie Heute 4/200, S. 54 von Jochen Paulus; S. 132: © Interfoto München; S. 133: Text von: StattAuto, München; S. 145: „Gewalt im Kinderzimmer" von Cathrin Kahlweit aus der SZ v. 14.02.2007; S. 148: Hörtext nach einer Rundfunksendung: Seniorenspielplätze, Bayern2Radio, Tagesgespräch © Bayerischer Rundfunk 2007; S. 154: Text nach „Habe alles, bekomme mehr" von Götz Hamann aus Die Zeit v. 19.05. 2004; Foto links © Fraport AG, Retailing; Mitte © Irisblende; rechts © Irisblende

Wir haben uns bemüht, alle Inhaber von Text- und Bildrechten ausfindig zu machen. Sollten Rechteinhaber hier nicht aufgeführt sein, so wäre der Verlag für entsprechende Hinweise dankbar.

Das Werk und seine Teile sind urheberrechtlich geschützt. Jede Verwertung in anderen als den gesetzlich zugelassenen Fällen bedarf deshalb der vorherigen schriftlichen Einwilligung des Verlags.

Hinweis zu § 52a UrhG: Weder das Werk noch seine Teile dürfen ohne eine solche Einwilligung überspielt, gespeichert und in ein Netzwerk eingespielt werden. Dies gilt auch für Intranets von Firmen und von Schulen und sonstigen Bildungseinrichtungen.

| 3. | 2. | 1. | | Die letzten Ziffern |
| 2011 | 10 | 09 | 08 07 | bezeichnen Zahl und Jahr des Druckes. |

Alle Drucke dieser Auflage können, da unverändert, nebeneinander benutzt werden.
1. Auflage
© 2007 Hueber Verlag, 85737 Ismaning, Deutschland
Verlagsredaktion: Maria Koettgen, Dörte Weers, Thomas Stark, alle Hueber Verlag
Umschlaggestaltung, Layout: Marlene Kern, München
Zeichnungen: Martin Guhl, Duillier Genf
Druck und Bindung: Stürtz, Würzburg
Printed in Germany
ISBN 978-3-19-131695-2

INHALT

LEKTION 1 — 7–22

		LERNWORTSCHATZ DER LEKTION	7
Wortschatz	1	Wortfeld *Charakter*	7
Schreiben	2	Kurstagebuch	8
Wortschatz	3	*machen* + Adjektiv	8
Lerntechnik	4	Lesestrategie: Texte überfliegen	9
Grammatik	5	Stellung des Adjektivs im Satz	9
Grammatik	6	Adjektive	9
Grammatik	7	Deklination der Adjektive	10
Grammatik	8	Endungsschema	10
Grammatik	9	Artikelwörter und Adjektivendungen	10
Grammatik/Wortschatz	10	Kombination	11
Grammatik	11	Ergänzen Sie.	11
Grammatik	12	Positive und negative Eigenschaften	11
Lesen	13	Wo steht das im Text?	12
Wortschatz	14	Körpersprache	13
Grammatik/Wortschatz	15	Wortbildung: Verstärkung	13
Grammatik	16	Adjektive mit Präpositionen	13
Wortschatz	17	Personenbeschreibung: Charakter und Aussehen	14
Wortschatz	18	Graduierung der Adjektive	14
Schreiben	19	Begründungen	14
Schreiben	20	Lebensstandard	14
Wortschatz	21	Lebenslauf	15
Wortschatz	22	Von der Wiege bis zur Bahre	16
Grammatik	23	Wortbildung: Derivation	16
Grammatik	24	Wortbildung: Komposition	17
Grammatik	25	Adjektive: *-los; -haft; -lich; -ig; -isch; -tisch; -istisch*	17
Grammatik	26	Substantivierte Adjektive	17
Schreiben	27	Biografie: Albert Einstein	18
Lerntechnik	28	Schreiben	18
Lerntechnik	29	Wozu lernen Sie Deutsch?	18
Grammatik	30	Ergänzen Sie die Endungen	19
Grammatik	31	Artikelwörter, Pronomen und Endungen	19
		AUSSPRACHETRAINING – die Vokale *u-i-ü*	20
		LERNKONTROLLE	22

LEKTION 2 — 23–38

		LERNWORTSCHATZ DER LEKTION	23
Wortschatz	1	Wortbildung	23
Lesen/Grammatik	2	Leser fragen – Fachleute antworten	24
Grammatik	3	Verbarten	24
Grammatik	4	Sprachen lernen	25
Grammatik	5	Verben mit Präpositionen	25
Grammatik	6	Wortbildung: Nicht trennbare Vorsilbe *be-*	26
Grammatik	7	Wortbildung: Nicht trennbare Vorsilbe *ver-*	26
Grammatik	8	Wortbildung: Nicht trennbare Vorsilbe *ver-* + Adjektiv	26
Grammatik	9	Wortbildung: Nicht trennbare Vorsilbe *ent-*	27
Grammatik	10	Wortbildung: Nicht trennbare Vorsilbe *er-* und *zer-*	27
Lesen/Grammatik	11	Das Verb in der deutschen Sprache	27
Wortschatz	12	Das Verb *lassen*	28
Wortschatz/Grammatik	13	Bedeutungswandel durch Vorsilben	28
Wortschatz	14	Bilderrätsel	29
Wortschatz	15	Das Verb *machen*	29
Wortschatz	16	Nomen-Verb-Verbindungen	30
Schreiben	17	Die Schweiz: Zahlen und Daten	30
Schreiben	18	Sprache(n) in meinem Heimatland	30
Schreiben	19	Lernen und studieren	31
Wortschatz	20	Schulen in Deutschland	31
Lerntechnik	21	Erinnerungstechnik	32
Schreiben	22	Formeller Brief	32
Schreiben	23	Brief nach Stichworten	32
Wortschatz	24	Stilblüten	33
Wortschatz/Sprechen	25	Pro und Contra	33
Lerntechnik	26	Lesestile	34
Lerntechnik	27	Textsorte und Lesestil	34
Lesen	28	Lesetraining: Buchstabenschlange	35
Grammatik	29	Canettis Erinnerungen	35
Grammatik	30	Frau Canettis Methode	35
Lesen	31	Kaspar Hauser	36
Wortschatz	32	*sagen, erzählen, reden, sprechen*	36
		AUSSPRACHETRAINING – Wortakzent	37
		LERNKONTROLLE	38

LEKTION 3 — 39–50

		LERNWORTSCHATZ ZUR LEKTION	39
Wortschatz	1	Wörter lernen	39
Sprechen	2	Berliner Luft	40
Lerntechnik	3	Lesestrategie: Bedeutung erschließen	40
Wortschatz	4	Idiomatik	41
Grammatik	5	Lokale Präpositionen	41
Lesen	6	Der Satz in der deutschen Sprache	41
Grammatik	7	Wortstellung im Hauptsatz	42
Grammatik	8	Freie Angaben im Hauptsatz	42
Grammatik	9	Fehleranalyse: Wortstellung	42
Grammatik	10	Fehlerkorrektur: Wortstellung	43
Lesen	11	Sätze erweitern	43
Wortschatz	12	In welchem Gebiet oder Stadtteil ist was zu finden?	44
Grammatik	13	Wiener Kaffeehäuser	44
Schreiben	14	In Deutschland gibt es Cafés …	45
Lesen/Hören	15	Schlüsselwörter	45
Schreiben	16	Persönlicher Brief – Textsortenmerkmale	45
Schreiben	17	Korrektur – Persönlicher Brief	46
Grammatik/Sprechen	18	Spiel: Satzpuzzle	46
Grammatik	19	Vermutungen über Tucholskys Berlin	46
Lesen	20	Das Versprechen	47

INHALT

Grammatik	21	Satzbau variieren	48
Lesen	22	Textpuzzle	48
Wortschatz	23	Gebäude beschreiben	48
AUSSPRACHETRAINING – Satzakzent			49
LERNKONTROLLE			50

LEKTION 4   51–60

LERNWORTSCHATZ DER LEKTION			51
Grammatik	1	Präteritum	51
Hör-, Sehverstehen/Sprechen	2	Werbespots	52
Wortschatz	3	Inhaltsangabe	52
Wortschatz	4	Welches Nomen ist falsch?	53
Wortschatz	5	Einkaufsmöglichkeiten	53
Lerntechnik	6	Strategien beim Lesen	53
Wortschatz	7	Nomen zum Thema „Wirtschaft, Handel"	54
Grammatik	8	Das Erfolgsrezept von Aldi	54
Grammatik	9	Negation	54
Grammatik/Wortschatz	10	Wortbildung Adjektive	55
Wortschatz	11	E-Mails	55
Schreiben	12	Ergebnisse einer Umfrage zusammenfassen	55
Schreiben	13	Vermutungen	56
Hören/Grammatik	14	Falsch zitiert!	56
Lerntechnik	15	Aktivitäten beim Hören	56
Sprechen	16	Tauschpartner	57
Schreiben	17	Tauschbörse	57
Grammatik	18	Infinitiv, Präteritum, Perfekt	57
Wortschatz/Grammatik	19	Eine Sage	58
AUSSPRACHETRAINING – Diphtonge: *ei, au, eu*			59
LERNKONTROLLE			60

LEKTION 5   61–72

LERNWORTSCHATZ DER LEKTION			61
Wortschatz	1	Bilden Sie sinnvolle Sätze.	61
Grammatik	2	Formen des Konjunktivs II	62
Grammatik	3	Regeln zum Konjunktiv II	62
Grammatik	4	Irreale Bedingungen	62
Grammatik	5	Was wäre, wenn …?	63
Lesen/Grammatik	6	Artikelwörter, Pronomen und Präpositionalpronomen	63
Grammatik	7	Regeln zu *das, dies, es* und *da(r)* + Präposition	63
Grammatik	8	Erklärungen	64
Wortschatz	9	Was ist das?	64
Wortschatz	10	Welches Wort passt nicht?	64
Wortschatz	11	Ausdruckstraining	64
Grammatik	12	Irrealer Vergleich	65
Grammatik	13	Es sieht so aus, als (ob/wenn) …	65
Lerntechnik	14	Strategien zum Hören in der Fremdsprache	65
Schreiben	15	Kritik	66
Wortschatz	16	Zeitangaben	66
Wortschatz	17	Adjektivische Zeitangaben	67
Wortschatz	18	Zeitangaben: Wie sage ich es anders?	67
Wortschatz	19	Redewendungen	67
Wortschatz	20	Synonyme	68
Lesen/Grammatik	21	Vom Satz zum Text	68
Grammatik	22	Stellen Sie sich vor …	69
Grammatik	23	Konjunktiv II mit Modalverben und im Passiv	69
Grammatik	24	Irreale Wünsche	70
Schreiben	25	Die Welt im Jahre 2100?	70
Wortschatz	26	Die unendliche Geschichte	70
AUSSPRACHETRAINING – die Konsonanten *l* und *r*			71
LERNKONTROLLE			72

LEKTION 6   73–86

LERNWORTSCHATZ DER LEKTION			73
Wortschatz	1	Wortfeld *Arbeitsplatz*	73
Grammatik	2	Kausale und konsekutive Satzverbindungen	74
Lesen/Grammatik	3	Warum Bewerber scheitern	74
Grammatik	4	Konnektoren und Präpositionen	75
Grammatik	5	Ergänzen Sie die Sätze.	75
Wortschatz/Schreiben	6	Tabellarischer Lebenslauf	76
Schreiben	7	Bewerbungsbrief	77
Wortschatz	8	Wortpaare finden	77
Hören/Schreiben	9	Telefonnotiz	78
Sprechen	10	Jemanden um Auskunft bitten	78
Lesen	11	Das Wunder von Lengede	78
Grammatik	12	Konditionale Satzverbindungen	79
Schreiben	13	Überlegungen zur Berufswahl	79
Sprechen	14	Spiel: Berufsalphabet	80
Wortschatz	15	Wer übt welche Tätigkeiten aus?	80
Wortschatz	16	Redewendungen und Sprichwörter	80
Wortschatz/Grammatik	17	Beziehungen am Arbeitsplatz	81
Wortschatz	18	Was macht man, wenn …?	81
Wortschatz/Sprechen	19	Spiel: Ballonfahrt	82
Grammatik	20	Regeln für den Arbeitsplatz	82
Grammatik	21	Vergleichssätze mit *je … desto*	82
Grammatik	22	Konditionale Konnektoren und Präpositionen	83
Lerntechnik	23	Zuhören – aber wie?	83
Lesen/Grammatik	24	Stellenwechsel	84

INHALT

AUSSPRACHETRAINING – die Konsonanten *p-t-k* und *b-d-g*			85
LERNKONTROLLE			86

LEKTION 7   87–102

LERNWORTSCHATZ DER LEKTION			87
Wortschatz	1	Pluralformen	87
Schreiben	2	Bildbeschreibung	88
Lesen/Grammatik	3	Das Nomen in der deutschen Sprache	88
Grammatik	4	Singular und Plural	89
Grammatik	5	Pluraltypen	89
Lesen	6	Textgrammatik	90
Grammatik/Wortschatz	7	Fugenelement: ja oder nein?	90
Wortschatz	8	Bilderrätsel	90
Wortschatz	9	Wortbildung: Farbenspiel	91
Wortschatz	10	Worterklärungen	91
Wortschatz	11	Bedeutung zusammengesetzter Nomen	91
Wortschatz	12	Die richtige Reihenfolge	91
Wortschatz	13	Verliebt, verlobt, verheiratet	92
Wortschatz/Grammatik	14	Nomen, Verb, Partizip	92
Grammatik	15	Wortbildung	92
Wortschatz	16	Synonyme	92
Wortschatz	17	Welches Wort passt nicht?	93
Lerntechnik	18	Arbeit mit dem Wörterbuch	93
Lerntechnik	19	Welche Bedeutung passt?	93
Wortschatz	20	Lückentext	94
Wortschatz	21	Idiomatik	94
Grammatik	22	Wortbildung: Derivation	95
Wortschatz/Grammatik	23	Nominalisierungen	95
Lesen/Grammatik	24	Lückentext: Nomen	96
Wortschatz	25	Gratulation	97
Wortschatz/Grammatik	26	Vermutungen	97
Schreiben	27	Bericht von einer Verlobung bzw. Hochzeit	97
Schreiben	28	Leserbrief – Testsortenmerkmale	97
Lesen/Wortschatz	29	Biographie	98
Hören/Lesen	30	Textrekonstruktion *Halb zwei*	98
Grammatik	31	Artikel: Numerus und Genus	99
Grammatik	32	Nomen mit Präpositionen	99
Lesen	33	Yasemin	100
AUSSPRACHETRAINING – lange und kurze Vokale			101
LERNKONTROLLE			102

LEKTION 8   103–114

LERNWORTSCHATZ DER LEKTION			103
Spiel	1	Wortschatz definieren	103
Wortschatz	2	Sätze ergänzen	104
Wortschatz	3	Textstellen finden	104
Wortschatz/Sprechen	4	Medienverhalten und Gesundheit	104
Grammatik	5	Temporale Konnektoren und Präpositionen	105
Grammatik/Wortschatz	6	Wie bedient man einen Computer?	105
Grammatik	7	Abläufe beschreiben	105
Wortschatz	8	Welches Wort passt?	106
Lesen/Sprechen	9	Die Glotze lebt	106
Sprechen/Schreiben	10	Schaubild	107
Lesen	11	Textpuzzle	108
Lerntechnik	12	Schlüsselwörter finden	108
Schreiben	13	Aus der deutschsprachigen Presse	108
Lesen	14	Kurzportrait: Jan Philipp Reemtsma	109
Grammatik	15	Indirekte und wörtliche Rede	109
Grammatik	16	Indirekte Rede	110
Grammatik	17	Was man in einem Computerkurs alles erlebt	110
Lesen/Grammatik	18	Vom Interview zum Bericht	111
Wortschatz	19	Nachrichten	112
Lesen	20	Good Bye, Lenin!	112
AUSSPRACHETRAINING – die Konsonanten *f-v-w* und die Verbindungen *ng-nk*			113
LERNKONTROLLE			114

LEKTION 9   115–126

LERNWORTSCHATZ DER LEKTION			115
Wortschatz	1	Adjektive zum Thema „Gesund leben"	115
Wortschatz	2	Empfehlungen	116
Wortschatz	3	Lebensmittel	116
Schreiben	4	Verhaltensänderung	117
Schreiben	5	Kreuzworträtsel	117
Lesen	6	Bella Martha	118
Lesen/Sprechen	7	Beratungsgespräch im Reisebüro	118
Wortschatz	8	Lexikon	120
Lesen/Wortschatz	9	Textzusammenfassung	120
Grammatik	10	Wozu braucht man/soll man …?	121
Grammatik	11	Nebensätze und nominale Wendungen	121
Grammatik	12	*für* oder *zu*?	121
Grammatik	13	Wie kann man …?	122
Grammatik	14	Konnektoren und Präpositionen	122
Grammatik	15	Offene Sätze	123
Lerntechnik	16	Notizen machen	123
Lerntechnik	17	Textlücken erschließen	123
Lesen	18	Bewegung als Heilmittel	124
Lerntechnik	19	Wortfelder erarbeiten	124

5

INHALT

AUSSPRACHETRAINING – die Verbindungen *ng-nk*			**125**
LERNKONTROLLE			**126**

LEKTION 10   127–138

LERNWORTSCHATZ DER LEKTION			**127**
Wortschatz	1	Wortfelder *Mobilität, Wirtschaft*	**127**
Grammatik	2	Passiv	**128**
Grammatik	3	Passivformen	**128**
Grammatik	4	Vorgangs- oder Zustandspassiv?	**129**
Grammatik	5	Aus Aktiv- werden Passivsätze	**129**
Wortschatz	6	Individualverkehr	**129**
Wortschatz	7	Ein Fahrzeug benutzen	**130**
Grammatik	8	Alternative Formen zum Passiv	**130**
Wortschatz	9	Wortbildung: Adjektiv mit *-lich* oder *-bar*?	**130**
Grammatik	10	*müssen* oder *können*?	**131**
Wortschatz	11	Statistik	**131**
Wortschatz	12	Wortbildung: Nomen aus Verben	**131**
Lesen	13	Lola rennt	**132**
Sprechen	14	Informationen zum Beratungsgespräch	**133**
Grammatik	15	Verben der Fortbewegung	**134**
Grammatik	16	Relativsätze	**134**
Grammatik	17	Wie lautet das Partizip?	**135**
Grammatik	18	Partizip I oder II?	**135**
Grammatik	19	Partizipialkonstruktionen und Relativsätze	**135**
Lerntechnik	20	Merkmale verschiedener Textsorten	**136**
AUSSPRACHETRAINING – *h* und Knacklaut			**137**
LERNKONTROLLE			**138**

PRÜFUNGSTRAINING   139–154

LÖSUNGEN   155–168

LEKTION 1 – *Lernwortschatz*

Verben

aufwachsen
aus-/einbürgern
aus-/einwandern
ausweichen
erschrecken über + *Akk.*
faszinieren
einrichten
emigrieren
promovieren
sich aufhalten in + *Dat.*
sich begeistern für + *Akk.*
sich beklagen über + *Akk.*
sich betätigen als + *Nom.*
sich niederlassen in + *Dat.*/
  als + *Nom.*
veröffentlichen
seufzen
sterben

Nomen

die Aggression, -en
der Aufenthalt
das Aussehen
der Charakter, -ere
der Egoismus
die Eifersucht
die Eigenschaft, -en
die Einbürgerung
der Emigrant, -en
der Fleiß
die Gewohnheit, -en
die Großzügigkeit
das Leiden, -
die Maßlosigkeit
die Promotion
die Reifeprüfung, -en
die Schwäche, -n
der Selbstmord, -e
die Staatsbürgerschaft, -en
der Stolz
der Thron, -e
der Tod
die Trägheit
der Verdienst, -e
die Vorliebe, -n
das Wesen, -
der Wohnsitz, -e
die Zuverlässigkeit

Adjektive/Adverbien

anpassungsfähig
arrogant
aufwändig
äußerst
befristet (un-)
belesen
berechtigt (un-)
böse auf + *Akk.*
böswillig
chronisch
dankbar für + *Akk.*
demoralisiert
depressiv
ehrlich (un-)
eifersüchtig auf + *Akk.*
eigenhändig
eingebildet
enttäuscht von + *Dat.*/
  über + *Akk.*
erschrocken über + *Akk.*
erstaunt über + *Akk.*
flexibel (un-)
gebührenfrei
geduldig (un-)
gesellig (un-)
großzügig
hilfsbereit
höflich (un-)
humorvoll
interessiert an + *Dat.*
jugendlich
klug (un-)
lebhaft
nervös
neugierig
oberflächlich
ordentlich (un-)
pedantisch
reif (un-)
schüchtern
sensibel (un-)
suspekt
verantwortungsbewusst
verliebt in + *Akk.*
verschlossen
wütend auf/über + *Akk.*
zivilisiert
zufrieden (un-) mit + *Dat.*

Ausdrücke

ein Haus beziehen
fester Mitarbeiter sein
jemanden im Stich lassen
Jura studieren
mit vollen Händen geben
sich das Leben nehmen
sich wohl fühlen
von Rang
von vorne herein
Wert legen auf + *Akk.*
zum Militär eingezogen werden

---

1 Wortfeld *Charakter* → **WORTSCHATZ**
Ergänzen Sie aus der Liste „Charaktereigenschaften".

	positiv	negativ	neutral
Nomen	*der Fleiß*	*der Egoismus*	–
Adjektive		*eingebildet*	

LEKTION 1

2   Kurstagebuch → **SCHREIBEN**
Führen Sie ein Tagebuch. An jedem Tag sollte eine andere
Kursteilnehmerin/ein anderer Kursteilnehmer den Eintrag schreiben.

Kurstagebuch

Verfasser(in): ....
Datum: ....

Was ich getan habe:

Der Satz des Tages:

Worüber ich gelacht habe:

Was für mich anstrengend war:

Worüber ich mich gefreut habe:

---

zu Seite 10, 2

3   *machen* + Adjektiv → **WORTSCHATZ**
Bilden Sie Ausdrücke und formulieren Sie passende Sätze.

> bemerkbar (sich) – dick – falsch – frisch (sich) – gründlich – gut –
> lustig (sich) – richtig – sauber – schlecht – schön (sich) – sichtbar –
> überflüssig – verständlich (sich) – wichtig (sich)

Beispiele:
Ich esse alles gerne, was dick macht.
Ich mag es nicht, wenn sich jemand wichtig macht.

LEKTION 1

zu Seite 12, 3

4 Lesestrategie: Texte überfliegen → **LERNTECHNIK**
Beim Überfliegen eines Textes geht es darum, die wichtigsten Informationen rasch zu entnehmen und sich nicht bei den Einzelheiten aufzuhalten.

a Unterstreichen Sie beim Text im Kursbuch S. 11 alle Wörter, die zentrale Aussagen enthalten. Es sollten höchstens drei Wörter pro Satz sein.

Beispiel: *Er fühlte sich in den Salons der guten Gesellschaft genauso wohl wie in den Indianerdörfern am Orinoko, bei den deutschen Siedlern an der Wolga oder den Nomadenstämmen in Asien.*

b Fassen Sie nun die Aussagen des Textes zusammen und vergleichen Sie Ihre Ergebnisse.

Beispiel: *Humboldt machte weite Reisen, z.B. nach Südamerika an den Orinoko, nach Russland und Asien. Er sammelte Erkenntnisse in Urwäldern und Wüsten und gründete die Länderkunde und Geographie. Er veröffentlichte sein Forschungsergebnisse in dreißig Bänden. Außerdem war er Lehrer und preußischer Diplomat.*

zu Seite 12, 6

5 Stellung des Adjektivs im Satz → **GRAMMATIK**

a Ergänzen Sie die wichtigsten Regeln zu den Adjektivendungen.

Das Kasus-Signal steht entweder am *Artikel* oder am *Adjektiv*.

b Trägt der Artikel das Kasus-Signal, genügt beim Adjektiv (Nominativ maskulin, feminin, neutral und Akkusativ feminin und neutral) als Endung .... Beispiel: *die zivilisierte Welt*.
In allen anderen Kasus trägt das Adjektiv die Endung ....

c Gibt es keinen Artikel, trägt das Adjektiv das ....
Beispiel: *unbekannter Welten*.
Ebenso, wenn der Artikel **kein** Kasus-Signal trägt.

zu Seite 12, 6

6 Adjektive → **GRAMMATIK**
Ergänzen Sie – wo nötig – die Endungen.

KARL MAY Als unsere Väter so 13, 14 Jahre alt waren, gab es nur wenige Jungen, die nicht fasziniert waren von der Geschichte einer Freundschaft zwischen dem Indianer Winnetou und dem deutschstämmig*en* Jäger Old Shatterhand. In Amerika, der Heimat dieser Romanhelden, ist ihr Schöpfer so gut wie unbekannt. Dabei war der Autor des beliebt.......... Klassikers Winnetou einer der meist gelesen.......... Schriftsteller Europas. Seine über 60 Abenteuerromane wurden in zahlreich.......... Sprachen übersetzt. Titel wie *Der Schatz im Silbersee* (1894) und *Durch die Wüste* (1892) verraten seine besonder.......... Vorliebe für fremd.......... Länder und exotisch.......... Kulturen. Elf seiner Werke wurden verfilmt. Inzwischen gibt es sogar eine Parodie – *Der Schuh des Manitu* wurde im Jahr 2001 zum bestbesucht.......... deutschen Film aller Zeiten.

LEKTION 1

zu Seite 12, 6

7 Deklination der Adjektive → GRAMMATIK

Ergänzen Sie in der folgenden Übersicht die fehlenden Beispiele und markieren Sie die Adjektivendungen.

	Singular maskulin	Singular feminin	Singular neutral	Plural
Nom.	der groß*e* Erfolg	die	das	die unbekannt*en* Welten
	ein groß*er* Erfolg	eine gute Gesellschaft	ein europaweit*es* Unternehmen	viele
Akk.	den	die	das	die
	einen	eine	ein	viele
Dat.	mit dem	mit der	mit dem	mit den
	mit einem	mit einer	mit einem	mit vielen
Gen.	des	der gut*en* Gesellschaft	des europaweit*en* Unternehmens	der
	eines	einer	eines	vieler

zu Seite 12, 6

8 Endungsschema → GRAMMATIK

Markieren Sie die Endungen -e, -en, -er und -es in Aufgabe 6 in verschiedenen Farben. Wie oft haben Sie -en markiert? Welche Endungen benutzen Sie ganz selten? Formulieren Sie eine Regel, mit der Sie persönlich sich die Endungen merken können.

zu Seite 12, 6

9 Artikelwörter und Adjektivendungen → GRAMMATIK

Ergänzen Sie die fehlenden Endungen.

- **a** Gestern hatten wir unerwartet *en* Besuch von gut *en* Freunden.
- **b** Reiner ist ein schwierig......... Typ.
- **c** Eva hat ein sehr angenehm......... Wesen.
- **d** Diese Frau Meyer ist wirklich eine arrogant......... Person.
- **e** Hans hat noch andere klein......... Schwächen.
- **f** Mit einigen von deinen schlecht......... Gewohnheiten komme ich wirklich nicht zurecht.
- **g** Mit diesem hilfsbereit......... Kollegen kann man äußerst gut zusammenarbeiten.
- **h** Mein fünfjähriger Sohn geht nie ohne seine speziell......... Spielsachen aus dem Haus.
- **i** In meinem Bekanntenkreis gibt es mehrere recht humorvoll......... Menschen.
- **j** Das hätte ich bei einer so großzügig......... Frau nicht erwartet.
- **k** Ich mag deine neu......... Freundin.
- **l** Es war nicht ganz leicht, die enttäuscht......... Kunden zu beruhigen.
- **m** In dieser Prüfung gab es keine schwer......... Aufgaben.
- **n** Jeder neu......... Pass muss beantragt werden.
- **o** Es geht um die neu......... Telefongebühren.
- **p** Alle interessiert......... Studenten sollen sich melden.

LEKTION 1

zu Seite 12, 6

10 Kombination → GRAMMATIK/WORTSCHATZ

Kombinieren Sie Adjektive mit den Nomen und – wo angegeben mit Präpositionen. Geben Sie je einen Beispielsatz in verschiedenen Kasus bzw. Deklinationstypen.

Adjektiv	Nomen	Beispiele im Nominativ
neu	der Wohnsitz	Er hat einen neuen Wohnsitz in Berlin.
gut	Aussichten	
schlecht	der Charakter	
hoch	der Verdienst	
angemessen	die Bezahlung	
alt	die Gewohnheit	In
kurz	ein Aufenthalt	Während
freundlich	Grüße	Mit
nett	eine Person	
klein	Schwächen	
besonders	eine Vorliebe	Mit
groß	Fleiß	
schwer	Leiden	Nach
neu	Mitarbeiter	Mit
schlecht	Zeiten	In

zu Seite 12, 6

11 Ergänzen Sie. → GRAMMATIK

Achten Sie auf die Groß- und Kleinschreibung.

aktuellem – genaueres – heißes – historisches – interessantes – näheres – ~~neues~~ (3x) – unbekanntes – letzter

a
▲ Hast du was ...Neues... (0) von Richard gehört?
● Nein, leider nicht. Ich glaube, er wollte eine größere Reise machen – in irgendein .... (1) Land am Äquator.
▲ Ja, das weiß ich auch. Ich würde nur gerne mal was .... (2) erfahren.
● Leider weiß ich auch nichts .... (3). Ruf doch mal bei seinen Eltern an. Vielleicht haben die in .... (4) Zeit etwas von ihm gehört.

b
● Gestern habe ich in der Zeitung etwas .... (5) gelesen: Es gibt ein neues Buch über Alexander von Humboldt.
▲ Über Humboldt wurde doch bereits so viel geschrieben. Da fragt man sich: Gibt es überhaupt noch irgendetwas .... (6) über diesen Mann?
● Da hast du Recht. Aber so weit ich gelesen habe, präsentiert das Buch viel .... (7) und bisher .... (8) Bildmaterial.
▲ Mag sein, aber so was .... (9) interessiert mich eigentlich weniger. Ich beschäftige mich lieber mit etwas .... (10) und lese zum Beispiel Reportagen über Persönlichkeiten der heutigen Zeit.

Übung zu Seite 15, 3 siehe nächste Seite

zu Seite 16, 2

12 Positive und negative Eigenschaften → GRAMMATIK

Streichen Sie alle negativen Eigenschaften.

Herr Meyer	Frau Huber	Herr Schmitz	Frau Bauer	Herr Fink
~~arrogant~~	flexibel	nervös	kritisch	ehrgeizig
pedantisch	eingebildet	sensibel	korrekt	natürlich
humorvoll	offen	ehrlich	altmodisch	zynisch
sparsam	lebhaft	ordentlich	oberflächlich	selbstbewusst
fleißig	großzügig	neugierig	stolz	lebhaft
zivilisiert	diplomatisch	lebenslustig	anpassungsfähig	

LEKTION 1

zu Seite 15, 3

13 Wo steht das im Text? → **LESEN**

1. Er arbeitete lange in Leipzig. 21
2. Er fühlte sich auch außerhalb Deutschlands wohl. ....
3. Er interessierte sich auch für die Erforschung der Natur. ....
4. Er konnte viel mehr als nur gut schreiben. ....
5. Er zeichnete auch. ....
6. Er verliebte sich oft, wollte sich aber nicht fest binden. ....
7. Er war gegen Krieg. ....
8. Er war gläubiger Christ. ....
9. Es gab Leser, die sich nach der Lektüre seines Romans das Leben nahmen. ....
10. Moderne Künstler lassen sich von seinen Werken beeinflussen. ....

Goethe war nicht nur ein erfolgreicher Dichter, er war ein Universalgenie: Denn neben seiner Lyrik, seinen Dramen und Romanen hinterließ er auch zahlreiche theoretische Schriften sowie naturwissenschaftliche Arbeiten. Auch als Zeichner war er begabt.

Zum Mythos wurde schon damals sein Roman, „Die Leiden des jungen Werther", den Goethe in seiner
5 Jugendzeit schrieb. Eine tragische Liebesgeschichte, die manche Leser so ergriff, dass sie es dem Werther gleichtaten und ihrem irdischen Dasein ein Ende setzten.

Frauenliebling Goethe: Auch Goethe litt immer wieder unter Liebeskummer. Käthchen, Friederike, Charlotte und wie sie alle hießen. Jedes Mal war der Dichter hell entflammt, suchte aber immer rechtzeitig das Weite. Auf seine Weise schaffte es Goethe, dem seelischen Leid zu entrinnen. Fast zwei Jahre blieb der Aussteiger auf
10 Zeit in Italien. Er verewigte diese Zeit in seinem Werk „Die italienische Reise".

Seine Verse über die unergründliche Seele des Menschen sind unsterblich. Niemand hat wie er über unsere Sehnsüchte, Wünsche und Hoffnungen geschrieben.

Und Goethe war auch ein großer Europäer als Politiker und Denker. Alles, was Nationalismus und Krieg schürte, war ihm verhasst. „Mein Vaterland ist da, wo es mir wohl geht", sagte er selbst. Viele haben ihn ver-
15 göttert, doch sah gerade er selbst sich als Mensch aus Fleisch und Blut. Rastlos versuchte er, das Leben in all seinen Möglichkeiten auszukosten. Und selbst sagte er einmal: „Mein Leben, ein einzig Abenteuer."

Was er komponierte, ist Vorbild für viele, die nach ihm kamen – unerreicht und unvergänglich. Und längst nicht nur Musiker sind erfüllt von Ehrfurcht und Achtung für **Johann Sebastian Bach**.

Bachs Fundament war der lutherische Glaube, sein Werk verstand er als Lob Gottes. Nach Engagements am
20 Hofe und beachtlichen Werken wie den *Brandenburgischen Konzerten* wurde Bach 1723 zum Kantor an der Thomaskirche in Leipzig ernannt. Hier schrieb er Musikgeschichte: die Passionen und die überwältigende h-Moll-Messe.

Das reiche Erbe, das er hinterließ, ist ein Stück Weltkultur. Kein anderer Komponist wird so vielfältig interpretiert wie er – Pop, Jazz, als Ballett oder doch ganz klassisch: An ihm kommt keiner vorbei. Musik, die
25 Himmel und Erde miteinander verbindet wie eine Offenbarung. „Seine Musik ist einfach zeitlos", urteilt Popstar Sting. „Für mich ist er der wichtigste Deutsche überhaupt – die Nummer Eins!"

Werke des großen Weltkomponisten wurden der Raumsonde Voyager mit auf den Weg gegeben – als Zeugnis von der Musikalität des Menschen.

LEKTION 1

zu Seite 16, 3

14 Körpersprache → **WORTSCHATZ**
Bilden Sie aus den Bausteinen sinnvolle Sätze.
Beispiel:
Wenn ich deprimiert bin, lasse ich den Kopf hängen.

deprimiert	beißen	Arme
gelangweilt	hängen lassen	Fingernägel
nervös	sich kratzen	mit den Füßen
wütend	kauen	Hände in die Hüften
ängstlich	stemmen	am Kopf
ratlos	verschränken	den Kopf
ablehnend	wippen	auf die Lippen

zu Seite 16, 3

15 Wortbildung: Verstärkung → **GRAMMATIK/WORTSCHATZ**
Wie heißt das Adjektiv? Mehrere Kombinationen sind möglich.

erz-	konservativ
ur-	alt
super-	reich
hoch-	komisch
über-	plötzlich
bild-	intelligent
wunder-	schlau
tod-	modern
	glücklich
	schick
	unglücklich
	schön

zu Seite 17, 5

16 Adjektive mit Präpositionen / **GRAMMATIK**
Ergänzen Sie die passenden Präpositionen oder *da(r)-* + Präposition.

a Seien Sie nett ...zu... Ihren Lernpartnern!
b Entscheidend .... den Lernerfolg ist Ausdauer.
c .... der Grammatik bin ich schon ziemlich gut.
d Unerfahren bin ich dagegen noch .... Umgang mit Hörtexten.
e Ich bin .... meinen Fortschritten recht zufrieden.
f Die neue Lehrerin ist .... allen Kursteilnehmern sehr beliebt.
g Ich war nicht besonders glücklich .... das Ergebnis des Tests.
h Die Teilnehmer sind froh .... , dass mal wieder ein Ausflug gemacht wird.
i Das viele Sitzen ist doch sicherlich schädlich .... die Gesundheit.
j Ich bin .... überzeugt, dass wir in diesem Kurs viel lernen werden.
k Wir sind interessiert .... einem Kurs, in dem wir aktiv mitarbeiten können.
l Der Lernerfolg ist natürlich abhängig .... der Zeit, die ich in die
Vor- und Nachbereitung investiere.

LEKTION 1

zu Seite 17, 7

17 Personenbeschreibung: Charakter und Aussehen → **WORTSCHATZ**
Ordnen Sie die Adjektive in die richtige Kategorie ein und ergänzen Sie das Gegenteil. Manche Wörter passen in beide Kategorien.

hübsch – angenehm – eifersüchtig – freundlich – ordentlich – temperamentvoll – herzlich – schön – höflich – sensibel – treu – humorvoll – sportlich – stolz – fleißig – zuverlässig – geduldig – verantwortungsvoll – gepflegt

Charakter	Gegenteil	Aussehen	Gegenteil
angenehm	unangenehm	hübsch	hässlich

zu Seite 17, 7

18 Graduierung der Adjektive → **WORTSCHATZ**
Differenzieren Sie die Aussagen durch ein graduierendes Adverb. Es gibt mehrere Möglichkeiten

ausgesprochen – absolut – besonders – ganz – etwas – recht – sehr – total – höchst – ziemlich

Beispiele: *Es handelt sich um ein ziemlich langweiliges Buch. (-)*
Es handelt sich um ein ausgesprochen langweiliges Buch. (--)
Es handelt sich um ein total langweiliges Buch. (---)

a Das war ein interessanter Film. (+)
b Der Hauptdarsteller hat mir gut gefallen. (+++)
c Er ist ein gut aussehender Typ. (++)
d Seine Filmpartnerin war im Vergleich dazu eine blasse Figur. (-)
e Meine Lehrerin ist nett. (++)
f Unsere neue Kollegin entwickelt viele neue Ideen. (+++)
g Sie scheint eine aktive Person zu sein. (+++)

zu Seite 18, 5

19 Begründungen → **SCHREIBEN**
Verschenken Sie jedes der Bücher, die Sie auf Seite 19 des Kursbuchs finden, an eine Person in Ihrer Klasse. Schreiben Sie jeweils ein bis zwei Sätze, warum dieses Buch der Person gefallen wird.
Beispiel:
Reclams Lexikon des deutschen Films wird Peter sicher gefallen, denn er ist kulturell sehr interessiert. Er geht regelmäßig ins Kino und möchte sicherlich auch mehr über deutsche Kinofilme erfahren.

zu Seite 20, 1

20 Lebensstandard → **SCHREIBEN**
Was gehört in Ihrem Heimatland zum hohen Lebensstandard? Formulieren Sie die Stichpunkte aus dem Kursbuch Seite 20 zu einem Text aus (fünf bis sechs Sätze). Achten Sie darauf, dass die Sätze unterschiedlich aufgebaut sind.

Beispiel:
In Deutschland hätten viele Leute gerne ein eigenes Haus mit einem großen Garten. Ein eigener Swimmingpool oder eine Sauna gehören

LEKTION 1

bei den Deutschen ebenso zum Traum vom guten Leben. Wer sich kein Haus leisten kann, möchte wenigstens in einer großen Wohnung mit einer modernen Einbauküche leben. Auch das Auto gehört zum gehobenen Lebensstandard. Es sollte möglichst sportlich sein. ...

zu Seite 22, 4

21 Lebenslauf / WORTSCHATZ
Setzen Sie alle Verben an der jeweils richtigen Stelle ein. Manche Verben passen zweimal.

Kurt Tucholsky

KINDHEIT UND JUGEND SCHULZEIT ablegen – aufwachsen – besuchen – verbringen	Kurt Tucholsky wurde am 9. Januar 1890 als Sohn eines Kaufmanns in Berlin geboren. Er .... in Berlin .... und .... seine gesamte Schulzeit in Berlin. Von 1896 bis 1909 .... er das Gymnasium. Dort .... er die Reifeprüfung ....
AUSBILDUNG/STUDIUM UND BERUF abschließen – angestellt werden – annehmen – dienen – eingezogen werden – leisten – studieren	Er .... Jura und .... das Studium mit der Promotion .... Im Ersten Weltkrieg .... er zum Wehrdienst .... Den Wehrdienst .... er mit äußerstem Widerwillen. Er musste mehrere Jahre als Soldat bei der Armee .... Nach dem Krieg .... er eine Stelle als Leiter der humoristischen Beilage in einer Berliner Tageszeitung .... Nach einer kurzen Zeit als Privatsekretär in einem Bankhaus .... er als Mitarbeiter bei der Zeitschrift *Die Weltbühne* ....
AUSLANDSAUFENTHALT auswandern – gehen – unternehmen – verlassen – leben – zurückkehren	1924 .... er seine Heimat Berlin zum ersten Mal für längere Zeit. Er .... ins Ausland und .... zunächst fünf Jahre in Paris. Danach beschloss er, nicht nach Deutschland .... , sondern nach Schweden .... Von dort aus .... er Reisen nach England und Frankreich.
FAMILIE haben – verheiratet sein – geschieden werden – sich scheiden lassen	Tucholsky .... mehrmals .... Die Ehe mit der Ärztin Else Weil .... nach wenigen Jahren .... Und auch von seiner zweiten Frau, Mary Gerold .... er sich .... Er .... keine Kinder.
LEBENSENDE nehmen – sterben	Tucholsky .... am 21. 12. 1935 in Schweden. Er .... sich das Leben.

LEKTION 1

zu Seite 22, 4

22 Von der Wiege bis zur Bahre → **WORTSCHATZ**

Verbinden Sie Verben und Nomen zu sinnvollen Ausdrücken und formulieren Sie Beispielsätze.

Beispiel:
Er hielt sich lange Zeit im Ausland auf.

Nomen	Verb
auf einem Friedhof	aufhalten
das Abitur	beerdigt sein
eine Diplomprüfung	verbringen
eine Schule/einen Kurs	bestehen
Reisen	besuchen
zum Militär	eingezogen werden
Zeit im Ausland	machen
sich im Ausland	unternehmen

zu Seite 22, 5

23 Wortbildung: Derivation → **GRAMMATIK**

a Adjektive aus Nomen
Wie heißen die passenden Adjektive zu folgenden Nomen?

Nomen	Adjektiv
das Interesse	*interessant*
die Aggression	
die Depression	
die Form	
die Intelligenz	
die Komik	

Nomen	Adjektiv
die Mode	
die Moral	
die Praxis	
die Prominenz	
die Reaktion	
die Revolution	

b Neue Wörter durch Vor- und Nachsilben
Ergänzen Sie die Silben *be-, un-, -en, -heit, -lich* an der richtigen Stelle in dem Baum, so dass sich sinnvolle Wörter ergeben. „Konstruieren" Sie selbst einen weiteren Baum mit den Adjektiven *neu* oder *schön*.

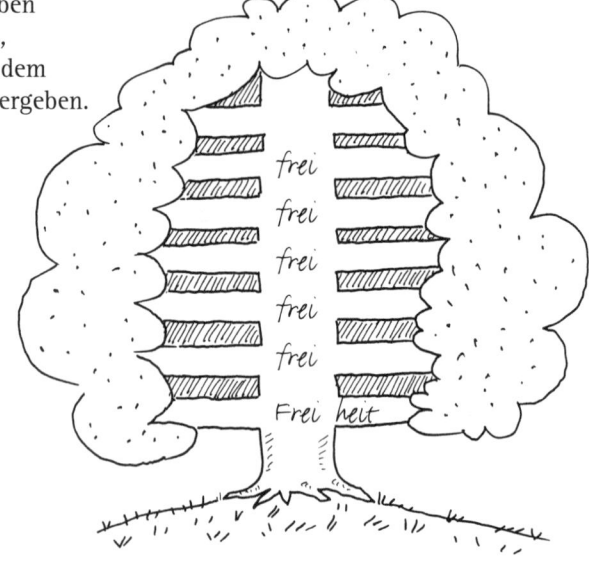

LEKTION 1

zu Seite 22, 5

24 Wortbildung: Komposition → **GRAMMATIK**
Suchen Sie Zusammensetzungen mit folgenden Wörtern und erklären Sie deren Bedeutung:

alt – arm – blau – frei – früh – halten – leicht – das Licht – neu – das Papier – reif – schwarz – sehen – selig – sinnig – warm – die Zeit – reich

Adjektiv + Nomen	Adjektiv + Verb	Adjektiv + Adjektiv
die Freizeit	schwarz sehen	frühreif

zu Seite 22, 5

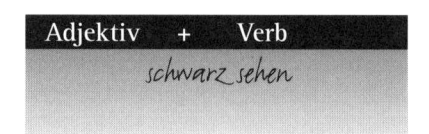

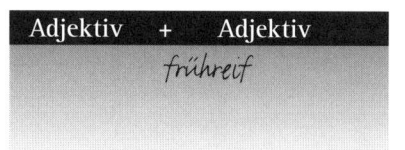

25 Adjektive: *-los, -haft, -lich, -ig, -isch; -tisch; -istisch* **GRAMMATIK**
Welches Suffix passt?

a Also, ich finde dein Verhalten wirklich verantwortungs............
b Das finde ich ehr............ nicht nett von dir.
c Das war ein wirklich herz............ Essen.
d Den Rock ziehe ich nicht mehr an, er ist doch langsam etwas altmod............
e Der Text muss stil............ überarbeitet werden.
f Die Aussicht war einfach traum............
g Er hat diesen Text sicher nicht eigenhänd............ verfasst.
h Gestern haben wir uns leb............ unterhalten.
i Ich bin wirklich neugier............ , was Peter seiner Freundin zum Geburtstag schenkt.
j Ich glaube, meine Schwester wird nie vernünft............ werden.
k Ich habe mich mit meinem Bruder nicht besonders verstanden. Er ist leider sehr ego............
l Ich habe gehört, dass dein Vater ernst............ krank ist, stimmt das?
m Mein Onkel leidet an einer chron............ Krankheit.
n Luisa ist eine wirklich gesell............ Person.
o Mit meiner Zimmernachbarin komme ich nicht gut aus; sie ist mir zu pedan............
p Nach nur sechs Monaten bei der neuen Firma ist er schon wieder arbeits............
q Sein Vater ist echt großzüg............ Er hat ihm eine Weltreise finanziert.
r Tucholsky war zeitlebens sehr krit............

zu Seite 22, 5

26 Substantivierte Adjektive → **GRAMMATIK**
Wie heißt das Nomen, das aus dem adjektivischen Ausdruck gebildet wird?

a jemand, der mit mir verwandt ist *ein Verwandter/eine Verwandte*
b jemand, der ohne Arbeit ist
c jemand, der mir bekannt ist
d jemand, der auf der Reise ist
e jemand, der fremd ist
f jemand, der verbeamtet ist
g jemand, der vor Gericht angeklagt wird
h jemand, der 18 Jahre alt ist

LEKTION 1

zu Seite 23, 3

27 Biografie: Albert Einstein → **SCHREIBEN**

Formulieren Sie Sätze aus den biografischen Daten Albert Einsteins.

Beispiel:
geb. 14. 3. 1879, Ulm, jüdische Familie
Albert Einstein wurde am 14. März 1879 als Sohn einer jüdischen Familie in Ulm geboren.

- **a** 1894 Schulaustritt ohne Abschluss
- **b** 1900 Studienabschluss: Diplom, Fach Physik
- **c** 1901 drei Monate Hilfslehrer, Technikum Winterthur
- **d** 1902 Beamter, Patentamt, Bern
- **e** 1911 ordentlicher Professor, deutsche Universität Prag
- **f** 1913 mit 34 Jahren, Entwurf: Allgemeine Relativitätstheorie
- **g** 1921 Nobelpreis Physik
- **h** 1913–1933 Direktor „Kaiser Wilhelm Institut", Berlin
- **i** 1933 Emigration USA
- **j** 1933–1945 Professor, Princeton, USA
- **k** 1941 amerikanische Staatsbürgerschaft
- **l** 1955 Tod, Princeton

zu Seite 23, 3

28 Lerntechnik → **SCHREIBEN**

Worauf man beim Schreiben achten sollte.
Ordnen Sie die Satzteile zu, so dass sich sechs Tipps für das Schreiben ergeben.

1	Benutzen Sie zum Schreiben	**a**	ein Lineal oder einen Radiergummi zu Hilfe.
2	Wenn nötig, nehmen Sie	**b**	noch ein- bis zweimal durch und korrigieren die Fehler.
3	Schreiben Sie Ihren Text	**c**	übersichtlich zu gliedern.
4	Versuchen Sie, den Text möglichst	**d**	schlagen Sie in einer Grammatik, einem Wörterbuch oder Ihrem Lehrbuch nach.
5	Bei sprachlichen Problemen	**e**	zuerst auf ein Schmierblatt vor.
6	Am Ende lesen Sie Ihren Text	**f**	ein gut lesbares Schreibgerät.

29 Wozu lernen Sie Deutsch? → **LERNTECHNIK**

Kreuzen Sie an, wann und wo Sie Deutsch sprechen, hören, lesen oder schreiben.
Welche Kenntnisse bzw. Fertigkeiten sind für Sie besonders wichtig?

Hören und verstehen
- ☐ Unterhaltungen in alltäglichen Situationen
- ☐ Radiosendungen, z.B. deutschsprachige Nachrichten
- ☐ deutschsprachige Fernsehsendungen
- ☐ Kinofilme im Originalton
- ☐ Vorlesungen auf Deutsch
- ☐ geschäftliche Besprechungen auf Deutsch
- ☐ ....

Lesen und verstehen
- ☐ auf Deutsch verfasste Briefe von Freunden
- ☐ deutschsprachige Zeitungen, Zeitschriften usw.
- ☐ deutschsprachige Literatur, z.B. Romane
- ☐ deutschsprachige Nachschlagewerke, z.B. Lexika
- ☐ deutschsprachige Fachzeitschriften
- ☐ ....

Sprechen
- ☐ Gespräche auf Reisen
- ☐ Gespräche auf Deutsch mit Freunden und Bekannten, z.B. auf einer Party
- ☐ einen Vortrag/ein Referat auf Deutsch halten
- ☐ geschäftliche Verhandlungen führen
- ☐ ....

Schreiben
- ☐ private Briefe, z.B. an Freunde
- ☐ private Korrespondenz mit Hotels, Firmen usw.
- ☐ Geschäftsbriefe im Rahmen der beruflichen Tätigkeit
- ☐ Seminararbeiten bzw. wissenschaftliche Aufsätze
- ☐ ....

LEKTION 1

zu Seite 24, 6

30 Ergänzen Sie die Endungen → GRAMMATIK

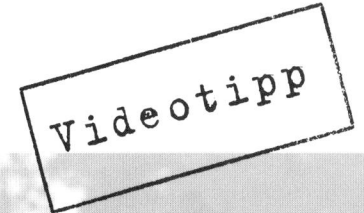

GRIPSHOLM
EIN FILM VON XAVIER KOLLER NACH MOTIVEN VON KURT TUCHOLSKYS BESTSELLER *SCHLOSS GRIPSHOLM*

DEUTSCHLAND/SCHWEIZ/ÖSTERREICH 2000

In der vergnügungssüchtig*en* Welt des Berliner Kabarett der dreißiger Jahre ist Schriftsteller und Journalist Kurt (Ulrich Noethen) ein Star. Denn keiner schreibt so frech____, humorvoll____ Chansontexte wie er. Und Angst vor der Obrigkeit hat der Mann mit der scharf____ Zunge auch nicht.

Allerdings wünscht sich sein Verleger, dass Kurt einfach eine leicht____ Sommergeschichte schreibt. Etwas, womit sich Geld verdienen lässt. Als der Autor zu seinem Urlaubsidyll in das schwedisch____ Schlösschen Gripsholm aufbricht, sehen die Bedingungen dafür auch ideal aus.

Die Muse, die ihn küssen soll, hat der Autor in Person seiner hübsch____ Freundin Lydia (Heike Makatsch) gleich mitgebracht. Dazu schimmernd____ schwedisch____ Seen, im Wind rauschend____ Wälder, endlos____ Felder, durchliebt____ Nächte und sonnendurchglüht____ Tage ...

Der Besuch von Kurts Freund, dem leidenschaftlich____ Piloten Karlchen (Marcus Thomas) und Lydias Freundin, der freizügig____ Varieté-Sängerin Billie (Jasmin Tabatabai), sorgt für erotisch____ Überraschungen ... aber die politisch____ Veränderungen in Deutschland werfen erste Schatten auf das sonnig____ Urlaubsglück. Nach diesem Sommer in Gripsholm wird für Kurt und Lydia nichts mehr so sein wie zuvor.

Basierend auf Kurt Tucholskys Roman taucht GRIPSHOLM in die dekadent____ Welt des Berliner Kabaretts zu Beginn der dreißiger Jahre ein, als die letzt____ Tabus gebrochen wurden.

31 Artikelwörter, Pronomen und Adjektivendungen → GRAMMATIK
Ergänzen Sie die Sätze. Es gibt mehrere Lösungen.

diejenige, einige, irgendein, irgendetwas, irgendwelche, jedes, sämtliche, solche solchen, viele

Erika macht sich immer (1) *solche* *großen* Sorgen um ihre Kinder. Ständig hat sie Angst, (2) _____ Schlimm___ könnte ihnen passieren. Da helfen (3) _____ gut___ Rätschläge wenig. Ich denke, dass (4) _____ jung___ Mütter dasselbe Problem haben wie Erika. Hast du vielleicht (5) _____ gut___ Ideen, wie man Erika auf andere Gedanken bringen kann.

Hermann bekommt abends oft (6) _____ groß___ Hunger, dass er noch einmal aus dem Bett aufsteht, um (7) _____ Essbar___ im Schrank zu suchen. (8) _____ klein___ Stückchen Schokolade, das er findet, isst er sofort auf. Wenn (9) _____ ander___ Süßigkeiten im Hause sind, kommen die ihm an so einem Abend gerade recht. (10) _____ unkontrollierbar___ Ess-Lüste sind zwar nicht gut für seine Figur, aber er kann sie leider nicht kontrollieren. Seine Freundin hat ihm schon (11) _____ neuer___ Artikel aus der Presse ausgeschnitten, um ihn über die Folgen aufzuklären. Aber Herrmann muss sich eben an manchen Abenden (12) _____ Lecker___ gönnen. Da hilft alles nichts.

LEKTION 1 – *Aussprachetraining*

die Vokale u – i – ü

1 Gedicht

a Hören Sie ein Gedicht zuerst einmal, ohne es zu lesen. Was ist das Thema?

b Unterstreichen Sie alle Wörter mit einem *ü*.

Frühlingslied

Die Luft ist blau, das Tal ist grün,
Die kleinen Maienglocken blühn
Und Schlüsselblumen drunter;
    Der Wiesengrund
    Ist schon so bunt
Und malt sich täglich bunter.
Drum komme, wem der Mai gefällt,
Und freue sich der schönen Welt
Und Gottes Vatergüte,
    Die diese Pracht
    Hervorgebracht,
Den Baum und seine Blüte.

Ludwig Christoph Heinrich Hölty

c Hören Sie das Gedicht noch einmal. Achten Sie auf die unterstrichenen Wörter.

d Diktieren Sie die erste Strophe Ihrem Lernpartner/Ihrer Lernpartnerin. Danach diktiert er/sie Ihnen die zweite Strophe. Überprüfen Sie, ob Sie alles richtig geschrieben haben.

2 Wortpaare *u – ü – i*

a Sie hören jetzt einige Wortpaare. Ergänzen Sie das zweite Wort des Paares.

u – ü	ü – u	i – ü	ü – i
Burg – *Bürger*	Bücher – *Buch*	Tier – *Tür*	lügen – *liegen*
Wut –	Hüte –	vier –	Gerücht –
Luft –	Mütter –	Kiste –	spülen –
Duft –	vernünftig –	Fliege –	küssen –
Ausdruck –	für –	Ziege –	müssen –
Gruß –	Füße –	missen –	
Zug –	Brüder –		

b Sprechen Sie die Wortpaare.

LEKTION 1 – Aussprachetraining

die Vokale u – i – ü

3 *i* oder *ü*?
Welches Wort hören Sie?

- ☐ Bühne ☐ Biene ☐ müssen ☐ missen
- ☐ Fliege ☐ Flüge ☐ müsst ☐ Mist
- ☐ kühl ☐ Kiel ☐ spielen ☐ spülen
- ☐ küssen ☐ Kissen ☐ vier ☐ für
- ☐ lügen ☐ liegen ☐ Ziege ☐ Züge

4 Sätze mit *müssen*
Hören Sie die Sätze und ergänzen Sie das fehlende Wort.

- Ich *muss* jetzt unbedingt was essen.
- Ich _____ mal wieder Urlaub machen.
- Gestern _____ ich 20 Minuten auf die Straßenbahn warten.
- Ich _____ schnell noch was erledigen.
- Warum _____ du denn schon wieder verreisen?
- Über Tucholsky _____ man einen Film drehen.
- Dieses Training _____ man ganz anders machen.

LEKTION 1

Lernkontrolle: Was haben Sie in dieser Lektion gelernt?
Kreuzen Sie an.

Ich kann ...

Lesen
- ☐ ... einem stilistisch anspruchsvollen Sachbuchtext über Leben und Bedeutung berühmter historischer Persönlichkeiten wichtige Informationen entnehmen.
- ☐ ... biographische Informationen in einem ausführlichen Lebenslauf verstehen.
- ☐ ... ein Gedicht von Kurt Tucholsky mit Hilfe von Worterklärungen verstehen.

Hören
- ☐ ... einem ausführlichen Gespräch über Leben und Werk von berühmten Persönlichkeiten detaillierte Aussagen entnehmen.
- ☐ ... in Kurzinterviews Hauptaussagen zum Leben und Werk des Schriftstellers Tucholsky verstehen.
- ☐ ... in einem Radiofeature verstehen, welche Stellung Tucholsky in der Gesellschaft seiner Zeit hatte.
- ☐ ... eine gehörte Passage aus dem Roman *Rheinsberg* interpretieren.

Schreiben – Produktion
- ☐ ... meinen ausführlichen Lebenslauf stilistisch angemessen verfassen.
- ☐ ... die Charaktereigenschaften verschiedener Persönlichkeiten aus meinem persönlichen Umfeld ausführlich beschreiben.

Sprechen – Produktion
- ☐ ... einen Interviewpartner mit seinen besonderen Interessen in der Gruppe vorstellen.
- ☐ ... Biographien und Lebensläufe präsentieren.

Sprechen – Interaktion
- ☐ ... mich vorstellen und über meine Vorlieben sprechen.
- ☐ ... ein Interview führen und dabei auf interessante Antworten näher eingehen.
- ☐ ... auf Fragen zu meiner Person und meinen Interessen detailliert eingehen.
- ☐ ... meine Meinung zur Bedeutung verschiedener Persönlichkeiten der Geschichte sagen und begründen.
- ☐ ... eine Buchempfehlung begründen.

Wortschatz
- ☐ ... positive bzw. negative Charaktereigenschaften mit Hilfe von Adjektiven präzise benennen.
- ☐ ... unbekannte Wörter aus dem Kontext erschließen oder aus bekannten ableiten.
- ☐ ... die Bedeutung von Adjektiven aus Vor- und Nachsilben erschließen.

Grammatik
- ☐ ... graduierende Adverbien zur präzisen Beschreibung von Personen verwenden.
- ☐ ... Adjektive mit richtigen Endungen verwenden.
- ☐ ... Adjektive mit festen Präpositionen sicher einsetzen.

Sprechen Sie mit Ihrem Kursleiter/Ihrer Kursleiterin über Tipps zum Weiterlernen.

LEKTION 2 – *Lernwortschatz*

Verben

ablesen
achten auf + *Akk.*
analysieren
aufnehmen
ausgehen von + *Dat.*
äußern
basieren auf + *Dat.*
bauen auf + *Akk./Dat.*
beginnen mit + *Dat.*
beibringen + *Dat./Akk.*
benachrichtigen
berichten
beschreiben
bestehen auf + *Dat.*
bestehen aus + *Dat.*
bilden
deuten
dienen zu + *Dat.*
feststellen
führen
fürchten
imitieren
interviewen
kommentieren
meinen
merken
mitteilen
reagieren
sich beschäftigen mit + *Dat.*
sich eignen für + *Akk.*
sich entscheiden für + *Akk.*
sich etwas einprägen
speichern
stützen

Nomen

der Akzent, -e
die Amtssprache, -n
die Bibliothek, -en
der Dialekt, -e
der Dozent, -en
der Erwachsene, -n
der Erwerb
der Experte, -n
die Fachliteratur
der Faktor, -en
der Flüchtling, -e
der Forscher, -
die Forscherin, -nen
das Gehirn, -e
die Geisteswissenschaft, -en
die Germanistik
die Hochschule, -n
die Hochsprache, -n
der Hörsaal, ⸚e
die Imitation, -en
das Institut, -e
die Integration
das Internet
der Klang, ⸚e
der Kursleiter, -
die Kursleiterin, -nen
das Lehrwerk, -e
der Lernstoff
die Motivation, -en
das Muster, -
die Naturwissenschaft, -en
das Niveau, -s
das Projekt, -e
der Prozess, -e
die Regel, -n
das Repertoire, -s
die Sekundärliteratur
das Talent, -e
die Umgangssprache
die Umgebung, -en
die Untersuchung, -en
die Verbindung, -en
die Voraussetzung, -en
der Vorgang, ⸚e
die Vorlesung, -en
der Zugang, ⸚e
der Zweig, -e

Adjektive/Adverbien

auswendig
begabt (un-)
berufsspezifisch
eifrig
intensiv
praxisorientiert
systematisch (un-)
unerlässlich

Ausdrücke

(an) Bedeutung gewinnen
ein Gespräch führen
ein Referat halten
ein Thema anschneiden
eine Antwort geben
eine Auskunft erteilen
eine Frage stellen
eine Rede halten
einen Hinweis geben
einen Rat geben
ins Gespräch kommen
zum Ausdruck bringen
zur Diskussion stellen
zur Sprache bringen

__1__ Wortbildung → **WORTSCHATZ**

Ergänzen Sie die passenden Verben oder Nomen zum Wortfeld „Sprache" aus dem Lernwortschatz.

Nomen	Verben
die Äußerung	äußern

LEKTION 2

zu Seite 27, 2

2 Leser fragen – Fachleute antworten → LESEN/GRAMMATIK

a Lesen Sie den Text unten und suchen Sie Beispiele für folgende Verbformen/-arten.

Verbform/-art	Beispiel
Verb im Perfekt	
Verb im Präsens	
Infinitiv	
Modalverb	
Nomen-Verb-Verbindung	*eine Übung machen*
Verb mit trennbarer Vorsilbe	
Verb mit nicht trennbarer Vorsilbe	
Verb mit Präposition	

R & A
RAT UND AUSKUNFT

Leser fragen – Fachleute antworten

Sprechenlernen schon bei Babys fördern?

Frage: Ich habe gelesen, dass Eltern schon bei ganz kleinen Kindern viel tun können, um das Sprechenlernen zu unterstützen. Mein Tobias ist jetzt drei Monate alt. Gibt es irgendwelche Übungen, die ich mit ihm machen kann?

Antwort: Wenn Sie Übungen meinen, mit denen Vokabular oder Grammatik geschult werden sollen, lautet die Antwort klar: nein. Es gab und gibt zwar immer wieder Versuche, älteren Babys zum Beispiel mit Leselernkärtchen bestimmte Worte, auch Fremdsprachen beizubringen. Doch so etwas wird leicht zur Dressur. Bei Babys mit drei, vier Monaten wäre das auch noch nicht möglich. Allerdings sind Kinder in diesem Alter schon in der Lage, Lautkombinationen und Tonhöhe sehr fein auseinanderzuhalten.

Dr. Karin Großmann Entwicklungspsychologin

b Was möchte die Leserin wissen?
c Welche Meinung vertritt die Expertin? Was rät sie der Frau?

zu Seite 27, 2

3 Verbarten → GRAMMATIK

Sortieren Sie die folgenden Verben aus den Lesetexten im Kursbuch.

sich aneignen – arbeiten – aufnehmen – ausbilden – bearbeiten – beherrschen – beobachten – betreffen – bleiben – durchführen – empfehlen – erfassen – erinnern – erreichen – erwarten – fallen – führen – geschehen – herausfinden – hineinwachsen – hinzukommen – imitieren – kommen – können – leben – leisten – lernen – müssen – notieren – passieren – reagieren – setzen – sprechen – stehen – suchen – übersetzen – unterhalten – unternehmen – untersuchen – verbessern – verbinden – vergleichen – verzichten – vollziehen – vorgehen – weglassen – wollen – zeigen

Grundverben + Ergänzung	Verben mit trennbarer Vorsilbe	Verben mit nicht trennbarer Vorsilbe	Verben + feste Präposition	Modalverben
arbeiten	*sich aneignen*	*bearbeiten*	*erinnern an*	*können*
zeigen + Dat. + Akk.				

LEKTION 2

zu Seite 30, 4a

4 Sprachen lernen → GRAMMATIK
Ergänzen Sie die fehlenden Verben.

> abhängen – achten – ankommen – denken – gehen – gehören – sich gewöhnen – sich handeln – liegen – teilnehmen – verzichten – zählen

a) Bei diesem Text *handelt* es sich **um** eine Reportage.
b) Es .... **darin um** die Frage, wie Erwachsene am besten Fremdsprachen lernen.
c) Der Autor .... wahrscheinlich **zu** den Menschen, die am liebsten in der fremdsprachlichen Umgebung lernen.
d) Doch viele Menschen müssen aus Zeitgründen **auf** einen Auslandsaufenthalt ....
e) Sie haben die Möglichkeit, **an** einem Kurs in ihrer Heimat ....
f) **Zu** den in Deutschland lebenden Ausländern .... außer Gastarbeitern auch Flüchtlinge und Asylsuchende.
g) Beim Sprachenlernen .... es sehr **auf** die Motivation .... , die jemand mitbringt.
h) Die Erfolgsaussichten beim Erlernen einer Fremdsprache .... außerdem **vom** Alter ....
i) Kinder und Jugendliche .... sich zum Beispiel schneller **an** fremde Laute als Erwachsene.
j) Erwachsene dagegen .... mehr **auf** Fehler, die sie in der Grammatik machen.
k) Wenn man nicht gut lernt, dann .... es oft **an** einem schlechten Gedächtnis.
l) Deshalb sollte man **daran** .... , dass Wörter oft wiederholt werden müssen.

zu Seite 30, 4a

5 Verben mit Präpositionen → GRAMMATIK
Ergänzen Sie die fehlenden Präpositionen.

a) Erika ist eine nette Kollegin – sie hat mir schon oft *bei* Problemen mit dem Computer **geholfen**.
b) Sie **beschäftigt** sich sehr viel .... Computern und kennt sich sehr gut aus.
c) Ich **wundere** mich **dar**............ , wie schnell sie den Computer bedienen kann.
d) Man kann sich wirklich .... sie **verlassen**.
e) Ihre Zuverlässigkeit **unterscheidet** sie .... manchen anderen Kollegen.
f) Erst gestern habe ich sie wieder .... Hilfe **gebeten**.
g) .... diese Hilfe habe ich mich noch nicht **bedankt**.
h) Ich hoffe, sie **ärgert** sich nicht .... mich.
i) Wir müssen uns endlich .... eine Wohnung **entscheiden**.
j) Bei dem ersten Angebot **handelt** es sich .... eine Erdgeschosswohnung.
k) .... dieser Wohnung **gehört** auch ein kleiner Garten.
l) Leider könnte ich mich schlecht .... den Lärm auf der Straße **gewöhnen**.
m) Die Vermieter **warten** schon seit Wochen .... einen Interessenten.
n) Als wir die Wohnung besichtigten, **fingen** sie gerade .... der Renovierung **an**.
o) Dabei haben sie sich nicht genau .... die Vorschriften **gehalten**.
p) Ich denke, wir sollten noch einmal in Ruhe .... beide Angebote **nachdenken**.
q) Vielleicht sollten wir noch einmal einen Termin .... den Besitzern **vereinbaren**.
r) Alle **reden** .... das Wetter, wir nicht.
s) Wir **freuen** uns einfach .... jeden sonnigen Tag.
t) .... die ständige Jammerei könnte ich mich wirklich **aufregen**.
u) Ich **bitte** deshalb **dar**............ , dass dieses Thema nicht mehr angesprochen wird.

LEKTION 2

- **v** Sich .... das Wetter zu **ärgern** hat überhaupt keinen Sinn.
- **w** Man muss sich eben .... unser Klima **anpassen.**
- **x** Ich **beschwere** mich ja gar nicht .... das Wetter.
- **y** Gut, dann wechseln wir jetzt das Thema und **sprechen** .... etwas Erfreulichem.

zu Seite 30, 4b

6 Wortbildung: Nicht trennbare Vorsilbe *be-* → GRAMMATIK
Formen Sie die Sätze um.
Beispiel:
Bitte **antworte auf** meine Fragen. *Bitte beantworte meine Fragen.*
Wir **bedanken** uns für die Einladung. *Wir danken für die Einladung.*

- **a** Sie **kämpfen gegen** ihre Feinde.
- **b** Wie **beurteilen** Sie diesen Fall?
- **c** Hoffentlich wird sie unserem Rat **folgen.**
- **d** Wir **wohnten** in einem kleinen Appartement.
- **e** Wir **bestaunen** den modernen Außenlift.

zu Seite 30, 4b

7 Wortbildung: Nicht trennbare Vorsilbe *ver-* → GRAMMATIK
Welches Nomen passt zu welchem Verb?

Verb	Nomen
verblühen	das Brot
verbrennen	die Geräte aus Eisen
verdampfen	die Häuser
verderben	die Kohle
verfallen	die Blumen
vergehen	das Lebewesen
verhungern	die Musik
verklingen	das Obst
verrosten	die Schmerzen
verschimmeln	das Wasser

zu Seite 30, 4b

8 Wortbildung: Nicht trennbare Vorsilbe *ver-* + Adjektiv → GRAMMATIK
Bilden Sie aus Adjektiven Verben mit der Vorsilbe *ver-*. Verwenden
Sie bei Adjektiven mit den Vokalen *a, o* und *u* den Umlaut.
Setzen Sie dann die passenden Verben in die Sätze ein.

besser	scharf
billig	schön
öffentlich	stark
kurz *verkürzen*	teuer

- **a** Die Arbeitszeit wird um zwei Stunden pro Woche *ver kürzt*.
- **b** Die Lebenshaltungskosten haben sich in diesem Jahr kaum *ver*.................. .
- **c** Im Winterschlussverkauf werden alle Waren sehr stark *ver*.................. .
- **d** Mit den neuen Möbeln hat sie die Wohnung wirklich *ver*.................. .
- **e** Wir müssen unsere Anstrengungen *ver*.................. .
- **f** Die Arbeitsbedingungen müssen *ver*.................. werden.
- **g** Die Krise der Wirtschaft hat sich leider *ver*.................. .

LEKTION 2

zu Seite 30, 4b

9 Wortbildung: Nicht trennbare Vorsilbe ent- → GRAMMATIK
Was tut man

a mit einer Weinflasche? Man *entkorkt* sie, d.h. man zieht den Korken heraus.
b nach einem anstrengenden Tag? Man .... sich, d.h. man baut Spannung ab.
c mit Müll? Man .... ihn, d.h. man sorgt für seine Beseitigung.
d mit einem Einbrecher? Man .... ihn, d.h. man nimmt ihm die Waffe weg.
e mit einem unfähigen Politiker? Man .... ihn, d.h. man nimmt ihm die Macht.
f mit einem Fahrschein? Man .... ihn, d.h. man macht seinen Wert ungültig.

zu Seite 30, 4b

10 Wortbildung: Nicht trennbare Vorsilben er- und zer- → GRAMMATIK
Ergänzen Sie die Tabelle.

die Mafia – das verdorbene Essen – gekochte Kartoffeln mit der Gabel – sich selbst aus Verzweiflung – ein Stück Papier – einen Passagier in einem überfüllten Bus fast – jemanden mit einem Beil – ein Glas – eine Ameise – ein Haus durch eine Bombe – ein Haus/Auto

Grundverb	mit Vorsilbe er- oder zer-	Wen oder Was?
drücken	erdrücken / zerdrücken	einen Passagier in einem überfüllten Bus fast / gekochte Kartoffeln mit der Gabel
schlagen	erschlagen / zerschlagen	
brechen	erbrechen / zerbrechen	
werben	erwerben	
hängen	erhängen	
reißen	zerreißen	
treten	zertreten	
stören	zerstören	

zu Seite 30, 4c

11 Das Verb in der deutschen Sprache → LESEN/GRAMMATIK
Lesen Sie, was der amerikanische Schriftsteller Mark Twain (1835–1910), der selbst Deutsch gelernt hatte, nach dieser Erfahrung über das Verb in der deutschen Sprache schrieb:

> Im Deutschen hat man auch die Angewohnheit, die Verben auseinander zu setzen und zu zerreißen. Man stellt die eine Hälfte an den Anfang irgendeines Satzbaus und die zweite Hälfte an das Ende. Etwas Verwirrenderes kann man sich nicht vorstellen. Man nennt die betreffenden Zeitwörter zusammengesetzte Verben. Ein sehr beliebtes Zeitwort ist das Verb „abreisen". Ich gebe nachfolgend ein Beispiel aus einem deutschen Roman:
> „Als die Koffer gepackt waren, reiste er, nachdem er Mutter und Schwester geküßt und noch einmal sein angebetetes Gretchen an die Brust gedrückt hatte, das in ihrem einfachen weißen Musselinkleidchen, eine einzige Tuberose in den prachtvollen Wellen ihres vollen braunen Haares, fast ohnmächtig die Treppe heruntergewankt war, noch bleich von den Schrecken und Aufregungen des verflossenen Abends, aber voll Verlangen, ihr armes, schmerzerfülltes Haupt noch einmal an die Brust dessen, den sie mehr liebte als ihr Leben, lehnen zu dürfen, ab."

Um welches Phänomen geht es hier?   ❑ die Bedeutung der Verben   ❑ Verben im Perfekt
❑ trennbare Verben   ❑ Verben mit Präpositionen

LEKTION 2

zu Seite 30, 5

12 Das Verb *lassen* → WORTSCHATZ
Wählen Sie die richtigen Vorsilben.

an- / aus- / ent- / er- / hinter- / nach- / über- / ver- / zer- / zu-

a Der Regen hat schon wieder etwas *nachgelassen*.
b Frau Meyer hat ihren Mann nach 20 Jahren Ehe ....
c Vor wenigen Wochen wurde das neue Gesetz ....
d Wie konntest du ...., dass der kleine Thomas allein das Fenster öffnet!
e Ich glaube, Sie haben beim Abschreiben des Textes einen ganzen Satz ....
f Die Firma musste wegen der schlechten Wirtschaftslage viele Angestellte ....
g Ihre Sekretärin hat angerufen, als Sie nicht da waren. Sie hat eine Nachricht für Sie ....
h Mit dem Auto stimmt was nicht. Ich habe schon mehrmals vergeblich versucht, den Motor ....
i Wenn Sie in unsere Wohnung einziehen, können wir Ihnen einige der Möbel ....
j Für dieses Rezept muss man zuerst in einer Pfanne etwas Butter ....

zu Seite 30, 5

13 Bedeutungswandel durch Vorsilben → WORTSCHATZ/GRAMMATIK
Ergänzen Sie die Sätze.

a fahren:
befahren – erfahren – verfahren
1. Die Situation ist völlig *verfahren*.
2. Ich habe mich wegen der Umleitung ....
3. Bei der Befragung haben wir nichts Genaues ....
4. Diese Straße ist stark ....

b tragen:
betragen – ertragen – vertragen
1. Ich kann Alkohol nicht ....
2. Die Rechnung .... 220 Euro.
3. Die Kinder haben sich leider nicht gut ....
4. Ich kann diese Unsicherheit nicht länger ....

c setzen:
besetzen – ersetzen – versetzen
1. Mein Kollege wird bald auf einen anderen Posten ....
2. Diesen Verlust kann man schwer ....
3. Dieses Haus wurde von jungen Arbeitslosen ....
4. Er ist wieder nicht gekommen. Er hat mich zum zweiten Mal ....

d stellen:
bestellen – erstellen – verstellen
1. Ich werde mir ein Bier ....
2. Wir müssen einen Projektplan ....
3. Wer hat die Uhr .... ?

e legen:
belegen – erlegen – verlegen
1. Unsere Zimmer sind zur Zeit alle ....
2. Ich kann meinen Pass nicht finden. Ich muss ihn .... haben.
3. Er hat auf der Jagd gestern ein Reh ....

28

LEKTION 2

zu Seite 30

14 Bilderrätsel → WORTSCHATZ

Sehen Sie sich die drei Bilder an. Erklären Sie, was die Leute *machen*.

zu Seite 30

15 Das Verb *machen* → WORTSCHATZ

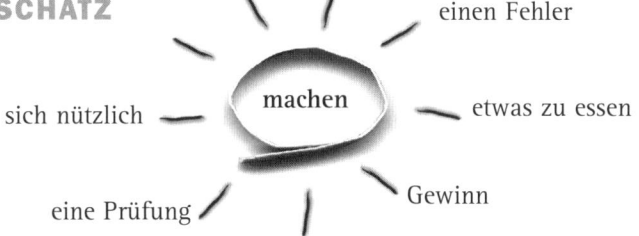

a Was kann man alles machen?
Suchen Sie weitere Beispiele.

b Was kann man auf Deutsch <u>nicht</u> machen? In der folgenden Liste verstecken sich drei Fehler. Welche sind es?

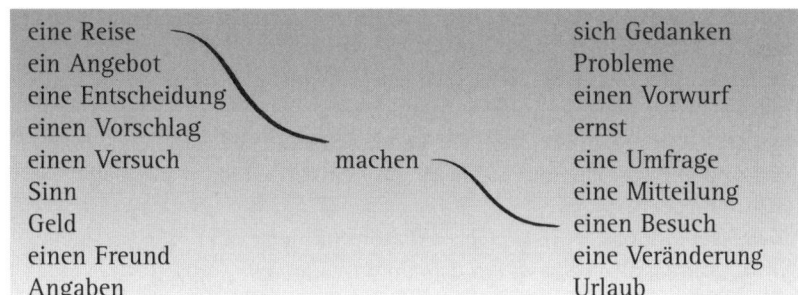

c Nomen-Verb-Verbindungen
Welche Nomen-Verb-Verbindungen aus Aufgabe 15b lassen sich zu einem einfachen Verb umformen?

Beispiel: *eine Reise machen – reisen*

d *machen* + trennbare Vorsilbe
Verbinden Sie die Wörter zu sinnvollen Ausdrücken und erklären Sie die Bedeutung. Mehrere Verbindungen sind möglich.

Vorsilbe	Nomen	Ausdruck	Erklärung
auf-	einen Fleck		
zu-	das Licht		
an-	die Tür	*die Tür aufmachen*	*die Tür öffnen*
aus-	eine Bewegung		
vor-	eine schwere Zeit		
nach-	einen Termin		
ab-	das Obst aus dem Garten		
durch-	ein Vermögen		
ein-	die Arbeit eines Kollegen		
mit-	das Radio		
ver-	das Fenster		
weg-	eine Turnübung		

LEKTION 2

zu Seite 30

16 Nomen-Verb-Verbindungen → WORTSCHATZ

Ordnen Sie den Nomen die passenden Verben zu.
Mehrere Lösungen sind möglich.

Nomen	Verb
ein Gespräch	anschneiden
ein Referat	bringen
ein Thema	erteilen
eine Antwort	führen
eine Auskunft	geben
eine Frage	haben
eine Rede	halten
einen Hinweis	kommen
einen Rat	stehen
ins Gespräch	stellen
zum Ausdruck	
zur Diskussion	
zur Sprache	

zu Seite 31, 3

17 Die Schweiz: Zahlen und Daten → SCHREIBEN

Lesen Sie den Lexikoneintrag über die Schweiz.
Schreiben Sie dann mit den fett gedruckten
Stichwörtern einen Text über Ihr Land. Schätzen Sie
die Zahlen oder schlagen Sie in einem Lexikon nach.
Beginnen Sie so:
*Mein Heimatland, ..., ist etwa ... Quadratkilometer
groß. Das entspricht etwa der ...fachen Größe der
Schweiz.*

Schweiz Schweizerische Eidgenossenschaft, Confédération suisse (französisch), Confederazione svizzera (italienisch); Kurzformen: Suisse; Swizzera
Fläche: (Weltrang 133) 39 987,5 km²; **Einwohner:** 7 019 019; **Hauptstadt:** Bern; **Währung:** Schweizer Franken zu 100 Rappen; **Amtsprachen:** Deutsch, Französisch, Italienisch, Rätoromanisch; **Landesstruktur:** Bundesstaat, 22 Kantone; Landesnatur: über 2/3 der Landesfläche Alpen; **Bevölkerung:** 63,7 % der Einheimischen Deutsch, 19,2 % Französisch, 7,6 % Italienisch, 0,6 % Rätoromanisch, 8,9 % Sprachen der ausländischen Arbeitnehmer; Religion: 46,1 % Katholiken, 40,0 % Protestanten, 2,2 % Muslime, 0,3 % Juden.; **Städtische Bevölkerung** 61 %; **Städte:** Zürich 343 869; Basel 174 007, Genève (Genf) 173 549, Lausanne 115 878; **Kanton** Freiburg/Fribourg: Deutsch 32 %, Französisch 60 %, Italienisch 4 %, Rätoromanisch 0 %.

zu Seite 31, 6

18 Sprache(n) in meinem Heimatland → SCHREIBEN

Berichten Sie über die Situation der Sprache in Ihrem Heimatland.
Behandeln Sie folgende Aspekte:
- Wie viele Muttersprachen gibt es in Ihrem Heimatland?
- Welche Dialekte gibt es, wie stark unterscheiden sie sich von der Hochsprache?
- Welche Sprache sprechen Sie zu Hause oder mit Freunden?

LEKTION 2

zu Seite 31, 6

19 Lernen und studieren → SCHREIBEN

Ordnen Sie die Wörter in die richtigen Kästchen. Einige Begriffe passen sowohl zu *lernen* als auch zu *studieren*.

lernen

Wer?	Bei wem?	Wo?	Womit?	Was?	Wie?
der Schüler/ die Schülerin	dem Lehrer/ der Lehrerin	in der Schule	mit dem Lehrbuch	die Fremdsprache	systematisch

eifrig – das Lehrwerk – der Kursleiter/die Kursleiterin – die Kassette – die Hochschule – auswendig – der Lehrer/die Lehrerin – intensiv – das Institut – der Student/die Studentin – der Unterrichtsraum – der Hörsaal – der Lernstoff – die Fremdsprache – der Dozent/die Dozentin – die Schule – die Vorlesung – das Klassenzimmer – Naturwissenschaften – das Fach – Deutsch – Geisteswissenschaften – die Lernkartei – der Professor/die Professorin – systematisch – Germanistik – das Lehrbuch – der Schüler/die Schülerin – die Sekundärliteratur – die Bibliothek – die Fachliteratur – praxisorientiert – der Kursteilnehmer/ die Kursteilnehmerin – genau

Wer?	Bei wem?	Wo?	Womit?	Was?	Wie?

studieren

zu Seite 31, 6

20 Schulen in Deutschland → WORTSCHATZ

Suchen Sie die passende Definition.

		Hochschule/Fachhochschule	
	Berufsschule		12./13. Klasse
		Gymnasium	Gesamtschule (Hauptschule, Realschule, Gymnasium)	10. Klasse
Hauptschule	Realschule		
Grundschule			4. Klasse / 1. Klasse

ⓐ Universität

ⓑ Schulart, die bis zur neunten oder zehnten Klasse führt. Die meisten Schüler beginnen danach eine Berufsausbildung im Betrieb und besuchen daneben bis zum 18. Lebensjahr die Berufsschule.

ⓒ Schule, die von allen Auszubildenden während ihrer Lehre besucht wird und theoretische Kenntnisse zum Beruf vermittelt.

ⓓ Schulart zwischen Hauptschule und Gymnasium, endet nach der zehnten Klasse mit dem Realschulabschluss.

ⓔ Hochschule, an der bestimmte Fächer praxisnah studiert werden. Beispiele für Berufe, die man mit einem Abschluss an dieser Schule ausüben kann: Ingenieur, Sozialpädagoge, Informatiker.

ⓕ Erste Schule für alle Kinder ab dem Alter von sechs Jahren; umfasst vier Schuljahre.

ⓖ Diese Schulart vereint die drei Schulformen Hauptschule, Realschule und Gymnasium unter einem Dach. Das Modell existiert nur in einigen Bundesländern.

ⓗ Schulart, die von der fünften bis zur zwölften oder dreizehnten Klasse besucht wird und mit dem Abitur endet. Dieses ermöglicht den Zugang zur Universität.

LEKTION 2

zu Seite 32, 1

21 Erinnerungstechnik → LERNTECHNIK

Musik	-	spielen	-	Klavier	-	Konzertsaal
Mutter	-	füttern	-	Säugling	-	Flasche
Lehrer	-	unterrichten	-	Mathematik	-	Tafel
Mechaniker	-	reparieren	-	Auto	-	Werkstatt

zu Seite 33, 4

22 Formeller Brief → SCHREIBEN

Was ist typisch für einen formellen bzw. offiziellen Brief?
Kreuzen Sie jeweils eine der drei Möglichkeiten an.

Datum	❏ 17/03/20..	Anredeform	❏ du
	❏ Frankfurt, 17. 03. 20..		❏ ihr
	❏ im März 20..		❏ Sie
Betreff	❏ Reklamation ...	Gruß	❏ Beste Grüße
	❏ per Fax		❏ Hochachtungsvoll
	❏ (keinen)		❏ Mit freundlichen Grüßen
Anrede	❏ Liebe Leser,		
	❏ Verehrte Dame,		
	❏ Sehr geehrte Damen und Herren,		

zu Seite 33, 4

23 Brief nach Stichworten → SCHREIBEN

Sie erhalten folgenden Brief.

ABC-Sprachreisen · Fürstenstr. 13 · 70913 Stuttgart

Frau Monika Schmidtbauer
Gautinger Straße 18
82234 Oberpfaffenhofen

Stuttgart, den 27. März 20..

Sehr geehrte Frau Schmidtbauer,

wir möchten Ihnen in Zukunft noch besseren Service und Beratung bieten.

Um unsere Leistungen für Sie zu verbessern, brauchen wir Ihre Meinung. Entscheidend ist vor allem, welche Anforderungen und Wünsche Sie an ein gutes Reiseunternehmen stellen – und welche Erfahrungen Sie in letzter Zeit mit ABC-Sprachreisen gemacht haben.

Bitte schreiben Sie uns. Ihre möglichst offene und ehrliche Meinung ist uns wichtig. Sie hilft uns, die Leistungen von ABC-Sprachreisen für unsere Kunden noch besser zu gestalten. Und davon profitieren auch Sie persönlich.

Als Dankeschön schicken wir jedem Teilnehmer an dieser Aktion unseren neuesten Katalog sowie ein kleines Präsent.

Mit freundlichen Grüßen

Eberhard Schneider

Dr. Eberhard Schneider
Geschäftsführer

LEKTION 2

Verfassen Sie ein Antwortschreiben zu dem Brief auf der vorhergehenden Seite. Verwenden Sie dazu folgende Stichworte.

Ihre Anfrage – *Sehr geehrt...* – vor drei Jahren eine Reise nach Staufen – positiv: Kursangebot/Ausstattung der Schule mit ... – negativ: Rahmenprogramm/wenig Zeit für ... – Wunsch für die Zukunft: Kombination Urlaub, Sprache, Sport – *Mit freundlichen Grüßen* – Name

zu Seite 33, 4

24 Stilblüten → WORTSCHATZ

Was wollte der Briefschreiber eigentlich sagen?
Korrigieren Sie die folgenden Zitate aus Briefen von Deutschlernern.
Beispiel: Vielen Dank für Ihr Schreiben, das Sie am 31. 7. abgesondert haben.
Vielen Dank für Ihr Schreiben vom 31. 7.

a Ich habe kürzlich Ihren interessanten Brief getroffen.
b Sie können sich nicht vorstellen, wie Ihr Päckchen mir ins Herz geht.
c Ich hoffe, dass Ihre Zeitschrift weiter zu mir laufen wird.
d Senden Sie mir bitte Fachzeitschriften als Hilfsmittel gegen meine Berufstätigkeit.
e Schicken Sie bitte die Zeitschrift mit Wasserpost.
f Ich möchte mitteilen, dass ich mich umgezogen habe.
g Meine neue Adresse liegt unten.
h Ich grüße Sie am Herz und bedanke mich.
i Lieben Sie wohl und Gott mit Ihnen!

zu Seite 36, 6

25 Pro und Contra → WORTSCHATZ/SPRECHEN

Ergänzen Sie die fehlenden Redemittel. Nehmen Sie das Kursbuch (Seite 36) zur Hilfe.

PRO

Also, das System der Online-Schule ist eine ganz moderne Sache. **Im Grunde** *geht es* dabei um die Frage: Wie können Menschen eine Fremdsprache lernen, die weit entfernt von einer Schule und einem Lehrer leben? **Wir dürfen nicht** ...., dass nicht alle Menschen in Großstädten wohnen, wo man alle Möglichkeiten hat. Der PC bringt den Unterricht gleichzeitig zu Menschen, die über verschiedene Orte der Welt verstreut sind. **Dazu** .... der Zeitersparnis. Die Lehrer schicken den Teilnehmern Übungen auf den Bildschirm ihres Computers. Jeder Schüler schickt seine gelösten Aufgaben per elektronischer Post zum Lehrer und bekommt sie auf dem selben Weg am selben Tag korrigiert zurück. **Ein weiterer wichtiger** .... ist, dass die Schüler sehr individuell unterrichtet werden. In unserer Schule **wird besonderer** .... die speziellen Bedürfnisse des einzelnen Lerners gelegt.

CONTRA

Also, ich muss sagen, **Sie haben mich nicht** .... **Ich** ...., dass die Online-Schule das System der Zukunft wird. **Ich bin sogar der** ...., dass Online-Schule Teil einer ganz negativen Entwicklung sind. Ich bin nämlich .... überzeugt, dass die Menschen, die mit diesem System lernen, sehr einsam werden. **Ich glaube** ...., dass viele Menschen Spaß an dieser Art des Lernens haben werden. ...., dass man beim gemeinsamen Lernen in einer normalen Klasse viele Anregungen von den Mitschülern bekommt. **Ich finde daher** ...., dass man in der Online-Schule **schneller lernt, nicht überzeugend. Wir** .... **schließlich nicht vergessen**, dass kaum jemand gern stundenlang am Computer eine Fremdsprache lernt, ohne mal den Lehrer direkt sprechen zu hören oder direkt mit ihm zu sprechen.

LEKTION 2

zu Seite 37, 2

26 Lesestile → LERNTECHNIK
Man geht nicht an jeden Text gleich heran. In welchem Stil man einen Text liest, hängt vielmehr davon ab, mit welcher Absicht man ihn liest. Wie genau lesen Sie folgende Texte?
Zeitung – Krimi – Kleinanzeige – Gedicht – Werbeanzeige

a) Globales oder überfliegendes Lesen
Will man wissen, worum es in einem Text geht, sich einen ersten Überblick verschaffen, dann überfliegt man ihn zuerst einmal. Diese Technik verwendet man zum Beispiel bei der ersten Seite einer Zeitung, die die Nachrichten enthält, oder bei einem Text wie dem Berufsporträt (Seite 89). Man versucht, rasch die wichtigsten Informationen zu entnehmen, hält sich aber nicht bei den Einzelheiten auf.

b) Selektives oder suchendes Lesen
Sucht man dagegen zum Beispiel in den Stellenanzeigen der Zeitung ein geeignetes Angebot, dann interessiert man sich nur für bestimmte Informationen aus einem Text, etwa für die Art der Tätigkeit, die Arbeitszeit usw. Man sucht die Anzeigen nach diesen Vorgaben oder Schlüsselbegriffen ab. Wenn man etwas Geeignetes gefunden habt, liest man die Anzeige dann genauer. Auch dieser Lesevorgang geschieht relativ rasch.

c) Detailliertes oder genaues Lesen
Bei einem Gedicht oder einer Glosse will man meistens alles genau verstehen. Alle Einzelheiten und Nuancen sind bei diesen Texten wichtig. Man liest sie Wort für Wort. Dazu braucht man hohe Konzentration, Zeit und eventuell Hilfsmittel wie das Wörterbuch. Liest man einen Text in der Fremdsprache, verwendet man vielleicht außerdem noch Stifte zum Markieren bzw. Unterstreichen und macht sich Notizen.

zu Seite 37, 2

27 Textsorte und Lesestil → LERNTECHNIK
Ordnen Sie jeder der folgenden Textsorten einen möglichen Lesestil zu und nennen Sie einen Grund.

Textsorte	Lesestil global	selektiv	detailliert	Grund
Stellenanzeigen				
Übung im Lehrbuch				
Gedicht				
Zeitungsnachrichten				
Gebrauchsanweisung				
Beipackzettel für Medikamente				
Katalog				

LEKTION 2

zu Seite 37, 2

28 Lesetraining: Buchstabenschlange → LESEN

Erkennen Sie in der Buchstabenschlange einen Text?
Markieren Sie Wortgrenzen und Satzzeichen. Lesen Sie den Text
in der Klasse mit der richtigen Betonung vor.

MIT BÜCHERN | BIN ICH AUS DER WIRKLICHKEIT GEFLOHEN MIT BÜCHERN BIN ICH IN SIE ZURÜCKGEKEHRT ICH HABE LESEND MEINE UMGEBUNG VERGESSEN UM DIE UMGEBUNGEN ANDERER ZU ERKUNDEN RUNDUM DIE ERDE BÜCHER HABEN MIR ANGST GEMACHT UND BÜCHER HABEN MICH ERMUTIGT SIE SIND MEINE WAFFE EINE ANDERE HABE ICH NICHT AUFSÄTZEN BIN ICH DURCH DIE ZEITEN GEREIST UND

zu Seite 38, 10

29 Canettis Erinnerungen → GRAMMATIK

Ergänzen Sie die fehlenden Präpositionen.

auf – an – bei – gegen – mit – nach – über – um – vor – zu – für

a Canetti erinnert sich in seiner Autobiographie dar *an*, wie er Deutsch gelernt hat.
b Er ärgerte sich dar............, dass seine Mutter ihm kein Buch gab.
c Ein Buch hätte ihm möglicherweise .... Lernen helfen können.
d Trotzdem wagte er nicht, ... diese Methode zu protestieren.
e Notgedrungen gewöhnte er sich schnell dar............ .
f Er bemühte sich sehr dar............, sich .... den Unterricht einzustellen.
g Er arbeitete intensiv .... den Sätzen und seiner Aussprache.
h Das Ganze lief dar .... hinaus, dass er sich total .... die gesprochenen Sätze konzentrieren musste.
i Er schämte sich .... seine Fehler und sehnte sich .... Anerkennung.
j Auf den Hohn seiner Mutter, ... dem er sich fürchtete, reagierte er .... Angst.
k Canetti wundert sich selbst .... den Erfolg, den die Methode seiner Mutter gehabt hat.
l Seine Erfahrungen führten erstaunlicherweise nicht .... einer Abneigung gegen das Deutsche.

zu Seite 38, 10

30 Frau Canettis Methode → GRAMMATIK

Ergänzen Sie die fehlenden Verben im Präteritum.

abhängen – achten – ausgehen – basieren – beginnen – bestehen – sich entscheiden

a Canettis Mutter *entschied* sich für eine eigenwillige Methode.
b Diese .... darin, ihrem Sohn einzelne Sätze beizubringen.
c Dabei .... ihr Unterricht ausschließlich auf einer englisch-deutschen Grammatik.
d Sie .... davon ...., dass man über das Gedächtnis allein besser lernt, als mit Hilfe eines Buches.
e Der tägliche Unterricht .... damit, dass sie das Lernpensum vom Vortag abfragte.
f Damit .... der Lernerfolg in erster Linie davon ...., wie intensiv der Junge sein Gedächtnis trainierte.
g Sie .... außerdem ganz besonders auf die Aussprache.

LEKTION 2

zu Seite 38, 10

31 Kaspar Hauser → LESEN

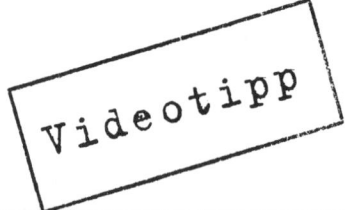

a Lesen Sie die Inhaltsangabe. Was hat der Film mit dem Thema Sprache zu tun?

b Finden Sie Beispiele für folgende Grammatikthemen:

Grammatikthema	Beispiel
Verben mit Präpositionen + Dat.	vertauschen mit
Verben mit Präpositionen + Akk.	
Verben mit trennbarer Vorsilbe	
Verben mit nicht trennbarer Vorsilbe	

KASPAR HAUSER – VERBRECHEN AM SEELENLEBEN

URAUFFÜHRUNG FILMFEST MÜNCHEN 1993 **DREHBUCH** PETER SEHR
GENRE POLIT-THRILLER, BIOGRAFIE, HISTORIENFILM

Der Film erzählt die Lebensgeschichte Kaspar Hausers, der nach seiner Geburt als Erbprinz am badischen Hof im Jahre 1812 von einer skrupellosen Gräfin mit einem sterbenden Säugling vertauscht wird. Man hält das tote Baby für den letzten Erben. Durch diese Intrige beeinflusst die Gräfin die Thronfolge in ihrem Sinne. In einem unbewohnten Schloss im Keller hält man Kaspar Hauser zwölf Jahre lang eingesperrt. Er wächst fast ohne menschlichen Kontakt auf. 1828 wird der fast sprachlose Jüngling von seinen Bewachern nach Nürnberg gebracht und freigesetzt. Dort wird er zunächst über seine Herkunft ausgefragt, ins Gefängnis gesteckt und dort von der Bevölkerung als Kuriosität bestaunt. Nach der Intervention eines Juristen wird Kaspar bei einem Professor untergebracht und lernt innerhalb kürzester Zeit Sprechen, Lesen und Schreiben. Kaspar Hauser wird ein pädagogischer Forschungsfall. Doch bald darauf holt die Vergangenheit den jungen Mann ein: Er entgeht nur knapp einem Mordanschlag und wird in Intrigen seiner aristokratischen Feinde verwickelt.

Der Findling, der ein Prinz war und zwölf Jahre in einem Kerker gehalten wurde – ein authentischer Fall und ein bis heute nicht ganz geklärter Polit-Thriller. Peter Sehr erzählt diese Geschichte chronologisch, detailliert, mit vielen Aspekten der neuen Hauser-Forschung.

zu Seite 38, 10

32 sagen, erzählen, reden, sprechen → WORTSCHATZ
Wie lauten diese Wörter in Ihrer Muttersprache?

Deutsch	Muttersprache
sprechen	
erzählen	
sagen	
reden	

Ergänzen Sie die Sätze. Manchmal sind mehrere Lösungen möglich.

a „Hallo", _sagt_ sie, „mein Name ist Elfi. Ich arbeite hier."
b Elfi ...., woher sie kommt und was sie bisher gemacht hat.
c Meine kleine Tochter lernt gerade ....
d Ich .... Spanisch und Französisch. Mein Freund .... auch Französisch.
e Er .... ununterbrochen.
f .... doch etwas zu ihm!
g Kann ich mal bitte mit deiner Mutter .... ?
h .... doch bitte etwas lauter mit mir!
i Man ...., er habe Millionen verdient.
j „Um Gottes willen", ... er, „du hättest mich beinahe umgebracht"

LEKTION 2 – Aussprachetraining

Wortakzent

1 Der Wortakzent
Hören Sie diese Wörter. Unterstreichen Sie die betonten Silben.
Lesen Sie die Wörter laut.

<u>Buch</u>	<u>Hand</u>buch	<u>Kurs</u>buch	das <u>Kurs</u>buch
Land	<u>In</u>land	<u>Aus</u>land	das <u>Aus</u>land
Hund	<u>Wolfs</u>hund	<u>Wach</u>hund	der <u>Wach</u>hund
Tuch	<u>Bett</u>tuch	<u>Hand</u>tuch	das <u>Hand</u>tuch

2 Worterweiterung
Hören Sie sechs Verben.

a Unterstreichen Sie beim Hören die Silbe, auf der der Akzent liegt.

<u>ler</u>nen	<u>Ler</u>ner	<u>Ler</u>nerin	die <u>Ler</u>nerinnen
lehren			
lesen			
dichten			
singen			
spielen			

b Bilden Sie die dazugehörigen Nomen.
c Was passiert mit dem Akzent, wenn das Wort mehr Silben bekommt und ein Artikel dazukommt?
d Hören Sie die Wörter noch einmal und sprechen Sie nach.

3 Betonung von trennbaren Verben
Hören Sie sechs Verbpaare. Unterstreichen Sie beim Hören die Akzentsilbe. Was passiert mit dem Akzent?

<u>ma</u>chen	<u>mit</u>machen
geben	abgeben
schreiben	aufschreiben
hören	zuhören
sprechen	nachsprechen
lesen	vorlesen

4 Trennbar?
Hören Sie sechs Sätze.
Unterstreichen Sie beim Hören die Akzentsilbe im Verb.
In welcher Spalte befinden sich die trennbaren Verben?

a Könnten Sie bitte das Fenster **zumachen**.
b Das Fenster ist so schmutzig, man kann kaum mehr **durchschauen**.
c Ich würde dich gern bald **wiedersehen**.

a Ach nein, die Hausaufgaben brauchst du jetzt nicht **zu machen**.
b Er ist ein geheimnisvoller Typ. Keiner kann ihn **durchschauen**.
c Seit seiner Operation kann er **wieder sehen**.

LEKTION 2

Lernkontrolle: Was haben Sie in dieser Lektion gelernt?
Kreuzen Sie an.

Ich kann ...

Lesen
- ☐ ... eine populärwissenschaftliche Reportage zum Thema *Fremdsprachenlernen* in ihren Hauptaussagen und Einzelheiten verstehen.
- ☐ ... einen Auszug aus einem autobiographischen Roman von Elias Canetti in der Originalfassung verstehen.
- ☐ ... indirekte, implizite Informationen in diesem Text verstehen und interpretieren.

Hören
- ☐ ... ein längeres Originalinterview mit einer Deutschschweizerin verstehen.
- ☐ ... diesem Gespräch zentrale Informationen über die Landessprachen in der Schweiz entnehmen.

Schreiben - Produktion
- ☐ ... Ratschläge zum richtigen Sprachenlernen verfassen.
- ☐ ... einen Lesetext sinnvoll ergänzen.
- ☐ ... eine formelle Anfrage an ein Reiseunternehmen verfassen.
- ☐ ... einen formellen Beschwerdebrief schreiben, der über standardisierte Formeln hinausgeht.

Schreiben - Interaktion
- ☐ ... typische Ausdrucksweisen und Textbausteine des formellen Briefes verwenden.

Sprechen - Produktion
- ☐ ... die emotionale Wirkung eines Fotos - *Mutter mit Baby* - beschreiben und dabei verschiedene Gefühle ausdrücken und erläutern.

Sprechen - Interaktion
- ☐ ... mich aktiv an einer Diskussion über Lernstrategien beteiligen.
- ☐ ... Beiträge und Argumente frei formulieren.
- ☐ ... meine Meinung klar begründen und verteidigen.
- ☐ ... Vor- und Nachteile darstellen und abwägen.
- ☐ ... das Gespräch steuernde Aktionen einsetzen, z.B. das Gespräch eröffnen und beenden, das Wort ergreifen.

Wortschatz
- ☐ ... Wortfelder durch systematisches Erarbeiten von Ober- und Unterbegriffen erweitern.

Grammatik
- ☐ ... Verben mit Präpositionen und der passenden Ergänzung richtig verwenden.
- ☐ ... Verben mit wechselnden Präpositionen richtig verwenden.
- ☐ ... bei Verben zwischen trennbaren und nicht trennbaren Vorsilben unterscheiden und diese richtig einsetzen.

Sprechen Sie mit Ihrem Kursleiter/Ihrer Kursleiterin über Tipps zum Weiterlernen.

LEKTION 3 – *Lernwortschatz*

Verben

ausgehen
auswählen
blenden
durchqueren
einziehen in + *Akk.*
etwas ergattern
erreichen
erweitern
etwas (er-)schaffen
kleben an + *Dat.*
konzentrieren
mitkriegen
pilgern
preisgeben
sich abhetzen
sich begeben in/an + *Akk.*/
  zu + *Dat.*
sich verabreden
sich verspäten
umgestalten
vereinen
vorkommen in + *Dat.*

Nomen

der Abgeordnete, -n
die Anlage, -n
das Antiquariat, -e
die Apotheke, -n
der Architekt, -en
die Architektur
die Auffahrt, -en
der Bau, -ten
der Bewohner, -
der Block, ⸚e
die Boutique, -n
das Dach, ⸚er
das Denkmal, ⸚er
die Drogerie, -n
das Einkaufszentrum, -zentren
das Elektrizitätswerk, -e
die Fabrik, -en
die Fassade, -n
der Feinkostladen, ⸚en
der Fluss, ⸚e
das Gebäude, -
die Gemeinde, -n
der Hintergrund, ⸚e
das Kaffeehaus, ⸚er
das Kaiserreich
das Kaufhaus, ⸚er
der Kenner, -
die Keramik
der Kern, -e
der Kontrast, -e
die Konzerthalle, -n
die Kunstgalerie, -n
das Lokal, -e
der Marmor
die Moschee, -n
der Nachtclub, -s
der Pfeil, -e
das Pflaster, -
der Plattenladen, ⸚en
das Programm, -e
der Rasen, -
das Reformhaus, ⸚er
das Reich, -e
die Säule, -n
die Schachtel, -n
das Schreibwarengeschäft, -e
der Secondhandladen, ⸚en
die Sehne, -n
das Spektakel, -
die Stadtrundfahrt, -en
die Szene, -n
der Turm, ⸚e
der Überblick
die Verzierung, -en
das Viertel, -
das Volk, ⸚er
der Vordergrund
der Vorort, -e
der Wohnblock, -s
der Ziegel, -
das Zoogeschäft, -e

Adjektive/Adverbien

bemerkenswert
privilegiert
übersichtlich (un-)
verfrüht
zukünftig

Ausdrücke

eine ganz besondere Note haben
in den Himmel schießen
in die Hände spucken
sich abschrecken lassen von + *Dat.*
sich anlegen mit jemandem
sozialer Wohnungsbau
ein Gespür haben für etwas

__1__ Wörter lernen → **WORTSCHATZ**
Verbinden Sie die Wörter mit der richtigen Erklärung.

auswählen	sich zwischen verschiedenen Möglichkeiten entscheiden
erklären	von einer Sprache in die andere übertragen
erweitern	die Bedeutung eines Wortes angeben
konzentrieren	etwas noch einmal lernen
übersetzen	seine Aufmerksamkeit auf etwas richten
verstehen	die Bedeutung von etwas wissen
wiederholen	größer machen

LEKTION 3

zu Seite 41, 2

2 Berliner Luft → SPRECHEN

a Beschreiben Sie Ihrer Lernpartnerin/Ihrem Lernpartner dieses Foto möglichst genau. Sie/Er hält ihr/sein Arbeitsbuch geschlossen.

BERLINER LUFT

Keine andere deutsche Stadt verändert sich so schnell wie Berlin; nirgendwo sonst fällt der Vergleich von Einst und Jetzt so überraschend aus wie etwa rund um den Reichstag.

das Dach, ̈-er
das Gebäude, -
die Architektur
die Auffahrt
die Grünanlage, -n
die Säule, -n

der Park, -s
der Platz, ̈-e
der Rasen, -
der Turm, ̈-e
der Wohnblock, -s

Im Vordergrund sieht man ...
Im Hintergrund befindet sich ...
In der Bildmitte erkennt man ...
vorne/hinten/links/rechts/
oben/unten ...

b Ihre Lernpartnerin/Ihr Lernpartner beschreibt Ihnen ein Foto, das Sie nicht sehen. Betrachten Sie dabei das Foto oben. Versuchen Sie durch Fragen herauszufinden,

- was auf den beiden Fotos gleich ist.
- was auf den beiden Fotos unterschiedlich ist.

Befindet sich auf deinem Bild auch ein ...?
Hast du auch ein ...?
Gibt es bei dir ein ...?

zu Seite 43, 4

3 Lesestrategie: Bedeutung erschließen → LERNTECHNIK
Lesen Sie den Text im Kursbuch Seite 42 ab Zeile 30.
Erklären Sie die folgenden Wörter entweder aus bekannten Wörtern oder aus dem Kontext.

Zeile	unbekanntes Wort	ableiten aus bekannten Wörtern	verstehen aus einem anderen Teil des Textes
Z. 37	preisgeben sich erfrischen das Herzstück das Kernstück überquellend vor Leben in den Himmel schießen beklemmend mit ganz besonderer Note		

40

LEKTION 3

zu Seite 43, 4

4   Idiomatik → WORTSCHATZ
Was schreiben Sie für Ihre Vokabelkartei als Bedeutung neben diese idiomatischen Ausdrücke?

a ein Gespür bekommen für (Seite 42, Zeile 16) — = Gespür – spüren = fühlen; ein Gefühl bekommen für

b einen Platz ergattern

c sich abschrecken lassen von (Seite 42, Zeile 25/26)

d in den Himmel schießen (Seite 42, Zeile 61/62)

e eine ganz besondere Note (Seite 42, Zeile 71/72)

f in die Hände spucken

zu Seite 43, 4

5   Lokale Präpositionen → GRAMMATIK
Ergänzen Sie den Text.

außerhalb + Gen, ~~dank~~ + Dat., entlang + Akk., gegenüber + Dat, innerhalb + Gen, von … aus

(1) _Dank_ dein__ Hilfe konnte ich die U-Bahn-Haltestelle schnell finden. (2) Man muss _____ dein__ Wohnung _____ nur immer den Fluss _____ gehen, bis man zur Ludwigsbrücke kommt. (3) Direkt _____ d__ Sankt-Anna-Kirche ist dann die U-Bahn-Station. (4) _____ d__ Stadt, vor allem im Zentrum, kenne ich mich jetzt schon recht gut aus, da ich viel zu Fuß gehe oder mit öffentlichen Verkehrsmitteln fahre. (5) Nur wenn ich mich am Wochenende _____ d__ U-Bahn-Bereichs aufhalte, verfahre ich mich noch manchmal.

zu Seite 44, 9

6   Der Satz in der deutschen Sprache → LESEN
Lesen Sie, was der amerikanische Schriftsteller Mark Twain (1835–1910) über den Satz in der deutschen Sprache geschrieben hat und kreuzen Sie an, was nach Meinung des Autors für einen deutschen Satz charakteristisch ist.

Der Durchschnittssatz in einer deutschen Zeitung ist eine erhebende, höchst eindrucksvolle Sehenswürdigkeit. Er nimmt so ziemlich eine viertel Spalte ein und enthält so zehn Satzteile, allerdings nicht in regelmäßiger Folge, sondern durcheinander gemischt. Der ganze Satz hat vierzehn oder fünfzehn verschiedene Subjekte, von denen jedes in einem besonderen Nebensatz steht, von dem wieder ein Nebensatz abhängt, auf den sich weitere drei oder vier abhängige Nebensätze beziehen. (…) Dann erst kommt das leitende Verb, aus dem sich ergibt, worüber der Schreiber dieser Zeilen eigentlich hat reden wollen.

☐ Er besteht aus vielen Teilen.
☐ Das Verb wird häufig erst ganz am Ende genannt.
☐ Er ist sehr lang.
☐ Er ist übersichtlich.
☐ Er ist verschachtelt, d.h. er hat eine komplizierte Struktur.

LEKTION 3

zu Seite 44, 9

7 Wortstellung im Hauptsatz → **GRAMMATIK**
Tragen Sie die Sätze in den Kasten unten ein.

a Unsere Gruppe hat letzte Woche eine Städtereise nach Berlin unternommen.
b Wir haben am ersten Tag zu Fuß einen Stadtrundgang gemacht.
c Beate hat dabei in einer kleinen Seitenstraße ein schönes Café entdeckt.
d Wegen des schlechten Wetters mussten wir die letzten Urlaubstage in Museen verbringen.
e Einige von uns waren bei einer Familie privat untergebracht.
f Die anderen wohnten in einem Jugendhotel.

Position 1	Position 2	Position 3, 4 ...	Endposition
Unsere Gruppe	hat	letzte Woche eine Städtereise nach Berlin	unternommen

zu Seite 44, 9

8 Freie Angaben im Hauptsatz → **GRAMMATIK**
Setzen Sie die Angaben in den Satz ein.

Beispiel: Das Lokal ist geschlossen. *(heute, wegen Renovierungsarbeiten)*
    Das Lokal ist heute wegen Renovierungsarbeiten geschlossen.
oder: *Wegen Renovierungsarbeiten ist das Lokal heute geschlossen.*

a Christoph verließ das Museum. *(genervt, nach dreistündigem Schlangestehen)*
b Wir sind im Hotel geblieben. *(noch etwas, nach dem Frühstück, gerne)*
c Der Rasen ist nass. *(ziemlich, durch die starken Regenfälle)*
d Die Friedrichstraße war gesperrt. *(wegen Bauarbeiten, am Montag, teilweise)*
e Inge wartet auf ihre Freundin. *(ungeduldig, schon seit einer Stunde, vor dem Brandenburger Tor)*
f Ich trinke ein Glas Berliner Weiße. *(vor dem Nachhausegehen, noch schnell, in einer Eckkneipe)*
g Ich hätte drei Pullover angezogen. *(bei der Kälte, am liebsten, heute morgen)*

zu Seite 44, 9

9 Fehleranalyse: Wortstellung → **GRAMMATIK**
Warum sind die folgenden Sätze falsch?

Beispiel:
Falsch: *Um halb acht er steht normalerweise auf.*
Richtig: *Um halb acht steht er normalerweise auf.*
Korrektur: Verb an Position 2

a Sind Sie in Berlin schon mal gewesen?
b Uns am Sonntag lass ins Museum gehen.
c Er hat an sie geschrieben letzte Woche einen Brief.
d Sie fährt zur Arbeit meistens um acht Uhr mit dem Bus.
e Dieses das langweiligste Buch ist, das ich jemals gelesen habe.
f Er ging ins Ausland freiwillig vor fünf Jahren.
g Etwas sparsamer sei, wenn du dir kaufst etwas zum Anziehen!

LEKTION 3

zu Seite 44, 9

10 Fehlerkorrektur: Wortstellung → GRAMMATIK

Die folgenden Sätze enthalten Fehler. Unterstreichen Sie die fehlerhaften Stellen und verbessern Sie die Wortstellung.

Beispiel: Wegen eines Maschinenschadens die U-Bahn kam heute Morgen verspätet an.

Wegen eines Maschinenschadens kam die U-Bahn heute Morgen verspätet an.
oder: *Die U-Bahn kam heute morgen wegen eines Maschinenschadens verspätet an.*

Er hat an seinen Freund eine Karte gestern geschrieben.
Im Hotel gab es schrecklich viel Lärm gestern Abend wegen der Ankunft einer neuen Reisegruppe.
Peter fuhr mit seinem Fahrrad durch die neuen Bundesländer ganz allein.
Während unseres Berlinbesuchs waren wir im Theater auch.
Betty schenkte ihrer Gastfamilie ein Andenken aus ihrer Heimat zum Abschied.
Sie versprach der Familie, bald sie wieder zu besuchen.

zu Seite 44, 9

11 Sätze erweitern → LESEN

Markieren Sie, an welcher Stelle im Satz die Teile in der rechten Spalte passen. Manchmal gibt es mehrere Lösungen.

Eine Amerikanerin in Berlin

ⓐ Becky Bernstein goes Berlin ist der Titel eines intelligenten Romans √ über eine amerikanische Künstlerin mit Wohnsitz in Berlin.
ⓑ Die Autorin hat Literaturwissenschaft in New York studiert und kam wie ihre Romanfigur 1972 nach Berlin.
ⓒ Sie ist Moderatorin beim Hörfunk.
ⓓ Sie war 24.
ⓔ Die Liebe dauerte allerdings nicht sehr lange.
ⓕ Die Liebe zu Berlin hält an.
ⓖ Sie hat zu erzählen.
ⓗ Becky Bernstein hat als Kind in Brooklyn East, gewohnt.
ⓘ „Berlin ist ein kleines New York", sagt Becky einmal.
ⓙ „Es hat die Spannung einer Millionenstadt.
ⓚ Aber es hat den provinziellen Charme der alten Welt."
ⓛ Becky ist auf der Suche nach dem passenden Mann.
ⓜ Beides, teilt die Heldin mit vielen Frauen in Deutschland und in den USA.
ⓝ Das Buch präsentiert die Stadt als weitere Hauptfigur.
ⓞ Holly-Jane Rahlens erzählt vom geteilten Berlin und vom Mauerfall.
ⓟ Ein amüsanter Roman.

ⓐ von Holly-Jane Rahlens
ⓑ der Liebe wegen
ⓒ heute
ⓓ damals
ⓔ zu dem Berliner Studenten
ⓕ dagegen
ⓖ einiges
ⓗ einer schäbigen New Yorker Gegend,
ⓘ die Romanfigur
ⓙ und das Tempo
ⓚ auch
ⓛ der richtigen Diät und
ⓜ das Übergewicht und die unglückliche Beziehung zu Männern,
ⓝ Berlin
ⓞ temperamentvoll
ⓟ wirklich

LEKTION 3

zu Seite 44, 9

12 In welchem Gebiet oder Stadtteil ist was zu finden? → **WORTSCHATZ**
Ordnen Sie die Wörter zu.

der Bahnhof · die Bank · die Bibliothek · die Bar · das Bürogebäude · der Busbahnhof · das Café · das Denkmal · das Einfamilienhaus · das Einkaufszentrum · das Elektrizitätswerk · die Fabrik · das Hochhaus · das Kaufhaus · der Kindergarten · das Kino · die Kirche · die Konzerthalle · die Kunstgalerie · der Markt · das Mehrfamilienhaus · die Moschee · das Museum · der Nightclub · das Opernhaus · das Parkhaus · der Park · der Platz · die Polizeistation · das Postamt · das Rathaus · Reihenhäuser · das Restaurant · das Schwimmbad · das Schuhgeschäft · die Schule · der Spielplatz · das Sportstadion · der Supermarkt · das Theater · die Universität · der Wohnblock

in den Vororten und Wohngebieten
das Einfamilienhaus

im Industriegebiet
die Fabrik

im Zentrum
der Bahnhof

im historischen Stadtkern
das Denkmal

im Vergnügungsviertel
die Bar

zu Seite 45, 4

13 Wiener Kaffeehäuser → **GRAMMATIK**
Stellen Sie im folgenden Text die richtige Reihenfolge der Sätze wieder her.
Nummerieren Sie dazu die Sätze.

Das Wiener Kaffeehaus gehört zu Wien wie der Stephansdom.	1
Er soll - so wird erzählt - 1683 den Kaffee als Kriegsbeute aus der Türkei mit nach Wien gebracht haben.	
Sein Erfinder war aber kein echter Wiener, sondern ein Pole namens Franz Georg Kolschitzky.	
Schnell wurde der Kaffee als neues Getränk populär. Zeitungen und Spiele, vor allem Billard, gehörten zur Grundausstattung jedes guten Kaffeehauses.	
Für jeden Wiener gehörte es sich damals, ein Stammcafé zu haben, wo er Freunde traf, plauderte, spielte, studierte, dichtete, beobachtete, Stunden verbrachte oder auch den ganzen Tag.	
Erst als die so genannten Konzertcafés entstanden, durften auch Damen hinein. Das Kaffeehaus wurde zu einem Stück Wiener Kultur, wo sich Literaten, Künstler, Gelehrte, Politiker und Journalisten trafen.	
Bis 1840 traf sich im Kaffeehaus eine reine Männergesellschaft.	
Doch gerade heute erlebt das Wiener Kaffeehaus eine neue Glanzzeit als Treffpunkt und Kommunikationszentrum.	
Die große Zeit der Kaffeehäuser ging dann allerdings mit der österreichischen Monarchie nach dem Ersten Weltkrieg zu Ende.	

LEKTION 3

zu Seite 45, 4

14 In Deutschland gibt es Cafés, in Österreich Kaffeehäuser. Und in Ihrer Heimat? → SCHREIBEN

Schreiben Sie einen Text von circa 200 Wörtern. Verwenden Sie dazu die Leitfragen aus Aufgabe 4a im Kursbuch Seite 45.

zu Seite 47, 5

15 Schlüsselwörter → LESEN/HÖREN

a Lesen Sie die Transkription des Hörtextes aus dem Kursbuch Seite 47. Unterstreichen Sie die Schlüsselwörter. Das sollten nicht nur Nomen sein, sondern auch wichtige Strukturwörter wie *nicht*, *kaum* usw.

b Fassen Sie danach in jeweils drei Sätzen zusammen, was der Mann über Wien und München sagt.

Wien

Für mich ist typisch an Wien, dass dort zu viel Tradition zusammengetragen wurde. Es besteht kaum Platz für Neues. Wenn Sie zum Beispiel die Menschen sich anschauen, die in diesen sicherlich sehr prächtigen Häusern leben, das ist doch, wie wenn die in einem Museum leben. Und es ist tatsächlich so, dass in der Wiener Innenstadt keine neuen Häuser errichtet werden dürfen. Alles ist auf Bewahrung, alles ist auf Tradition ausgerichtet und dabei wird sehr häufig übersehen, dass es doch ganz neue Herausforderungen gibt. Zum Beispiel ist es nicht möglich, in historischen Gärten den Rasen zu betreten. Und das ist vielleicht einer der großen Nachteile, diese sehr sehr traditionelle Geisteshaltung. Andererseits – die Lage von Wien ist natürlich hervorragend. Die Stadt liegt an der Bruchstelle zwischen den Bergen und der ungarischen Tiefebene.

München

München ist eine großartige Stadt ohne jeden Zweifel. Für mich sind es hauptsächlich die Theater, die München für mich so außergewöhnlich machen. Und daneben noch die Museen dieser Stadt und die ganze Stadtarchitektur faszinieren mich sehr an München. München liegt wie Wien zwischen Bergen und zwischen der Ebene, München liegt an dem schönen Fluss, mit einem paradiesischen Englischen Garten – so was steht für mich zum Beispiel für Lebensqualität. Daneben ist es aber auch der Freizeitsektor, das kulturelle Angebot und das Angebot in den Kaufhäusern, die doch sehr hohe Lebensqualität garantieren. Bei Angebot meine ich nicht nur die großen Kaufhäuser, sondern für mich ist es das Fachangebot, das zählt, die kleinen speziellen Buchläden, die Antiquariate, die Videogeschäfte, wo Kassetten in Originalsprache gekauft werden können.

zu Seite 48, 3

16 Persönlicher Brief – Textsortenmerkmale → SCHREIBEN

Was ist typisch für einen persönlichen, d.h. einen nicht offiziellen Brief?

Datum	☐	17/03/20..	Anredeform	☐	du
	☐	Frankfurt, 17. 03. 20..		☐	ihr
	☐	im März 20..		☐	Sie
Anrede	☐	Lieber Sven,	Gruß	☐	Beste Grüße
	☐	Verehrte Dame,		☐	Hochachtungsvoll
	☐	Sehr geehrte Damen und Herren,		☐	Mit freundlichen Grüßen

LEKTION 3

zu Seite 48, 3

17 Korrektur – Persönlicher Brief → **SCHREIBEN**
Verbessern Sie die unterstrichenen Stellen.

München, den 24. Juli 20..

Liebe Angelika,

vielen Dank für deinen Brief und freue ich mich darüber. Wie geht es dir? Mir geht es zur Zeit sehr gut. Endlich wird das Wetter hier etwas schöner. Du hast mich gefragt, was mache ich den ganzen Tag. Nun, an den Wochentagen ich gehe ins Institut. Der Unterricht gefällt mir sehr gut. Nachdem Unterricht gehe ich in die Mediothek meistens noch. Manchmal mache ich noch einen Einkaufsbummel oder gleich nach Hause gehen.

Und am Wochenende oft ich verreise. Zum Beispiel ich bin schon nach Rothenburg, Füssen, an den Chiemsee und nach Prag gefahren. Besonders mir hat gefallen der Chiemsee. Übermor-gen fahre ich mit meinem Kurs in die Schweiz. Hier in München bin ich ins Deutsche Museum besucht. Ich war ungefähr vier Stunden im Deutschen Museum, aber habe ich nicht alles gese-hen. Vielleicht gehe ich noch mal. Leider, meine Wohnung ist ein bisschen weit vom Institut. Stell dir vor, der Weg in die Schule dauert 40 Minuten! Deshalb ich muss ziemlich früh aufstehen. Das ist leicht für mich nicht. Ich habe viele Fotos gemacht. Wenn ich zurückkomme, zeige ich sie dir.

Ich hoffe, dass du mir bald schreibst wieder. Bis dahin. Alles Liebe

deine Ji

über den ich mich gefreut habe.

---

zu Seite 48, 3

18 Spiel: Satzpuzzle → **GRAMMATIK/SPRECHEN**

| Bei schlechtem Wetter | besuche | ich | eines | der | zahlreichen | Museen, | die | es | in dieser Stadt | gibt. |

Die Klasse teilt sich in zwei Gruppen. Jede Gruppe denkt sich einen Satz von mehr als zehn Wörtern Länge aus. Die Sätze sollten auch Wörter und Ausdrücke wie *zufällig, manchmal, bei schlechtem Wetter* usw. enthalten. Ein Mitglied der Gruppe schreibt die Sätze so auf, dass jeweils ein Wort bzw. ein zusammenhängender Ausdruck auf einem separaten Kärtchen steht. Die Gruppen tauschen ihre Kärtchen aus und setzen sie zu Sätzen zusammen. Es gibt oft mehr als eine richtige Lösung. Gewonnen hat die Gruppe, die zuerst fertig ist.

---

zu Seite 50, 3

19 Vermutungen über Tucholskys Berlin → **GRAMMATIK**
Lesen Sie den Text im Kursbuch Seite 50 und ergänzen Sie die folgenden Nebensätze. Achten Sie auf die richtige Wortstellung.

Beispiel: Über dieser Stadt ist kein Himmel.
Es scheint, als ob über dieser Stadt kein Himmel wäre.
Vielleicht sieht man den Himmel kaum, weil die Häuser so hoch sind.

a Der Berliner hat keine Zeit.
Es scheint, als ob/hätte …
Vielleicht haben die Berliner keine Zeit, weil …

LEKTION 3

b In dieser Stadt wird geschuftet.
Es scheint, als ob/würde ...
Vielleicht wird in Berlin so viel gearbeitet, dass ...

c Der Berliner kann sich nicht unterhalten.
Es scheint, als ob/könnte ...
Vielleicht können sich die Berliner nicht unterhalten, weil ...

d Die Berliner sind einander fremd.
Es scheint, als ob/wären ...
Vielleicht sind die Berliner einander fremd, weil ...

zu Seite 50, 3

20 Das Versprechen → LESEN
Setzen Sie die passenden Präpositionen ein.

Videotipp

DAS VERSPRECHEN
EIN FILM VON MARGARETHE VON TROTTA (1994) – 110 MINUTEN

Inhalt: Eine Liebesgeschichte _unter_ Extrembedingungen: Eine Gruppe Jugendlicher flieht im Herbst 1961, wenige Wochen .... dem Bau der Mauer, durch die Kanalisation von Ost- nach Westberlin. .... Zufall werden Sophie und Konrad getrennt. Sophie erreicht den Westen, während Konrad im Ostteil der Stadt zurückbleibt. Konrad macht .... Wissenschaftler Karriere in der DDR. Als er im Sommer 1968 eine Fachtagung in Prag besucht, kann er endlich seine geflohene Freundin Sophie wiedersehen. Die nächsten 28 Jahre führen beide ein Leben .... radikal unterschiedlichen Lebensbedingungen. Sie sehen sich nur vier Mal. Der Film erzählt .... der Entfremdung der beiden, aber auch, wie beide dagegen ankämpfen. Als die Mauer schließlich fällt, könnte die Liebesgeschichte endlich beginnen. Wird sich aber ihre Liebe .... der jahrelangen Trennung durchsetzen?

Kommentar: Zeitgeschichte, die durch persönliche Schicksale veranschaulicht wird: Das geht nahe, auch wenn Margarethe von Trotta .... Klischees nicht zurückschreckt.

Regisseurin:
Margarethe von Trotta gehört .... den 70er Jahren zu den bedeutendsten deutschen Regisseurinnen.

| als |
| durch |
| in |
| nach |
| seit |
| trotz |
| unter |
| unter |
| von |
| vor |
| vor |

LEKTION 3

zu Seite 50, 3

21 Satzbau variieren → **GRAMMATIK**
Bilden Sie Sätze.

> drehte – Wim Wenders – über Berlin – einen Spielfilm – vor einigen Jahren – der deutsche Regisseur

Der deutsche Regisseur Wim Wenders drehte vor einigen Jahren einen Spielfilm über Berlin.

- **a** Weißt du, dass ...
- **b** Vor einigen Jahren ...
- **c** Worüber drehte ...
- **d** Weißt du, wer ...

> erhielt – in Cannes – der Film – die goldene Palme – für die beste Regie

Der Film erhielt in Cannes die goldene Palme für die beste Regie.

- **a** In Cannes ...
- **b** Weißt du, wofür ...
- **c** Wussten Sie, dass ...
- **d** Wofür ...

zu Seite 50, 3

22 Textpuzzle → **LESEN**
Bringen Sie die Textabschnitte in eine sinnvolle Reihenfolge.

Klappentext: Lexikon des deutschen Films

Am 1. November 1895 führten die Brüder Max und Emil Skladanowsky im Berliner Varieté „Wintergarten" erstmals ihre „lebenden Bilder" vor.	1
Sie alle belegen die hohe Qualität des Films in Deutschland, Österreich und der deutschsprachigen Schweiz.	☐
Dieses Datum gilt als die Geburtsstunde des deutschen Films. Hundert Jahre sind seitdem vergangen.	☐
Dabei werden alle Epochen und alle Filmgattungen gleichmäßig berücksichtigt. Neben den berühmten Klassikern findet man zu Unrecht vergessene Streifen.	☐
Das Jubiläum bietet Anlass zum Rückblick auf die wechselvolle Geschichte dieses für die Kultur des 20. Jahrhunderts höchst einflussreichen Mediums. Dieses aktuell erarbeitete, reich bebilderte Lexikon bespricht über 600 Kinofilme.	☐

zu Seite 51, 1

23 Gebäude beschreiben → **WORTSCHATZ**
Ordnen Sie diese Adjektive in die richtige Kategorie ein.
Manche passen mehrmals.

> altdeutsch – barock – breit – groß – historisch – imposant – klar – klassisch – länglich – modern – oval – rechteckig – riesig – rund – schmal – undefinierbar – unregelmäßig – verspielt – viereckig – winzig

Form	Stil	Größe
rund	modern	groß

LEKTION 3 – *Aussprachetraining*
Satzakzent

1 Hören Sie folgendes Gedicht ohne es zu lesen.

Timm Ulrichs

denk-spiel
ich denke, also bin ich.
ich bin, also denke ich.
ich bin also, denke ich.
ich denke also: bin ich?

ⓐ Hören Sie das Gedicht noch einmal und lesen Sie mit. Markieren Sie, welche Worte besonders betont werden.
ⓑ Welche Aufgabe hat die Betonung in diesem Gedicht?
ⓒ Markieren Sie die Betonung der Sätze. *Ich denke, also bin ich.*

2 Der wandernde Satzakzent

ⓐ Hören Sie vier Sätze.
ⓑ Lesen Sie die Sätze unten. Welche Teile passen zusammen?
ⓒ Lesen Sie die Sätze laut. Betonen Sie jeweils das unterstrichene Wort.

Betonung	sinnvolle Ergänzung
Er geht mit ihr,	damit sie keine Angst allein im Dunkeln hat.
Er geht mit ihr,	weil ich selber keine Zeit habe.
Er geht mit ihr,	und er ist seitdem ganz glücklich.
Er geht mit ihr,	du kannst dafür mit Heinrich gehen.

3 Fragen und Antworten

ⓐ Hören Sie einige Fragen ohne den Text zu lesen.
ⓑ Lesen Sie nun die Fragen unten. Welche Antwort passt zu welcher Frage?
ⓒ Lesen Sie die Fragen und Antworten zusammen vor. Betonen Sie deutlich.

Frage	Antwort
❶ Wie heißen Sie?	ⓐ Doch, wieso?
❷ Sind Sie Herr Obermaier?	ⓑ Eher witzige.
❸ Wer heißt denn hier Müller?	ⓒ Ein Buch.
❹ Sie wohnen doch in der Schlossstraße, oder?	ⓓ Einen guten Krimi.
❺ Sie heißen doch nicht Lüdenscheidt, oder?	ⓔ Ich heiße Schmidt.
❻ Was willst du denn hier?	ⓕ Ich heiße so.
❼ Was für ein Buch möchtest du denn?	ⓖ Na, den spannenden natürlich.
❽ Was für Filme magst du, eher spannende oder eher witzige?	ⓗ Nein, in der Schlossallee.
	ⓘ Nein, mein Name ist Obermeister.
❾ Willst du lieber den spannenden oder den witzigen Film sehen?	

4 Sätze von hinten lesen

ⓐ Hören Sie den Satz und unterstreichen Sie die Wörter oder Silben, die betont werden.
Erwin möchte wissen, ob du bei der Stadtrundfahrt mitmachst.

ⓑ Lesen Sie diese Teilsätze. Markieren Sie, wo jeweils der Akzent liegt.
- kommen.
- zu kommen.
- nach Berlin zu kommen.
- versprochen, mit nach Berlin zu kommen.
- Du hast versprochen, mit nach Berlin zu kommen.

LEKTION 3

Lernkontrolle: Was haben Sie in dieser Lektion gelernt?
Kreuzen Sie an.

Ich kann ...

Lesen
- ☐ ... in einem Reiseführer über Berlin Empfehlungen sowie eine Tourbeschreibung verstehen.
- ☐ ... aus kurzen Informationstexten zu empfehlenswerten Lokalen in Berlin diejenigen heraussuchen, die für bestimmte Personen geeignet sind.
- ☐ ... implizite Werturteile aus einer literarischen Glosse über das Leben im Berlin der 20er Jahre herausfiltern.
- ☐ ... in einem Reiseführer über Wien Hintergrundinformationen über das Hundertwasser-Haus verstehen.

Hören
- ☐ ... ein längeres Gespräch mit einem Österreicher verstehen.
- ☐ ... aus diesem Gespräch zu den Vor- und Nachteilen der Städte Wien und München Hauptaussagen entnehmen.

Schreiben - Produktion
- ☐ ... einen informativen Text über die Hauptstadt meines Heimatlandes verfassen.

Schreiben - Interaktion
- ☐ ... in einem informellen Brief über den Ort berichten, an dem ich mich gerade aufhalte.

Sprechen - Produktion
- ☐ ... den Reichstag in Berlin als Gebäude detailliert beschreiben und auf Nachfragen Einzelheiten genauer erklären.
- ☐ ... das Hundertwasser-Haus in Wien mit seinen architektonischen Besonderheiten detailliert beschreiben.

Sprechen - Interaktion
- ☐ ... in einem Kontaktgespräch bzw. im Smalltalk über meinen Kursort sprechen und dabei auf Einkaufsmöglichkeiten und andere Aspekte eingehen.
- ☐ ... Vorteile darstellen, etwas ablehnen, positive Aspekte anführen.

Wortschatz
- ☐ ... präzise Ausdrücke zur Beschreibung einer Stadt, ihrer Stadtteile und Gebäude einsetzen, wie sie zum Beispiel bei einer Stadtführung gebraucht werden.
- ☐ ... allgemein verständliche Wörter zur Beschreibung der Architektur eines Gebäudes verwenden.

Grammatik
- ☐ ... Sätze in ihrer Struktur variieren, um damit einen stilistisch abwechslungsreichen Text zu erstellen.
- ☐ ... mit Hilfe von Satzverbindungen verschiedener Art stilistisch anspruchsvollere Texte schreiben.

Sprechen Sie mit Ihrem Kursleiter/Ihrer Kursleiterin über Tipps zum Weiterlernen.

LEKTION 4 – *Lernwortschatz*

Verben

ausflippen
bilanzieren
etwas ablehnen
etwas bewirken
etwas schaffen
jdn. pflegen
jobben
plaudern
protokollieren
schlendern
sich stapeln
tauschen
verdrängen
vorhanden sein

Nomen

das Angebot, -e
der Artikel, -
der Auftrag, ¨e
der Aufwand
die Ausgabe, -n
der Betrug
die Betrugsanzeige, -n
die Boutique, -n
der Discounter, -
der Einkäufer, -
die Einkaufspassage, -n
das Einkaufszentrum, -en
die Erregung
die Filiale, -n
der Flohmarkt, ¨e
die Gegenleistung, -en
der Gewinn, -e
der Handel
der Hersteller, -
die Kassiererin, -nen
die Katastrophe, -n
das Kaufhaus, ¨er
das Kopfschütteln
die Klamotten (Pl.)
der Kunde, -n
das Lager, -
der Lebensunterhalt
der Lieferant, -en
das Markenprodukt, -e
der Muffel, -
das Online-Shopping
der Prozess, -e
der Rabatt, -e
die Rendite, -n
der Schlussverkauf, ¨e
das Schnäppchen, -
die Schulden
das Schwarzfahren
der Trick, -s
der Umsatz, ¨e
das Unternehmen, -
der Verbraucherschützer, -
die Verfasserin, -nen
das Versandhaus, ¨er
die Versorgung
der Warenumschlag
die Werbeagentur, -en
die Werbekampagne, -en
der Wochenmarkt, ¨e

Adjektive/Adverbien

aufschlussreich
bescheiden
geschätzt
obdachlos
quasi
schätzungsweise
süchtig
totkrank
überdurchschnittlich
überflüssig
überfordert
wiederkehrend

Ausdrücke

alles in Maßen tun
Angst auslösen
auf dem ... Platz rangieren
das Haus hüten
den Überblick verlieren
der Besserverdienende
der Dreh- und Angelpunkt
ein Geschäft betreiben
ein Horror sein
Einblick haben in etwas
einen Blick hinter die Kulissen werfen
einen Blick zuwerfen
es jemandem nachtun
Hunger leiden (müssen)
komisch angeguckt werden
Otto-Normalverbraucher
Rabatt gewähren
Schritt für Schritt
sich angezogen fühlen von
sich die Frage stellen
vor Gericht stehen
zum guten Ton gehören

---

1 Präteritum → **GRAMMATIK**
Notieren Sie für die Verben des Lernwortschatzes die Präteritumform.

Verb	Präteritum
ausflippen	*ich flippte aus*
bilanzieren	*er*
ablehnen	*sie*

LEKTION 4

zu Seite 55

2 Werbespots → HÖR-, SEHVERSTEHEN/SPRECHEN

Videotipp

Schritt 1:
- Sehen Sie die nur die Bilder zum Spot ❶ - *Glücksbringer* - an, ohne Ton!
- Notieren Sie möglichst viele Dinge, die Sie sehen, und vergleichen Sie im Kurs.
- Warum trägt der Spot den Titel *Glückbringer*? Welche Geschichte wird erzählt?

Schritt 2:
- Sehen Sie den Spot noch einmal – mit Ton.
- Wofür wird Werbung gemacht?
- Lesen Sie den Slogan ❶. Worum geht es hier?

Schritt 3:
- Hören Sie von Spot ❷ - *jetzt.de* - nur den Text vom Video. Decken Sie das Bild dazu ab.
- Wer spricht?
- Was für Bilder passen zu dieser Stimme und dem Text?

Schritt 4:
- Sehen Sie nun den Spot – mit Bild.
- Vergleichen Sie die Bilder mit Ihren Ideen. Was ist anders? Wofür wird hier geworben?

Welcher der beiden Spots gefällt Ihnen besser? Warum?

❶ Wer anderen zu einem Platz an der Sonne verhilft, kann jetzt bis zu zwei Millionen Euro gewinnen. Denn zum Glück gibt es die ARD-Fernsehlotterie. Mit fünf Euro sind Sie dabei. Lose bei allen Banken, Sparkassen, der Post oder unter 08000 411 411 und www.ard-fernsehlotterie.de.

❷ Manchmal lebe ich am Rand der Galaxis und das Leben ist anderswo.
Manchmal kommen Freunde auf meinen Planeten zu Besuch.
Manchmal geht mir alles viel zu schnell.
Manchmal kann ich kaum erwarten, dass was passiert.
Wem soll ich glauben?
Wofür soll ich kämpfen?
Wann werde ich erwachsen?
Und wenn ich es bin, will ich es dann noch sein?

Die Werbespots finden Sie auf der Videokassette zu Ochmann, Nana: Kauf mich! Werbespots aus Fernsehen und Kino im Unterricht. Buch und Video, Goethe-Institut 2003.

zu Seite 55

3 Inhaltsangabe → WORTSCHATZ

Ergänzen Sie die fehlenden Verben in diesem Text im Präsens.

bedanken – bedanken – fahren – gehen – halten – nehmen – öffnen – sitzen – steigen – legen – trainieren – verlassen

Ein Blinder _verlässt_ sein kleines Haus. Er hat einen Metallkoffer dabei. Er .... ein Auto an. Ein roter Kleinbus, voll besetzt mit Handwerkern, ... ihn mit. Dann .... er bei einem Schwarzen mit. Schließlich .... er hinter einem Motorradfahrer auf einer schweren Maschine. Bei einem kleinen Zirkus .... der Blinde ab und .... sich fürs Mitnehmen.
Er .... an einigen Zirkusartisten vorbei, die im Freien ihre Kunststücke .... : Ein Feuerspucker, ein Clown, ein Kartenspieler, ein Akrobat mit einem Reifen, eine Frau mit einer großen Schlange, ein Lilliputaner in Cowboykleidung sind zu sehen. Der Blinde .... seinen Koffer auf einen Tisch. Als er den Koffer .... , ist der voll mit Euroscheinen. Herzlich .... sich der Clown bei dem blinden Glücksbringer.

LEKTION 4

zu Seite 56, 4

4 Welches Nomen ist falsch? → WORTSCHATZ

- **a** der Supermarkt – der Flohmarkt – der Kaufmarkt – der Wochenmarkt
- **b** das Einkaufshaus – das Kaufhaus – das Warenhaus – das Versandhaus
- **c** die Einkaufstüte – die Einkaufspassage – das Einkaufszentrum – der Einkaufshandel
- **d** Online-Shopping – Tele-Shopping – Versand-Shopping – electronic shopping
- **e** das Versandhaus – der Versandhandel – der Versandmarkt – der Versandhauskatalog

zu Seite 56, 5

5 Einkaufsmöglichkeiten → WORTSCHATZ
Was kann man hier kaufen?

Geschäfte	Waren
das Antiquariat	alte Bücher
die Apotheke	
die Boutique	
die Buchhandlung	
die Drogerie	
der Feinkostladen	
der Juwelier	
der Kiosk	
das Reformhaus	
das Schreibwarengeschäft	
das Zoogeschäft	

zu Seite 58, 4

6 Strategien beim Lesen → LERNTECHNIK
Welche dieser Strategien haben Sie beim Lesen des Textes auf S. 57/58 verwendet?

- ☐ Aufgrund des Layouts gehe ich davon aus, dass es sich um einen Text aus … handelt.
- ☐ Ich habe den ersten Abschnitt des Textes gelesen, um das Thema festzustellen. Es geht um …
- ☐ Folgende Wörter, in denen wichtige Informationen enthalten sind, habe ich markiert. …
- ☐ Außerdem habe ich folgende Zahlen und andere Sachinformationen markiert: …
- ☐ Ich kannte folgende Internationalismen: …
- ☐ Unbekannte Wörter habe ich überlesen, wie zum Beispiel …
- ☐ Aus dem Kontext erschlossen habe ich die Bedeutung von …
- ☐ Folgende Wörter habe ich im Lexikon nachgeschlagen: …

LEKTION 4

zu Seite 58, 4

7 Nomen zum Thema „Wirtschaft, Handel" → WORTSCHATZ
Sehen Sie sich den Text im Kursbuch, Seite 57/58, und den Lernwortschatz auf Seite 51 im Arbeitsbuch an. Ergänzen Sie je vier weitere Nomen in das Raster.

Personen	Orte	Leistungen (andere)
der Chefeinkäufer	der Lebensmittelladen	der Rabatt

zu Seite 58, 7

8 Das Erfolgsrezept von Aldi → GRAMMATIK
Formulieren Sie Sätze.

Bei Aldi gibt es keine aufwendigen Regale wie bei normalen Supermärkten.

	Kennzeichen	Aldi	Normaler Supermarkt
a	aufwendige Regale	nein	ja
b	mehr als 600 Artikel	nein	ja
c	Waren aus den Kartons ausgepackt	nein	ja
d	Geschenke für Geschäftspartner	nein	ja
e	Markenprodukte	nein	ja
f	lange Wartezeiten an den Kassen	nein	ja

zu Seite 58, 7

9 Negation → GRAMMATIK
Formulieren Sie die Sätze so um, dass die Aussage negativ wird.

⟨ kaum – kein – keine … mehr – niemals – nicht – nichts

Reisebericht

a Hamburg gefällt mir als Stadt <u>sehr gu</u>t. *nicht sehr gut*
b Es bietet für Besucher <u>einiges</u> Interessantes.
c Mein Freund hatte mir <u>viel</u> Gutes darüber erzählt.
d Für viele war die Stadtführung <u>ein Vergnügen</u>.
e Der Führer hat unsere Fragen <u>sehr ausführlich</u> beantwortet.
f Wir haben heute <u>noch etwas</u> Zeit für einen Museumsbesuch.
g Hoffentlich ist das Museum <u>so gut besucht wie</u> das, in dem wir gestern waren.
h Ich war in Hamburg <u>einmal</u> im Kino.
i Das Hamburger Wetter ist <u>so schlecht</u> wie sein Ruf.
j Den Regenschirm <u>haben wir eingesteckt</u>.
k Ich unternehme <u>gerne</u> solche Städtereisen.
l Mir ist während der Reise <u>ein einziges Mal</u> langweilig gewesen.
m Das gilt wahrscheinlich <u>auch</u> für die anderen Reisenden.
n Übrigens: <u>Alle</u> Kursteilnehmer konnten die Reise mitmachen.
o Unser Bus <u>war groß genug</u>, um alle 50 zu transportieren.
p Ich habe in Hamburg <u>viel Geld</u> ausgegeben.
q In der Nähe des Hotels gab es <u>jede Menge</u> interessante Geschäfte.

LEKTION 4

zu Seite 58, 7

10 Wortbildung Adjektive → GRAMMATIK/WORTSCHATZ
Welche drei Adjektive aus der Liste unten werden in der Verneinung mit der Nachsilbe -los gebildet? Und die anderen?

begabt – berechtigt – diplomatisch – ehrlich – flexibel – gesellig – höflich – humorvoll – klug – kritisch – ordentlich – reif – sensibel – spezifisch – systematisch – übersichtlich – unterbrochen – verantwortungsbewusst – vernünftig – gewaltsam – zivilisiert

zu Seite 59, 3

11 E-Mails → WORTSCHATZ
Ergänzen Sie in diesem Text die fehlenden Wörter.

Adresse – Anrede – Betreff – Empfänger – Grußformel – Postadresse – Tippfehler – Umgangssprache – Unterschrift

Checkliste für eine erfolgreiche E-Mail

ⓐ Achten Sie darauf, dass Sie die E-Mail-*Adresse* richtig eingeben. Machen Sie dabei auch nur den kleinsten _____, kommt Ihre Nachricht als unzustellbar zurück.
ⓑ Schreiben Sie einen _____ in das dafür vorgesehene Feld. Das hilft nicht nur dem _____, sondern auch Ihnen, die Nachricht später einmal wiederzufinden.
ⓒ Bei der _____ sind Standardformulierungen besser als moderne Formen wie zum Beispiel „Hi" oder „Guten Morgen, Frau Perlmann!"
ⓓ Wenn Sie an eine Firma oder ähnliches schreiben, verfassen Sie Ihre Nachricht nicht in _____. Viele E-Mails werden wie offizielle Briefe behandelt.
ⓔ Vergessen Sie am Ende Ihres Schreibens nicht die _____.
ⓕ Auch eine _____ gehört zu einer vollständigen elektronischen Nachricht, natürlich nicht handschriftlich!
ⓖ Sehr hilfreich ist es, wenn Sie der Nachricht auch Ihre _____ und Telefonnummer beifügen.

zu Seite 60, 1

12 Ergebnisse einer Umfrage zusammenfassen → SCHREIBEN
Ergänzen Sie die fehlenden Informationen.

ⓐ Eine Umfrage ergab, dass Jugendliche in Deutschland am meisten ...
ⓑ Auf Platz zwei der beliebtesten Produkte ...
ⓒ Für andere High-Tech-Produkte wie zum Beispiel ...
ⓓ Ziemlich hoch waren auch die Ausgaben für ...
ⓔ Für Körper und Haar wurden insgesamt ...
ⓕ Weniger beliebt bei deutschen Jugendlichen ...
ⓖ Nur 11 Millionen Euro ...

So viel Geld geben Deutschlands Jugendliche pro Monat für diese Produkte aus, in Millionen Euro:

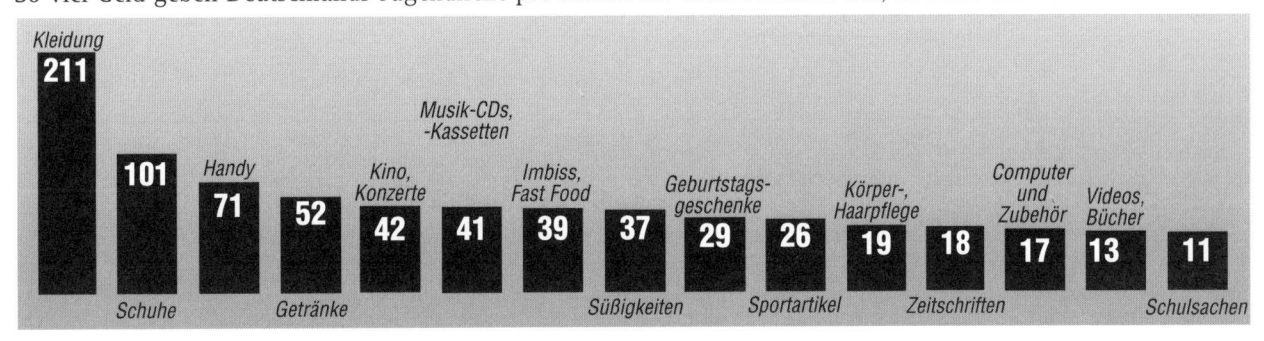

Produkt	Millionen Euro
Kleidung	211
Schuhe	101
Handy	71
Getränke	52
Kino, Konzerte	42
Musik-CDs, -Kassetten	41
Imbiss, Fast Food	39
Süßigkeiten	37
Geburtstagsgeschenke	29
Sportartikel	26
Körper-, Haarpflege	19
Zeitschriften	18
Computer und Zubehör	17
Videos, Bücher	13
Schulsachen	11

LEKTION 4

zu Seite 60, 1

13 Vermutungen → SCHREIBEN
Schreiben Sie Sätze.

a aussehen würden / bei uns genauso (ganz anders) / dass / die Ergebnisse / ich denke,
Ich denke, dass die Ergebnisse bei uns genauso (ganz anders) aussehen würden.
b bei uns / für Kino / geben / aus / die jungen Leute / mehr (weniger) Geld / wahrscheinlich
c eher für ... / in unserer Gegend / junge Menschen / verwenden ihr Taschengeld
d dass ... / ich vermute / sehr beliebt sind.
e bei uns / bestimmt nicht so viel Geld / brauchen Jugendliche / für ... /
wie die Deutschen.

zu Seite 61, 5

14 Falsch zitiert! → HÖREN/GRAMMATIK
Was hat Frau Schwermer wirklich gesagt? Hören Sie noch einmal und drücken Sie die unterstrichenen Passagen negativ aus.

a Ich habe (...) den Schlüssel zu der Wohnung einer Frau, die fast <u>immer</u> da ist. Seit drei Jahren pflegt sie ihre totkranke alte Mutter, (...) Als ich davon gehört habe, schlug ich vor, bei der Pflege der Mutter zu helfen und dafür bei ihr schlafen zu dürfen. Sie hat <u>einige</u> Mehrausgaben durch mich – außer dem Bett benutze ich <u>alles</u>.
b Fehlt Ihnen <u>das eigene Bett</u>?
c Dafür habe ich heute so viel mehr, was ich früher <u>hatte</u>:
d Frau S., was haben Sie gegen Geld? Wieso? <u>Ich verteufle Geld ja</u>.
e Vier Jahre lang habe ich <u>einen</u> Pfennig angefasst – seit neuestem besitze ich wieder ein Portemonnaie. Hin und wieder kaufe ich mir etwas, ich <u>will dogmatisch sein</u>.
f Gerade die Sachen, <u>die man unbedingt braucht</u>, machen doch am meisten Spaß.
g Wenn es jemandem Spaß macht, Kleider zu kaufen, <u>die dringend nötig sind</u>, dann ist das auch richtig für ihn.

zu Seite 61

15 Aktivitäten beim Hören → LERNTECHNIK
Wenn man eine Fremdsprache hört, ist man entweder aktiv am Gespräch beteiligt oder man ist nur passiver Zuhörer, zum Beispiel in einer Vorlesung an der Universität, als Fernsehzuschauer, als Radiohörer, bei einem Vortrag usw. Je nach Situation gibt es unterschiedliche Möglichkeiten, zu kontrollieren, ob man das Gehörte richtig verstanden hat. Ordnen Sie die einzelnen Aktivitäten richtig zu.

aktiv Beteiligter	passiver Zuhörer	Aktivität
☐	☐	um Wiederholung des Gesagten bitten
☐	☐	Stichpunkte mitnotieren
☐	☐	das Gehörte im Frageton wiederholen
☐	☐	das Gehörte neu formulieren und bestätigen lassen
☐	☐	den Sprecher bitten, langsamer zu sprechen
☐	☐	das Gehörte in einzelnen Abschnitten noch einmal hören
☐	☐	das Gehörte nachsprechen oder mitsprechen

LEKTION 4

zu Seite 63

16 Tauschpartner → SPRECHEN
Sie erhalten drei von den folgenden Kärtchen von Ihrem Kursleiter.
Sie brauchen:

- ... einmal pro Woche einen freien Tag – Sie leben mit einer pflegebedürftigen Person zusammen.
- ... einmal pro Woche einen freien Abend – Sie haben zwei kleine Kinder.
- ... jemanden, der Ihnen den Inhalt eines fremdsprachlichen Textes erklärt.
- ... jemanden, der Ihr Fahrrad repariert.
- ... jemanden, der für Sie Reparaturen in der Wohnung übernimmt.
- ... jemanden, der Ihren Hund an Wochentagen ausführt, wenn Sie im Büro sind.
- ... jemanden, der Ihnen hilft, einen neuen Drucker und Scanner zu installieren.
- ... Hilfe am Wochenende, da Sie sich nicht selber versorgen können.
- ... jemanden, der dreimal wöchentlich mittags Essen für Ihre Kinder kocht.

zu Seite 63

17 Tauschbörse → SCHREIBEN
Sie möchten Dinge, die Sie nicht mehr brauchen, in einer Online-Tauschbörse anbieten. Verfassen Sie eine kurze Beschreibung Ihres Objektes.

Nennen Sie mindestens drei der folgenden Eigenschaften:
Farbe – Form – Funktion – Wert/Preis – Größe – Inhalt – Marke – Material.

Beispiel:
Ich biete lange, dunkelbraune Handschuhe aus Ziegenleder von der Firma Prada. Sie sind nur einmal getragen. Neupreis 139 Euro. Jetzt nur 59 Euro.

zu Seite 65, 7

18 Infinitiv, Präteritum, Perfekt → GRAMMATIK
Notieren Sie das Grundverb und bilden Sie das Präteritum und Perfekt.

Verb	Grundverb	Präteritum	Perfekt
ablesen	lesen	las ab	hat abgelesen
aufbrechen			
ausgehen			
beibringen			
beschreiben			
bestehen			
betragen			
einziehen			
ertragen			
sich aufhalten			
sich niederlassen			
vorkommen			

LEKTION 4

zu Seite 65, 7

19   Eine Sage → **WORTSCHATZ/GRAMMATIK**
Setzen Sie im folgenden Text die fehlenden Verben ein.

Der Rattenfänger von Hameln

An den Ufern eines großen Flusses in Norddeutschland lag die Stadt Hameln. Die Bürger waren ehrliche Leute, die zufrieden *lebten*. Eines Tages _____ etwas Merkwürdiges. Ratten waren in Hameln zur Plage geworden. Bald _____ es ein schwarzes Meer von Ratten in der Stadt. Sie _____ alles, was sie finden konnten. Die entsetzten Bürger versammelten sich im Rathaus und _____, dass der Bürgermeister und die Stadträte etwas unternehmen.

| fressen |
| geben |
| leben |
| passieren |
| verlangen |

„Wir müssen Hilfe holen", sagte der Bürgermeister ernst. In dem Moment _____ ein großer, schlanker Mann herein, der bunte Kleider _____ und eine lange, goldene Flöte in der Hand hielt. „Ich bin der Rattenfänger", _____ der Fremde. „Ich habe schon andere Städte von Ungeziefer befreit, und für eintausend Gulden erlöse ich euch von euren Ratten."
„Eintausend Gulden!", rief der Bürgermeister. „Wir geben euch fünfzigtausend, wenn Ihr das _____!"
„Eintausend genügen", sagte der Fremde ruhig. „Morgen früh, bei Sonnenaufgang, wird es in Hameln keine einzige Ratte mehr _____."

| erklären |
| geben |
| schaffen |
| tragen |
| treten |

Im grauen Licht der Morgendämmerung _____ man den süßen Klang der Flöte in der Stadt. Der Rattenfänger _____ langsam durch die Straßen. Aus allen Türen und Fenstern _____ die Ratten geklettert und liefen quietschend hinter der Musik her. Gefolgt von einem Heer von Ratten ging er zum Fluss. Er _____ knietief im fließenden Wasser. Die Ratten schwärmten hinter ihm her und _____.

| ertrinken |
| gehen |
| hören |
| kommen |
| stehen |

Die Stadträte _____ sich die Hände vor Freude, dass sie ihr Problem so schnell los geworden waren. Bald _____ jedoch jemand an der Tür des Sitzungssaales. „Meine eintausend Gulden", sagte der Rattenfänger.
„Ach ja", _____ der Bürgermeister herablassend. „Nun, guter Mann, die Ratten sind jetzt alle tot. Das _____ wirklich nicht viel Arbeit. Ich finde, Ihr solltet mit fünfzig Gulden zufrieden sein."
„Eintausend Gulden, oder Ihr werdet es _____!", sagte der Flötenspieler wütend.
Der Bürgermeister _____ den Kopf.
„Fünfzig oder gar nichts." „Was man verspricht, sollte man auch _____", warnte der Rattenfänger und verschwand.

| bereuen |
| erwidern |
| halten |
| klopfen |
| reiben |
| schütteln |
| sein |

In jener Nacht _____ die Einwohner von Hameln zum ersten Mal seit Wochen gut. Als bei Tagesanbruch der sonderbare Klang einer Flöte durch die Straßen strich, hörten es nur die Kinder. Von der süßen Musik angezogen, _____ sie aus den Häusern. Der Rattenfänger _____ die Kinder auf einen großen Berg in eine Höhle. Als alle Kinder in der Höhle waren, rollte ein großer Felsbrocken vor den Eingang. Als die Bürger aufwachten und _____, dass ihre Kinder verschwunden waren, suchten sie sie überall. Umsonst. „Wir waren zu geizig", sagten die Stadträte traurig und _____ an die Warnung des Rattenfängers. Von den Kindern hat man nie wieder etwas _____. Aber es heißt, dass jenseits des großen Berges glückliche Menschen leben, die die Nachkommen der Kinder von Hameln sein sollen.

| denken |
| entdecken |
| führen |
| hören |
| schlafen |
| strömen |

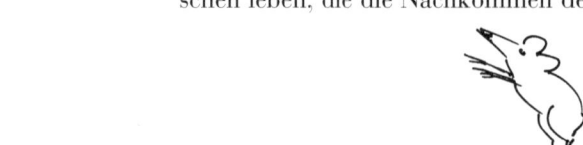

LEKTION 4 – Aussprachetraining

Diphthonge: ei – au – eu

1 Gedicht von Joachim Ringelnatz.
Hören Sie das Gedicht und ergänzen Sie die fehlenden Wörter.

In Hamburg lebten zwei ....
Die wollten nach Australien ....
Bei Altona auf der Chaussee,
Da taten ihnen die .... weh.
Und da verzichteten sie w..................
Dann auf den letzten .... der

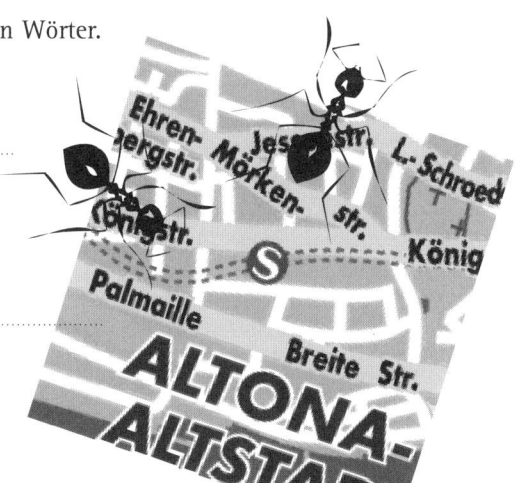

2 Wortpaare ei oder au
Welches Wort haben Sie gehört? Unterstreichen Sie.

eigen – Augen	Rauch – reich
feile – faule	Raufen – Reifen
frei – Frau	schleichen – Schlauch
heiß – Haus	staunen – Steinen

3 Städtenamen
Hören Sie die Namen und ergänzen Sie *au* oder *ei*.

Augsburg – ....ssee – Br........nschweig – Fr........burg – H........delberg
– Lind........ – L........pzig – Pass........ – Pforzh........m – Tr........nstein

4 Hören und Sortieren
Hören Sie und ergänzen Sie Wörter in die Liste.
Lesen Sie dann die Liste vor.

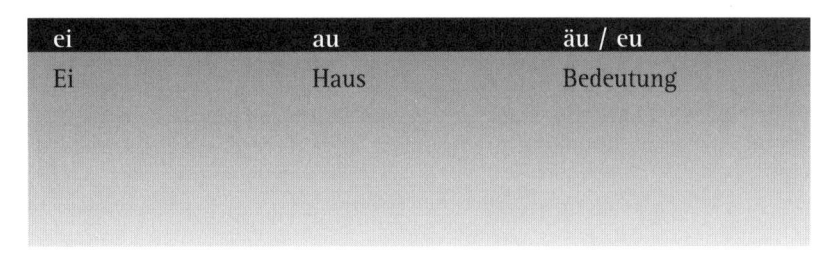

ei	au	äu / eu
Ei	Haus	Bedeutung

5 Zungenbrecher
Hören Sie und sprechen Sie diesen Satz so schnell Sie können.

Blaukraut bleibt Blaukraut und Brautkleid bleibt Brautkleid.

59

LEKTION 4

Lernkontrolle: Was haben Sie in dieser Lektion gelernt?
Kreuzen Sie an.

Ich kann ...

Lesen
- ☐ ... einem Sachtext aus dem Internet über das Geschäftsmodell *Aldi* die zentralen Informationen entnehmen.
- ☐ ... bei Kurzrezensionen, die von Lesern eines Sachbuchs ins Internet gestellt wurden, die Bewertungen der Verfasser erkennen.
- ☐ ... die Hauptaussagen einer Reportage zum Thema *Kaufverhalten* zusammenfassen.
- ☐ ... Motive für das Verhalten einer Person nachvollziehen.

Hören
- ☐ ... in einem längeren Gespräch mit einer Autorin die Ziele und Funktionsweise einer Tauschbörse verstehen.
- ☐ ... Einstellungen und Gefühle der Interviewten nachvollziehen und wiedergeben.

Schreiben – Produktion
- ☐ ... eine Reklamation per E-Mail an ein Online-Auktionshaus verfassen.
- ☐ ... die Ergebnisse einer Umfrage schriftlich zusammenfassen.

Schreiben – Interaktion
- ☐ ... die formalen Merkmale einer E-Mail richtig verwenden.

Sprechen – Produktion
- ☐ ... Übereinstimmungen und Unterschiede zwischen den Ergebnissen zweier Umfragen formulieren.

Sprechen – Interaktion
- ☐ ... in einem Kaufgeschäft Vorschläge machen und Ratschläge geben.
- ☐ ... in einem Gespräch zum Tausch von Leistungen Angebote machen und Gegenleistungen aushandeln.

Wortschatz
- ☐ ... Nomen zur genauen Beschreibung von Einzelhandelsformen verwenden.

Grammatik
- ☐ ... Vergangenheitsformen in stilistisch ausgereiften schriftlichen Texten richtig verstehen und selber einsetzen.
- ☐ ... Sätze und Satzteile richtig verneinen.

Sprechen Sie mit Ihrem Kursleiter/Ihrer Kursleiterin über Tipps zum Weiterlernen.

LEKTION 5 – *Lernwortschatz*

Verben

abhalten von + *Dat.*
anstarren
aussterben
behaupten
bekämpfen
(sich) beschränken auf + *Akk.*
besiegen
bestehen aus + *Dat.*
darstellen
drohen
eingreifen in + *Akk.*
erledigen
erzeugen
etwas (nichts) werden aus + *Dat.*
flüchten
handeln von + *Dat.*
jemanden einsetzen für + *Akk.*
löschen
nachwachsen
nachweisen
retten
scheitern an + *Dat.*
sich lohnen
sich umschauen
sich versetzen in + *Akk.*
stattfinden
überleben
überschätzen
verhindern
verlangen
verseuchen
verwirklichen
voraussehen
wahrnehmen
zusammenfassen
zweifeln

Nomen

die Annahme, -n
der Artenschutz
der/die Außerirdische, -n
die Behörde, -n
der Energieaufwand
die Entdeckung, -en
das Erbgut
der Erfinder, -
die Erfinderin, -nen
das Fluggerät, -e
die Genforschung
das Geschlecht, -er
die Glaskuppel, -n
die Handlung, -en
das Hörspiel, -e
die Hungersnot, ¨-e
das Jahrzehnt, -e
die Kommission, -en
die Lebenserwartung
das Lebewesen, -
die Luftglocke, -n
das Mienenspiel, -e
die Prophezeiung, -en
die Raumfahrt
die Sicht, -en
die Stellungnahme, -n
der Umschlag, ¨-e
die Umweltverschmutzung
das Urteil, -e
die Verpestung
die Vision, -en
der Vorschlag, ¨-e
die Wüste, -n

Adjektive/Adverbien

ahnungslos
begeisterungsfähig
bewohnbar (un-)
drohend
erstaunlich
erstaunt
fraglich
geeignet (un-)
gelegentlich
gelungen
lebensbedrohlich
leblos
machtbewusst
neulich
nüchtern
realisierbar
regelmäßig (un-)
renommiert
ständig
süchtig
utopisch
veraltet
vermutlich
verwirrt
wertvoll
wissbegierig
zeitaufwendig

Ausdrücke

auf der faulen Haut liegen
auf etwas hindeuten
Aufsehen erregen
einen Versuch unternehmen
Erlebnisse schildern
Grenzen setzen
höchste Zeit sein
in Konflikt geraten
vom Aussterben bedroht sein

---

1 Bilden Sie sinnvolle Sätze. → **WORTSCHATZ**
Suchen Sie Verben, Nomen und eventuell Adjektive bzw. Adverbien heraus und bilden Sie damit sinnvolle Sätze zum Thema Zukunft.

Beispiel: *Verschiedene Arten von Lebewesen sterben durch Umweltverschmutzung aus.*

LEKTION 5

zu Seite 70, 6

2 Formen des Konjunktivs II → GRAMMATIK

Setzen Sie folgende Verben in den Konjunktiv II. Wählen Sie dabei eine gebräuchliche Form.

ⓐ Gegenwart

er kommt - *er käme*	er nimmt -
wir fragen - *wir würden fragen*	ihr arbeitet -
sie weiß -	sie brauchen -
ich bin -	du darfst -
du kannst -	wir wollen -
ihr habt -	das heißt -
sie gehen -	ich schlafe -
wir helfen -	sie sollen -

ⓑ Vergangenheit

ich fuhr -	ich kannte -
er spielte -	er ging aus -
sie hatte geholt -	er war gekommen -
wir wussten -	wir machten -
sie durften -	sie hat erzählt -
du hast gesehen -	sie hatten überlebt -
er ist geflogen -	er war erstaunt -
ihr bliebt -	sie drohten -

zu Seite 70, 6

3 Regeln zum Konjunktiv II → GRAMMATIK

Ergänzen Sie die Regeln zu den Formen des Konjunktivs II.

ⓐ Die Originalformen des Konjunktivs II benutzt man vor allem bei den Hilfsverben .... und .... sowie den .... -verben.

ⓑ Bei allen anderen Verben ist in der Alltagssprache die Umschreibung mit .... üblicher. Die .... -form klingt meist veraltet.

ⓒ Eine Ausnahme bilden Verben wie *brauchen, geben, kommen, lassen* oder *wissen*. Sie stehen auch heute noch häufig in der Originalform des Konjunktivs II.

zu Seite 70, 6

4 Irreale Bedingungen → GRAMMATIK

Antworten Sie auf folgende Fragen mit einem irrealen Bedingungssatz.

Beispiel: Kennst du den Minister persönlich?
Antwort: *Wenn ich den Minister persönlich kennen würde, könnte ich ihm mein Problem selbst vortragen.*

ⓐ Frage: Kann man Naturkatastrophen verhindern?
Antwort: ....

ⓑ Frage: Ist diese Methode veraltet?
Antwort: ....

ⓒ Frage: Gibt es in deiner Heimat nur glückliche Menschen?
Antwort: ....

ⓓ Frage: Zweifelst du an der Ehrlichkeit von Politikern?
Antwort: ....

ⓔ Frage: Können Computer und Roboter in Zukunft alle Arbeiten übernehmen?
Antwort: ....

LEKTION 5

zu Seite 70, 6

__5__ Was wäre, wenn ...? → **GRAMMATIK**
Was würde passieren, wenn die abgebildeten Situationen real wären? Formulieren Sie zu jedem Bild einen Satz.

Wenn der Mensch einen Propeller hätte, käme er schneller vorwärts.

zu Seite 70, 8

__6__ Artikelwörter, Pronomen und Präpositionalpronomen → **LESEN/GRAMMATIK**
Auf welche Stellen im Text beziehen sich jeweils die fett gedruckten Verweiswörter?

„Im Jahr 1984 wird es uns gelungen sein, synthetische Lebensmittel herzustellen." **Das** meinte 1964 der schottische Professor für Biologie C. H. Waddington. Und wie stellte man sich den Speiseplan der Zukunft vor? **Darauf** sollten „chemische Leckerbissen" stehen, **die** folgendermaßen gewonnen wurden: Wasser, **das** dunkle Farbe und chemische Substanzen enthält, fließt durch Röhren über eine Fläche. **Darüber** sind Sonnenkollektoren angebracht. **Die** liefern die Energie, um aus den chemischen Substanzen künstliche Kohlenhydrate, Öle und Eiweiß zu gewinnen. **Das** ist dann das Ausgangsmaterial für Brot, Wurst, Bier und Beefsteak aus der Retorte. **Dazu** ist es jedoch nicht gekommen. Denn es wäre unsinnig, etwas künstlich zu produzieren, was die Natur viel effizienter und besser kann.

das bezieht sich auf den ganzen ersten Satz.
darauf ...

zu Seite 70, 8

__7__ Regeln zu *das, dies, es* und *da(r)* + Präposition → **GRAMMATIK**
Ergänzen Sie die Regeln für die Verweiswörter *das, dies, es* und *da(r)* + Präposition.

a Die gleichbedeutenden Pronomen .... und .... verweisen auf etwas, was vorher im Text stand, d.h. sie verweisen zurück. Sie stehen gewöhnlich in Position ....

b Das Pronomen, das gewöhnlich auf etwas verweist, das noch folgt, heißt .... Im Akkusativ kann es nicht in Position .... stehen.

c Hat das Verb im Satz eine feste Präposition, so bildet man ein Pronominaladverb nach der Regel .... + Präposition. Dieses Wort kann sowohl nach vorne als auch nach .... verweisen, also auf etwas, was schon im Text stand oder erst folgt.

63

LEKTION 5

zu Seite 70, 8

8 Erklärungen → GRAMMATIK

Erklären Sie die folgenden Begriffe, indem Sie sagen, was man damit alles machen kann oder was durch ihn/sie alles passiert.

Beispiel: der Mond: <u>davon</u> handeln viele Gedichte
<u>dahin</u> kann man mit einem Raumschiff fliegen
<u>durch ihn</u> werden die Ozeane beeinflusst

a eine Kreditkarte: *dafür ...*
damit ...
dadurch ...

b eine Weltreise: *davon ...*
dabei ...
darauf ...

c die Zukunft: *davor ...*
darauf ...

d eine Zeit-
maschine: *davon ...*
damit ...
dadurch ...

zu Seite 70, 8

9 Was ist das? → WORTSCHATZ

Raten Sie, worum es sich bei den folgenden Definitionen handelt.
Beispiel: *darin kann man sich sehen*
davon gibt es große und kleine, eckige und runde
davor kann man stehen

Antwort: *ein Spiegel*

Definieren Sie zwei oder drei weitere Begriffe und lassen Sie die anderen raten, worum es sich handelt.

zu Seite 73, 3

10 Welches Wort passt nicht? → WORTSCHATZ

Behörde	denken	offenbar	Ansicht	verschmutzt
Kommission	zweifeln	früher	Vermutung	verboten
~~Verwandter~~	überlegen	vielleicht	Idee	verseucht
Vorgesetzter	meinen	unbedingt	Rettung	unbewohnbar
Geladener	sehen	selbstverständlich	Behauptung	leblos

zu Seite 73, 3

11 Ausdruckstraining → WORTSCHATZ

Ersetzen Sie die unterstrichenen Ausdrücke aus dem Hörspiel durch die Verben in Klammern.
Beispiel:
Vertreter der Behörde (V): Sie <u>wollen</u> einen Fisch gesehen haben? *(behaupten)*
Sie behaupten, einen Fisch gesehen zu haben?

V: Wissen Sie, was das bedeutet? *(sich über etwas klar sein)*
V: Sie haben also einen Fisch gesehen – im Jahre 2972; obwohl <u>es</u> seit 500 Jahren <u>keine</u> Fische <u>mehr gibt</u>. *(ausgestorben sein)*
Geladener (G): Wollen Sie, dass die Computer die Beurteilung <u>vornehmen</u>? *(überlassen)*
G: Ich <u>will</u> sofort Ihren Vorgesetzten sprechen! *(verlangen)*
G: <u>Sicher</u> entdecken Sie den Fisch in kürzester Zeit. *(überzeugt sein)*
G: Sie wissen, dass <u>es</u> vermutlich längst eine Regeneration von Luft und Wasser <u>gegeben hat</u>. *(stattfinden)*

LEKTION 5

zu Seite 73, 6

12   Irrealer Vergleich → GRAMMATIK
Bilden Sie Sätze mit *als ob, als wenn* oder *als* (+Verb).

Beispiel: Peter hatte in seinen Diplomprüfungen sehr schlechte Noten.
Aber er tut so, als ob er die Prüfung mit guten Noten bestanden hätte.
Aber er tut so, als wenn ihm das nichts ausmachen würde.
Aber er tut so, als würde ihn das kalt lassen.

ⓐ Seine Freundin hat mit ihm Schluss gemacht.
Aber er tut so, als ob ...

ⓑ Er verdient in seinem Job sehr schlecht.
Aber er tut so, als wenn ...

ⓒ Peter weiß nicht, mit wem er das Wochenende verbringen soll.
Aber er tut so, als ...

ⓓ Oft sitzt er zu Hause und ist traurig.
Aber er tut so, als ...

zu Seite 73, 6

13   Es sieht so aus, als (ob/wenn) ... → GRAMMATIK
Ergänzen Sie die Sätze.

ⓐ Der Himmel sieht aus, *als ob es jeden Moment regnen würde.*
ⓑ Die Chefin sah ihre Angestellten an, als ...
ⓒ Der Junge spielt Fußball, als ...
ⓓ Großvater machte in der Küche solchen Lärm, als ...
ⓔ Sabine hat einen Appetit, als ...
ⓕ Frau Sauer erzählt so viel über Spanien, als ...

14   Strategien zum Hören in der Fremdsprache → LERNTECHNIK
Es gibt Strategien, unbekannte Wörter in Hörtexten zu erschließen. Beim ersten Hören sollte man sich auf die Wörter, die man kennt, konzentrieren, nicht auf Wörter, die man nicht sofort versteht.

ⓐ Die Textsorte erkennen und Wissen darüber aktivieren
Oft hilft es bereits, wenn man weiß, um welche Textsorte es sich handelt. Dann kann man passende Themen und Inhalte zuordnen.
Ergänzen Sie die folgende Tabelle.

Textsorte	mögliche Themen	mögliche Inhalte
Sciencefiction-Hörspiel	*zukünftige Lebensbedingungen auf der Erde, Entwicklung des Menschen und der Tiere usw.*	*Verschmutzung, Unfruchtbarkeit, Roboter usw.*
Radionachrichten	...	...
Dialog unter Ehepartnern	*Schulprobleme der Kinder, ...*	...

ⓑ Geräusche deuten
Geräusche können Ihnen helfen, eine Sprechsituation näher zu bestimmen. An welche Situation denken Sie bei folgenden Geräuschen?

Schritte auf einer Holztreppe / Schlüsselklappern / Tür fällt ins Schloss

Notieren Sie einige Geräusche, die Ihnen zu einer bestimmten Situation einfallen, und lassen Sie die anderen die Situation erraten.

LEKTION 5

zu Seite 74

15 Kritik → SCHREIBEN

Verfassen Sie eine Kritik zu einem Sciencefiction-Buch, das Sie gelesen haben bzw. zu einem Sciencefiction-Film, den Sie gesehen haben.

- Nennen Sie den Titel des Buchs bzw. des Films (kann auch in Ihrer Muttersprache sein).
- Informieren Sie über den Autor bzw. Regisseur. Fassen Sie den Inhalt in einigen Sätzen zusammen.
- Sagen Sie etwas zur Bedeutung der Handlung.
- Erläutern Sie abschließend, warum Sie das Buch oder den Film gut finden bzw. nicht gut finden.

Sie können beim Schreiben einige der folgenden Redemittel verwenden.

Titel	*Der Roman heißt ... ... schrieb ihn im Jahr ...*
Autor/Regisseur	*Der Film mit dem Titel ... wurde im Jahr ... von dem Regisseur/ der Regisseurin ... gedreht.*
Inhalt	*Er handelt von ...*
	Die Hauptfigur ist .../Die Hauptrolle spielt ...
	Außerdem kommen darin ... vor.
	Die Handlung könnte man in wenigen Sätzen so zusammenfassen: ...
Bedeutung	*... könnte im Zusammenhang mit ... stehen.*
	... hat eine (symbolische) ... Bedeutung, d.h., ...
	... wird erst in der zweiten Hälfte der Geschichte/des Films klar.
eigene Meinung	*Das Buch/Der Film ist meiner Meinung nach (nicht) sehr gelungen/spannend/lehrreich, denn ...*
	Besonders interessant finde ich ...
	... hat mir weniger gut gefallen.
	Kurz gesagt halte ich den Roman/den Film eigentlich (nicht) für ....

zu Seite 75, 3

16 Zeitangaben → WORTSCHATZ

Setzen Sie die passenden temporalen Ausdrücke in die Sätze ein.

> damals – im Augenblick – in einigen Jahrhunderten – Jahreszeiten – jetzt – vor einigen Jahren – gegenwärtig – demnächst – täglich – in der Zukunft – vor kurzem

a <u>Vor kurzem</u> lief der neue Sciencefiction-Film „Die Primaten kommen aus dem All zurück" im Kino an. Den werde ich mir _____ anschauen.

b _____ gab es schon einmal einen Film mit einem ähnlichen Titel. Er hieß „Rückkehr vom Planet der Affen".

c _____ interessierte mich die Thematik schon genauso wie _____.

d In dem neuen Film geht es darum, dass wir noch keine Vorstellung davon haben, wie die Welt _____ aussehen wird.

e Es gibt dann womöglich keine richtigen _____ mehr und die Temperaturen werden per Computermanipulation _____ um 2–3° erhöht oder gesenkt.

f Die Menschen treten _____ auch mit Lebewesen von anderen Gestirnen in Kontakt.

g Ob sie dann glücklicher als _____ leben werden, ist allerdings fraglich.

LEKTION 5

zu Seite 75, 3

17 Adjektivische Zeitangaben → **WORTSCHATZ**
Wie lauten die Adjektive zu folgenden Zeitangaben?
Enden sie auf *-lich* oder *-ig?* Manchmal gibt es zwei Möglichkeiten.

gestern	-	*gestrig*	der Monat	-
heute	-		die Zukunft	-
die Woche	-	*wöchentlich, zweiwöchig*	der Abend	-
das Jahr	-		die Nacht	-
die Stunde	-		der Morgen	-
der Tag	-			

zu Seite 75, 3

18 Zeitangaben: Wie sage ich es anders? → **WORTSCHATZ**
Ersetzen Sie die unterstrichenen Ausdrücke durch Adjektive aus Übung 17. Achten Sie auf die Endungen.

Die Zeitung von heute (1) berichtet von einer ganz aktuellen Entwicklung. In der Beilage, die einmal pro Woche erscheint (2), wird das Zusammenleben der Menschen in der Zukunft (3) vorgestellt. Bei diesem Projekt, das drei Jahre gedauert hat (4), haben Städteplaner und Architekten zusammen gearbeitet. In der von ihnen geplanten Wohnanlage sollen die Bewohner die Möglichkeit haben, alles, was sie jeden Tag (5) erledigen müssen, maximal 200 Meter von zu Hause entfernt zu tun. Dazu gehören nicht nur der Fitnesslauf am Morgen (6), den man in Zukunft (7) auf dem Sportplatz vor der Haustür absolvieren kann, sondern auch Aktivitäten am Abend (8), wie z.B. Tanzkurse oder Kino- und Restaurantbesuche. Dafür stehen Freizeit- und Veranstaltungsräume zur Verfügung, die die Mieter nach einem Zeitplan, der jeden Monat (9) erstellt wird, nutzen können.

(1) *die heutige Zeitung*
(2) ....
(3) ....
(4) ....
(5) ....
(6) ....
(7) ....
(8) ....
(9) ....

zu Seite 75, 4

19 Redewendungen → **WORTSCHATZ**
Ergänzen Sie in den folgenden Texten die Redewendungen aus dem Kursbuch Aufgabe 4.

a Sie warten an der U-Bahn auf eine Freundin, mit der Sie ins Theater gehen wollen. Es ist schon 20 Minuten vor Vorstellungsbeginn, die Freundin kommt 10 Minuten später als verabredet. Da sagen Sie zu ihr: „Es ist *höchste Zeit, sonst werden wir nicht mehr in die Vorstellung gelassen.*"

b Sie sitzen mit Freunden in einem Lokal und verbringen einen amüsanten und kurzweiligen Abend. Als Sie auf die Uhr sehen, erschrecken Sie, weil es schon fast 2 Uhr nachts ist und Sie morgen früh aufstehen müssen. Da sagt ein Bekannter zu Ihnen:
....

LEKTION 5

c Sabine hat ein Problem: Sie ist sehr unzufrieden an ihrem Arbeitsplatz und würde ihn gern am liebsten gleich kündigen. Da sie aber überhaupt noch nicht weiß, wie es anschließend weitergehen soll, bittet ihre Mutter sie: „Triff keine zu schnellen und unüberlegten Entscheidungen. Du weißt ja: ....

d Ein Firmenchef kauft neue Maschinen, die zwar teuer sind, aber um einiges schneller als die alten arbeiten. Natürlich ist seine Devise: ....

e Martha kocht gerne Nudelgerichte und möchte endlich auch einmal die Nudeln selbst machen. Ihr Mann versteht nicht, warum sie nicht lieber sehr gute Nudeln im Feinkostladen kauft. Für ihn ist die eigene Nudelherstellung ....

f Sie wollen einen Freund zu einem Spaziergang im Park abholen. Als Sie beim ihm klingeln, ist er noch mitten bei der Hausarbeit und wirkt deshalb etwas gestresst. Sie haben aber keine Eile und sagen zu ihm: ....

zu Seite 78, 9

20 Synonyme → **WORTSCHATZ**

Setzen Sie die folgenden synonymen Ausdrücke oder Pronominaladverbien für das Wort *Haus* in den Text ein.

Reihenhaus – Gebäude – die eigenen vier Wände – Bungalow – darin – Eigenheim

Das Haus, in dem ich wohne, ist ein vierstöckiges <u>Haus</u>. <u>In dem Haus</u> wohnen zwölf Parteien. Einige Mieter wollen nicht ewig hier bleiben, sie sparen für ein <u>Haus, das ihnen selbst gehört</u>. Da der Bau oder Kauf eines <u>eigenen Hauses</u> in der Großstadt sehr teuer ist, sind die meisten mit einem <u>Haus, das Wand an Wand mit anderen steht</u>, schon zufrieden. Dort, wo die Grundstücke billiger sind, bauen viele Leute auch <u>flache</u>, <u>einstöckige Häuser</u>.

zu Seite 78, 9

21 Vom Satz zum Text → **LESEN/GRAMMATIK**

a Lesen Sie die kommentierte Zusammenfassung zum Roman „Briefe in die chinesische Vergangenheit".

b Ersetzen Sie die unterstrichenen Wörter durch Pronomen, Pronominaladverbien, Adverbien, Possessivartikel usw., so dass ein zusammenhängender Text entsteht.

Beispiel: Ein chinesischer Mandarin aus dem 10. Jahrhundert gelangt mit einer Zeitmaschine in das heutige München.
<u>Im heutigen München</u> sieht sich der <u>Mandarin</u> mit dem völlig anderen Leben der „Ba-Yan" und den kulturellen und technischen Errungenschaften der <u>„Ba-Yan"</u> konfrontiert.

Ein chinesischer Mandarin aus dem 10. Jahrhundert gelangt mit einer Zeitmaschine in das heutige München. Dort sieht er sich mit …

LEKTION 5

Der Mandarin weiß zunächst nur, dass er 1000 Jahre in die Zukunft gereist ist, nicht aber, dass er an einem völlig anderen Ort in einer völlig anderen Kultur gelandet ist.

Da er an einem völlig anderen Ort und in einer völlig anderen Kultur gelandet ist, kommt es zu grotesken Erlebnissen.

Diese grotesken Erlebnisse kommentiert der Chinese, der deutschen Sprache und Landeskunde zunächst unkundig, mit viel Humor.

Als Leser amüsiert man sich über die grotesken Erlebnisse und die humorvollen Kommentare.

Während man sich amüsiert, beginnt man, Alltägliches und Selbstverständliches der eigenen Kultur aus einer gewissen Distanz zu betrachten.

Die Distanz entsteht dadurch, dass man die eigene Kultur durch die „Brille" eines naiven und erstaunten Fremdlings sieht.

Aus dieser Perspektive gelingt es dem Autor, auf ironische Weise Selbstkritik bzw. Kritik an der eigenen Kultur zu üben.

zu Seite 78, 12

22 Stellen Sie sich vor ... → GRAMMATIK

Setzen Sie die Aussagen in die irreale Form. Achten Sie dabei auf die richtige Zeitstufe.

a Ich kannte den Herrn nicht. Ich grüßte ihn nicht.
Wenn ich den Herrn gekannt hätte, hätte ich ihn gegrüßt.
Hätte ich den Herrn gekannt, hätte ich ihn gegrüßt.

b Herr Siebert kam erst spät nach Hause. Seine Frau schlief schon.

c Die Übertragung des Fußballspiels beginnt um 19 Uhr. Wir kommen leider erst um 20 Uhr zurück und können sie nicht ganz sehen.

d Die Feuerwehr wurde zu spät benachrichtigt. Sie konnte das Feuer nicht mehr löschen.

e Die Umweltverschmutzung zerstört den Lebensraum vieler Tiere. Eine Vielzahl von Tierarten ist schon ausgestorben.

f Die Politiker nehmen die Warnungen der Experten nicht wahr. Sie unternehmen nichts gegen die Ausdehnung der Wüste.

zu Seite 78, 12

23 Konjunktiv II mit Modalverben und im Passiv → GRAMMATIK

Setzen Sie die folgenden Verben in den Konjunktiv II.

Konjunktiv II mit Modalverben	Konjunktiv II im Passiv
er muss erledigen – *er müsste erledigen*	er wird angeklagt – *er würde angeklagt*
wir konnten helfen – *wir hätten helfen können*	er wurde befragt – *er wäre befragt worden*
sie sollte anrufen –	wir werden gebraucht –
du musstest fragen –	sie wurden belogen –
ich will erklären –	ihr seid bestraft worden –
ich sollte überlegen –	ich werde angerufen –
man muss zweifeln –	du wirst beobachtet –
wir können verwirklichen –	wir wurden gerettet –

LEKTION 5

zu Seite 78, 13

24 Irreale Wünsche → GRAMMATIK

Frau Schulz ist mit ihrem Leben unzufrieden. Alles sollte anders sein. Formulieren Sie ihre Wünsche mit den Partikelwörtern *doch, nur, doch nur, bloß,* oder *doch bloß*.

- **a** Frau Schulz hat eine kleine, dunkle 2-Zimmer-Wohnung. Sie wünscht sich: *Wenn ich doch nur eine größere und hellere Wohnung hätte!* oder *Hätte ich bloß eine größere Wohnung!*
- **b** Ihr Auto ist schon zwölf Jahre alt. Sie wünscht sich: ...
- **c** Sie lebt schon lange allein.
- **d** Sie fühlt sich dick und hässlich.
- **e** Sie hat keine Kinder.
- **f** Ihre Arbeit findet sie langweilig.

zu Seite 79, 4

25 Die Welt im Jahre 2100? → SCHREIBEN

Verfassen Sie mit ein wenig Phantasie ein kleines Szenario der Zukunft.

Berichten Sie darüber,
- was wir essen und trinken werden.
- wie wir wohnen werden.
- welche Verkehrsmittel wichtig sein werden.
- wie sich unsere Arbeit verändert haben wird.

Sagen Sie zum Schluss, worauf Sie sich besonders freuen.
Schreiben Sie circa 150 Wörter.

zu Seite 79, 4

26 Die unendliche Geschichte → WORTSCHATZ

Lesen Sie die Zusammenfassung zu folgendem Film und setzen Sie die Verben in der linken Spalte an die richtigen Stellen im Text ein.

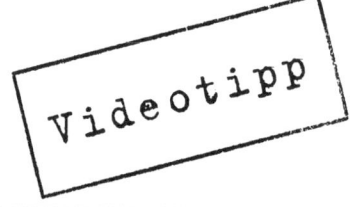

Videotipp

DIE UNENDLICHE GESCHICHTE

REGIE WOLFGANG PETERSEN

NACH EINEM ROMAN VON MICHAEL ENDE

entdeckt
erhält
durchlebt
durchsetzen
gejagt
erkennt
schikaniert
flüchtet
versteckt

Der mutterlos aufwachsende, verträumte Bastian wird von seinen Klassenkameraden ständig *schikaniert*. Als er wieder einmal von ihnen .... wird, ... er in ein Antiquariat, wo er das Buch mit der unendlichen Geschichte .... Er .... sich mit der Lektüre auf dem Dachboden seiner Schule, taucht in die Welt des jungen Helden Artréjus ein. Er .... Artréjus verzweifelten Kampf, das Land Phantasien, dessen skurrile Bewohner und die kindliche Kaiserin vor der Zerstörung durch das Nichts zu bewahren. Dabei .... Bastian eine Schlüsselrolle. Er .... sich selbst und gewinnt das nötige Selbstvertrauen, mit dem er sich in Zukunft in der wirklichen Welt .... will.

LEKTION 5 – *Aussprachetraining*

die Konsonanten l und r

1 Wortpaare *l – r*

Hören Sie und sprechen Sie dann nach.

blaue	-	Braue	Wert	-	Welt
groß	-	Kloß	lasten	-	rasten
Alm	-	Arm	legen	-	Regen

2 *l* und *r* kombiniert

Hören Sie und sprechen Sie nach.

- Der Plan ist praktisch fertig.
- Das Projekt ist plötzlich geplatzt.
- Die Pflaumen schmecken prima.
- Man braucht bloß langsam und leise zu trainieren.

3 Buchstabensalat

a Lesen Sie, was der österreichische Dichter Ernst Jandl schrieb:
Rinks und lechts kann man nicht velwechsern – werch ein Illtum!

b Korrigieren Sie den Satz.
Nach welchem Prinzip wurden Buchstaben verändert?

c Überlegen Sie sich einen Satz, in dem die Buchstaben *l* und *r* vorkommen und verändern Sie ihn nach dem gleichen Prinzip.

4 Zungenbrecher

Sprechen Sie mehrmals hintereinander, immer schneller, möglichst ohne Fehler zu machen:

Fischers Fritz fischt fleißig frische fliegende Fische,
fleißig fischt Fischers Fritz fliegenden frischen Fisch.

5 *r* am Wortende

a Hören Sie folgenden Satz und unterstreichen Sie, wo Sie ein *r* gehört haben. Was hört man, wenn ein *r* am Wortende steht?
„Der Traum einiger renommierter Wissenschaftler."

b Lesen Sie laut.

der Hörer	-	die Hörerin	der Vertreter	-	die Vertreterin
das Tier	-	die Tiere	die Feier	-	ich feiere
schwer	-	schwere			

6 Unterstreichen Sie alle r-Laute in den Sätzen.

Hören Sie die Sätze und unterstreichen Sie, wo Sie ein *r* gehört haben.
Wie oft war das?

- Hier ist die Tür zur großen Halle.
- Wir gehen immer öfter in die Oper.
- Viele Zuschauer und Zuhörer warten auf den Wetterbericht.
- Vier Kinder haben vier brave Haustiere.

LEKTION 5

Lernkontrolle: Was haben Sie in dieser Lektion gelernt?
Kreuzen Sie an.

Ich kann ...

Lesen
- ☐ ... inhaltliche und textgrammatische Zusammenhänge innerhalb einer Reportage erkennen.
- ☐ ... aus dieser Reportage wichtige Informationen entnehmen.
- ☐ ... mit Hilfe des Klappentextes eines Romans mögliche Intentionen des Autors erkennen.
- ☐ ... aus einer Passage eines Briefromans die besondere Logik des Autors verstehen.

Hören
- ☐ ... als Radiohörer die Hauptinformationen aus einer Programmvorschau verstehen.
- ☐ ... die Handlung des literarischen Kurzhörspiele *Der Fisch* in groben Zügen verstehen und wichtige Details entnehmen.

Schreiben - Produktion
- ☐ ... die Handlung des Hörspiels zusammenfassen.
- ☐ ... meine eigene Meinung dazu in einem Kommentar ausdrücken.

Sprechen - Interaktion
- ☐ ... Ratschläge zu schwierigen Lebenssituationen geben.
- ☐ ... auf solche Ratschläge reagieren.

Sprechen - Produktion
- ☐ ... über die Aussage eines Bildes sprechen.
- ☐ ... die in einem gehörten literarischen Text enthaltenen Botschaften zusammenfassen und meine Meinung dazu formulieren.
- ☐ ... über *Phantasien, Wünsche und (unerfüllte) Träume* sprechen.

Wortschatz
- ☐ ... idiomatische Ausdrucksweisen zu den Themen *Zukunft, Utopien* und *Irreales* verwenden.
- ☐ ... mich mit Hilfe von Adverbien zu den kulturell unterschiedlichen Vorstellungen von *Zeit* äußern.

Grammatik
- ☐ ... Formen des Konjunktivs II in seinen verschiedenen Verwendungsweisen benutzen.
- ☐ ... mit Hilfe von Verweiswörtern, Synonymen und Umschreibungen komplexe Texte erstellen.

Sprechen Sie mit Ihrer Kursleiterin/Ihrem Kursleiter über Tipps zum Weiterlernen.

LEKTION 6 – *Lernwortschatz*

Verben

anstreben
beraten
(sich) einsetzen für + *Akk.*
fordern
erreichen
etwas raten + *Dat.*
leisten
schaffen
sich beschäftigen mit + *Dat.*
sich bewerben um + *Akk./*
  bei + *Dat.*
sich erkundigen bei/nach + *Dat.*
sich vorstellen
tätig sein
unterstützen
verbinden mit + *Dat.*
verhandeln
verlangen
verteidigen
zu tun haben mit + *Dat.*

Nomen

die Abteilung, -en
die Angabe, -n
die Anrede, -n
die Anlage, -n
der/die Angestellte, -n
der Arbeitgeber, -
der Arbeitnehmer, -
der Aufstieg, -e
die Ausbildung, -en
der/die Auszubildende, -n
die Beförderung, -en
das Berufsleben, -
der Bereich, -e
der Bewerber, -
die Bewerberin, -nen
die Bewerbung, -en
die Einarbeitung
die Einrichtung, -en
der Empfänger, -
der Erfolg, -e
das Fachgebiet, -e
die Fähigkeit, -en
das Gehalt, ¨-er
der Nebenjob, -s
die Referenz, -en
die Schreibkraft, ¨-e
der/die Selbstständige, -n
die Stelle, -n
das Stellenangebot, -e
die Tätigkeit, -en
der Umgang
der Verdienst
der Vertreter, -
die Vertreterin, -nen
die Voraussetzung, -en
der/die Vorgesetzte, -n
das Vorstellungsgespräch, -e

Adjektive/Adverbien

ehemalig
karriereorientiert
krisensicher
kontaktfreudig
kürzlich
leger
piekfein
selbstbewusst
souverän
tabellarisch
üblich (un-)
verantwortungsvoll
verkehrs(un)günstig
vorteilhaft (un-)
zufriedenstellend
zuverlässig (un-)

Konnektoren und Präpostitionen

also
aufgrund + *Gen.*
daher
deswegen
falls
folglich
im Falle + *Gen.*
im Falle, dass
infolge + *Gen.*
infolgedessen
nämlich
sonst
wegen + *Gen.*

Ausdrücke

auf eigene Rechnung arbeiten
Berufserfahrung sammeln
ein Formular ausfüllen
ein Gespräch einleiten/beenden/
  entgegennehmen
einen Beruf (eine Tätigkeit)
  ausüben
einen Brief verfassen
einen Termin ausmachen
einen Vertrag abschließen
etwas auf den neuesten
  Stand bringen
Fähigkeiten/Kenntnisse erwerben
im Hotel ein- und auschecken
ins Schwitzen kommen
seinen Lebensunterhalt verdienen
sich Fähigkeiten (Kenntnisse)
  aneignen
um Auskunft bitten
Voraussetzungen mitbringen

---

1 Wortfeld *Arbeitsplatz* → **WORTSCHATZ**

Ordnen Sie folgende Nomen zum Bereich „Arbeitsplatz" den vier Kategorien zu.
Manche Begriffe passen zu verschiedenen Kategorien.

die Abteilung, der/die Angestellte, der Arbeitnehmer, der Aufstieg, die Ausbildung,
die Beförderung, der Bereich, die Bewerbung, die Einarbeitung, die Fähigkeit,
das Gehalt, das Stellenangebot, der Verdienst, der Vorgesetzte, das Vorstellungsgespräch

Einstieg	Hierarchie (oben - unten)	Struktur	Motivation
	der / die Angestellte	*die Abteilung*	

LEKTION 6

zu Seite 84, 5

2 Kausale und konsekutive Satzverbindungen → **GRAMMATIK**

a Sätze bilden
Verbinden Sie folgende Sätze mit Hilfe der Konnektoren und Präpositionen in Klammern.

1. Kathrin Schmoll will beruflich weiterkommen. Sie besucht einen Fortbildungslehrgang. (*deshalb, denn, nämlich, weil, da, wegen*)
2. Otto Grimm möchte die Berufspraxis kennen lernen. Er macht eine Ausbildung als Bankkaufmann. (*nämlich, aus diesem Grund, da*)
3. Die Firma Zimmer sucht Auszubildende. Sie inseriert in der Zeitung. (*darum, infolgedessen, weil*)
4. Clara Feuerbach zahlt eine hohe Miete. Sie braucht ein gutes Einkommen. (*nämlich, weil, deswegen*)
5. In großen Betrieben gibt es zur Zeit zahlreiche Entlassungen. Die Arbeitslosenzahl steigt stark an. (*deshalb, so dass, infolge, aufgrund*)

b Satzbaupläne ergänzen
Ergänzen Sie die Sätze aus Übung 1 in der Übersicht.

Hauptsatz	Konnektor	Position 1	Position 2	Position 3, 4	Endposition
Kathrin Schmoll will beruflich weiterkommen.		*Deshalb*	*besucht*	*sie einen Lehrgang.*	
Kathrin Schmoll besucht einen Lehrgang,	*denn*	*sie*	*will*	*beruflich*	*weiterkommen.*
Kathrin Schmoll besucht einen Lehrgang,		*sie*	*will*	*nämlich beruflich*	*weiterkommen.*
Sie besucht einen Lehrgang,	*weil*	*sie*	*beruflich*		*weiterkommen will.*

Position 1		Position 2	Position 3, 4 ...
Da (weil) K. Schmoll beruflich weiterkommen will,		*besucht*	*sie einen Lehrgang.*
Wegen (Aufgrund) ihrer beruflichen Pläne		*besucht*	*sie einen Lehrgang.*

zu Seite 84, 5

3 Warum Bewerber scheitern → **LESEN/GRAMMATIK**

a Gründe zuordnen
Bewerber um eine neue Stelle können aus verschiedenen Gründen scheitern. Stellen Sie Vermutungen über die Häufigkeit der Gründe an und ordnen Sie die Gründe A bis J den Prozentzahlen im Schaubild zu.

- **A** zu alt
- **B** zu wenig Berufserfahrung
- **C** Persönlichkeit ungeeignet
- **D** fehlende Kenntnisse
- **E** Mängel in der Allgemeinbildung
- **F** zu hohe Einkommensforderungen
- **G** gesundheitlich beeinträchtigt
- **H** keine (geeignete) Berufsausbildung
- **I** überqualifiziert
- **J** unvereinbare Arbeitszeitwünsche

LEKTION 6

1	
2	
3	
4	
5	
6	
7	
8	
9	
10	

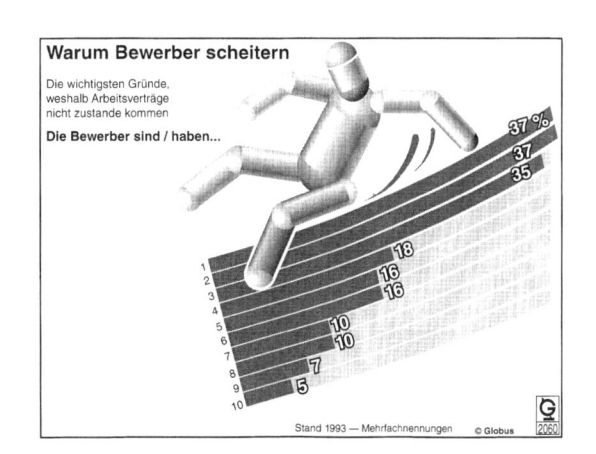

Warum Bewerber scheitern

Die wichtigsten Gründe, weshalb Arbeitsverträge nicht zustande kommen

Die Bewerber sind / haben...

Stand 1993 — Mehrfachnennungen © Globus

b Sätze bilden

Formulieren Sie zu jedem der Gründe einen Satz mithilfe der folgenden Konnektoren oder Präpositionen.

weil – da – denn – aufgrund – nämlich – wegen

Beispiel: *Manche Bewerber bekommen keine Stelle, weil sie schon zu alt sind.*

zu Seite 84, 5

4 Konnektoren und Präpositionen → GRAMMATIK

Ergänzungsübung: Setzen Sie die passenden Wörter in die Lücken ein.

denn – infolge – zu ..., um ... zu – aufgrund – weil – aus diesem Grund – wegen – daher – zu ..., als dass

Für die Arbeitgeber scheint die derzeitige Arbeitsmarktlage recht günstig zu sein; _aus diesem Grund_ können sie bei der Suche nach neuen Mitarbeitern meist unter einer Fülle von Bewerbern auswählen. Dennoch kommt es vor, dass Stellen unbesetzt bleiben. Die häufigsten Gründe, weshalb Arbeitsverträge nicht zustande kommen, zeigt das Schaubild. Aus Sicht der Arbeitgeber waren 37% der Bewerber _____ ihrer Persönlichkeit nicht geeignet, weitere 37% wurden abgelehnt, _____ sie bei ihren Gehaltsforderungen zu hoch gepokert hatten. 35% hatten keine ausreichenden Kenntnisse und sind _____ gescheitert. _____ zu geringer Berufserfahrung erhielten 18% keine Zusage bei der Jobsuche. Jeweils 16% hatten entweder keine geeignete Ausbildung oder ihre Arbeitszeitwünsche waren mit denen der Arbeitgeber nicht vereinbar. Einige Bewerber (10%) waren _____ alt, _____ man ihnen noch eine neue Stelle angeboten hätte. _____ ihrer mangelhaften Allgemeinbildung wurde weiteren 10% abgesagt. 7% scheiterten beim Vorstellungsgespräch, _____ sie waren gesundheitlich beeinträchtigt und 5% waren sogar _____ hoch qualifiziert, _____ die ausgesuchte Stelle _____ erhalten.

zu Seite 84, 5

5 Ergänzen Sie die Sätze. → GRAMMATIK

a Frau Küng ist im Berufsleben erfolgreich, weil ...
b Aufgrund ... hat sie bei der Stellensuche keine Probleme.
c Sie könnte sich aber auch selbstständig machen, ... nämlich ...
d Am kommenden Dienstag wird sie sich bei Firma Müller vorstellen, da ...
e Wegen ... bietet man ihr die Stelle an.

LEKTION 6

zu Seite 85, 2

6 Tabellarischer Lebenslauf → **WORTSCHATZ/SCHREIBEN**

a Begriffe ergänzen
Ergänzen Sie folgende Begriffe im folgenden tabellarischen Lebenslauf.

Weitere Qualifikationen – Name und Adresse – Ort, Datum – Unterschrift – Geburtsdatum – Berufstätigkeit – Fortbildungen – Geburtsort – Schulbildung/Studium – Sprachkenntnisse

LEBENSLAUF

Franz Schulz
Neue Straße 5
12345 Musterhausen

22.11.1976
Steinberg
Staatsangehörigkeit   deutsch
Familienstand   ledig

1995	Abitur am Einstein-Gymnasium in Steinberg
1995–1999	Studium Bauingenieur an der TH Musterhausen
1999	Examen und Abschlussarbeit, Gesamtnote gut

Okt.–Dez. 1999	Praktikum bei Bressoni in Mailand
Feb.–Mai 2000	Praktikum bei Dupont et Besson in Lyon
seit Juli 2000	Bauingenieur bei der Stadtbau GmbH

Englisch	mündlich und schriftlich gut
Italienisch	mündlich gut, schriftlich ausreichend
Französisch	mündlich und schriftlich befriedigend

Computer	Fundierte Kenntnisse im Umgang mit 3D-CAD-Systemen
	Sprachkurse Italienisch und Französisch
	Schulungen auf dem CAD-System „Architekt 3D"
	Bauleiter-Kurs bei der Bau-Akademie

Musterhausen, den 20. September 2004

Franz Schulz

Unterschrift

b Lebenslauf verfassen
Verfassen Sie nun anhand der Begriffe in **a** einen tabellarischen Lebenslauf für sich selbst.

LEKTION 6

zu Seite 86, 5

7 Bewerbungsbrief → SCHREIBEN

Suchen Sie für sich selbst ein Stellenangebot in einer Zeitung (kann auch eine muttersprachliche sein) und ergänzen Sie den Bewerbungsbrief entsprechend.

....
....

Ihr Stellenangebot

Sehr geehrte Damen und Herren,
Ihre Stellenanzeige in .... vom .... hat mein besonderes Interesse geweckt.
Sie suchen jemanden, der ....

Meine spezielle Eignung für diese Tätigkeit möchte ich im Folgenden darlegen:
Ich bin .... und arbeitete bereits ....
Während meiner Tätigkeit erwarb ich Kenntnisse in ....
Sehr gern arbeite ich ....
Ich verfüge auch über Wissen im .... Bereich.

Wenn Sie mir die Gelegenheit zu einem persönlichen Gespräch geben, freue ich mich.

Mit freundlichen Grüßen
....

Anlagen: ....

zu Seite 86, 5

8 Wortpaare finden → WORTSCHATZ

Jeweils ein Wort aus der linken und aus der rechten Spalte drücken eine gegenteilige Wertung aus. Suchen Sie die Paare. Welche Wörter haben bei einer Bewerbung Ihrer Meinung nach eine positive, welche eine negative Bedeutung?

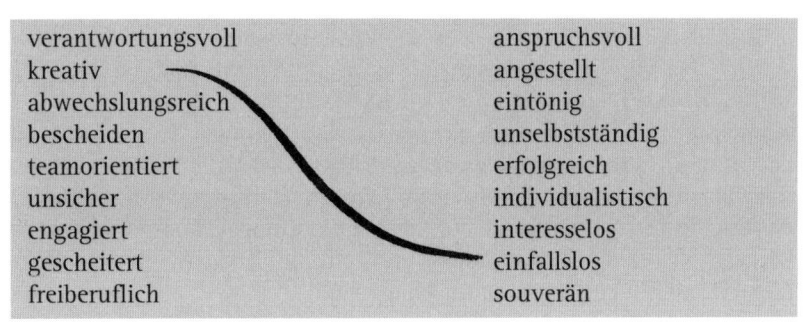

verantwortungsvoll	anspruchsvoll
kreativ	angestellt
abwechslungsreich	eintönig
bescheiden	unselbstständig
teamorientiert	erfolgreich
unsicher	individualistisch
engagiert	interesselos
gescheitert	einfallslos
freiberuflich	souverän

LEKTION 6

zu Seite 87, 1

9 Telefonnotiz → HÖREN/SCHREIBEN
Herr Gander von der Personalabteilung macht sich während des Gesprächs mit Frau Schwarz Notizen. Hören Sie dazu das Telefongespräch noch einmal und ergänzen Sie die Telefonnotiz.

Wer ruft an:
Berufserfahrung der Interessentin:
Ausbildung:
Besondere Wünsche:
Weitere Schritte:

zu Seite 87, 2b

10 Jemanden um Auskunft bitten → SPRECHEN
Sie erkundigen sich telefonisch nach einer Stelle, die in der Zeitung inseriert war. Ergänzen Sie folgende Satzanfänge.

Und dann würde ich gern ...	Außerdem wollte ich noch ...
Könnten Sie mir vielleicht ...	Also, können wir so ...
Haben Sie eine ...	Wie ist das ...
Ist es denn ...	Mich würde noch ...

a) *Könnten Sie mir vielleicht* sagen, ob Herr Meier zu erreichen ist?
b) .... möglich, dass Sie mich morgen gegen 10 Uhr zurückrufen?
c) .... Ahnung, ob man bei dieser Tätigkeit Schicht arbeiten muss?
d) .... wissen, wie lange die tägliche Arbeitszeit ist.
e) .... interessieren, ob man einen Dienstwagen bekommt.
f) .... eigentlich, wenn man unterwegs übernachten muss?
g) .... verbleiben, dass ich am Mittwoch zu einem persönlichen Gespräch komme?
h) .... fragen, auf welches Fachgebiet man sich spezialisieren könnte.

11 Das Wunder von Lengede → LESEN
Lesen Sie die Inhaltsangabe zum Film und beantworten Sie dann die Fragen.

Videotipp

Als am 7. November 1963 auf einem Feld nahe dem niedersächsischen Ort Lengede der Bergbauarbeiter Bernhard Wolter nach 14 Tagen völliger Dunkelheit wieder das Sonnenlicht erblickt, bricht ein unbeschreiblicher Jubel aus. Es ist der letzte von elf längst tot geglaubten Kumpels, der in die Arme seiner ebenfalls erschöpften Retter sinkt und sich zum
5 Krankenwagen tragen lassen muss. Als dieser wenig später langsam von der Unglücksstelle rollt, wird er von Millionen Augen weltweit verfolgt. Während dieser Tage blickte die ganze Welt gebannt nach Lengede und die Männer und Frauen die dort versuchten, das Unmögliche möglich zu machen, wurden mit bangem Hoffen beobachtet. Die dramatische Rettung sollte als das „Wunder von Lengede" in die Geschichte eingehen.
10 Erzählt wird im Film die Geschichte jener Männer und Frauen, die selbst dann noch nicht aufgaben, als alles verloren schien. Die noch weitergruben, als die Glocken bereits zur Trauerfeier riefen.
DAS WUNDER VON LENGEDE ist kein Katastrophenfilm. Es sind die Menschen mit ihren Geschichten und ihren Emotionen, die im Vordergrund stehen. Da ist der Bohrmeister, der
15 seinen besten Freund in der Tiefe sucht. Da sind die Frauen, die den Rettungskräften Brote schmieren, in der Hoffnung, die letzten Kraftreserven mobilisieren zu können, die über Leben und Tod entscheiden. Da sind die Witwen, die in Trauerkleidung neben ihren Nachbarinnen bangen, um einfach da zu sein, falls diese ihr Schicksal teilen müssen. Und da sind die Verschütteten, die auf ihren toten Kumpels hocken und nur auf das eine warten:
20 Die immer unmöglicher erscheinende Rettung. Trotz aller Dramatik und Trauer erlebten diese Menschen ein ergreifendes Happy-End.

LEKTION 6

ⓐ Warum sprach man vom Wunder von Lengede?
ⓑ Für wen war bereits die Trauerfeier organisiert?
ⓒ Worum geht es in dem Film hauptsächlich?
- Um die Katastrophe im Bergwerk.
- Um die Gefühle der Menschen.
- Um die geniale Technik der Retter.

zu Seite 90, 6

12 Konditionale Satzverbindungen → GRAMMATIK

Was passt zusammen? Verbinden Sie jeweils einen Satz aus der linken und einen aus der rechten Spalte mit einem passenden Konnektor oder einer passenden Präposition aus der mittleren Spalte. Manchmal gibt es mehrere Möglichkeiten.

Beispiel:
Wenn Frau Meindl sehr viel Arbeit hat, muss sie Überstunden machen.

Frau Meindl hat sehr viel Arbeit.		Sie kann die Videokamera nicht kaufen.
Sie hat Rückenschmerzen.	wenn	Sie sollte die Qualität ihres Bürostuhls überprüfen.
Sie hat eine langwierige Krankheit.	im Falle	Sie muss Überstunden machen.
Sie bekommt dieses Jahr kein Weihnachtsgeld.	ohne	Sie muss ein ärztliches Attest bringen.
Sie liest ein interessantes Stellenangebot in der Zeitung.	falls	Sie will an die Probleme im Büro nicht denken.
Sie wandert am Wochenende.	bei	Sie kann die Verbesserungsvorschläge gegenüber ihrem Chef nicht durchsetzen.
Sie hat keine Unterstützung von ihren Kolleginnen.		Sie erkundigt sich vorab telefonisch.

zu Seite 91, 3

13 Überlegungen zur Berufswahl → SCHREIBEN

Was sollte man bedenken, bevor man sich für einen Beruf entscheidet?

Sammeln Sie zu diesem Thema Stichpunkte und bringen Sie sie in eine sinnvolle Reihenfolge.

Beispiele:
- notwendige Qualifikation
- hauptsächliche Tätigkeit (sitzen im Büro, auf Reisen sein, ...)

Verfassen Sie mit Hilfe der folgenden Satzteile eine Empfehlung.

*Man sollte sich vorher gut überlegen, ob/wie ...
Außerdem muss man unbedingt darüber nachdenken, ...
Wichtig erscheint mir auch ...
... darf man dabei nicht vergessen.
Abschließend möchte ich noch hinzufügen, ...*

LEKTION 6

zu Seite 92, 3

14 Spiel: Berufsalphabet → SPRECHEN

Die Kursleiterin/Der Kursleiter beginnt. Sie/Er nennt einen Beruf, der mit dem Buchstaben A beginnt, und eine passende Tätigkeit, zum Beispiel: Ein Architekt zeichnet Pläne für Häuser.
Dann ist eine Kursteilnehmerin/ein Kursteilnehmer an der Reihe. Sie/Er muss nun einen Beruf mit dem Buchstaben B suchen und einen Satz bilden. Die/Der Nächste macht weiter mit C usw. Wer keinen Beruf mit „seinem" Buchstaben findet oder keine Tätigkeit nennen kann, scheidet aus. Gewonnen hat, wer übrig bleibt.

zu Seite 93, 3

15 Wer übt welche Tätigkeiten aus? → WORTSCHATZ

a	Bankangestellter	1	Versandpapiere ausstellen
		2	über Kreditmöglichkeiten informieren
b	Hotelfachfrau	3	Manuskripte auswählen
		4	Bauherren beraten
c	Erzieherin	5	Blumen und Gemüse züchten
		6	Holz bearbeiten
d	Spediteur	7	Modellhäuser entwerfen
		8	Zinsen berechnen
e	Verlagslektorin	9	Zimmerbuchungen entgegennehmen
		10	Streit um Spielsachen schlichten
f	Gärtner	11	Beete bewässern
		12	eine Fracht verladen
g	Schreiner	13	Tischbeine verleimen
		14	sich um den Zimmerservice kümmern
h	Architektin	15	mit den Kleinen basteln
		16	mit Autoren verhandeln

zu Seite 93, 3

16 Redewendungen und Sprichwörter → WORTSCHATZ

Setzen Sie die folgenden Ausdrücke in die Sätze unten ein.

Es ist noch kein Meister vom Himmel gefallen.

Lehrjahre sind keine Herrenjahre.

ein Trittbrettfahrer sein

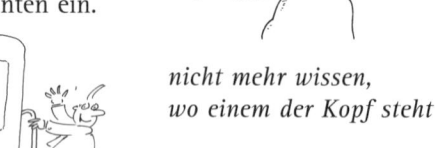

nicht mehr wissen, wo einem der Kopf steht

sich kein Bein ausreißen

Viele Köche verderben den Brei.

a Vor Weihnachten haben wir in der Spielwarenabteilung immer so viel Arbeit, dass wir ...
b Die neue Praktikantin ist jedes Mal völlig verzweifelt, wenn sie einen Fehler macht. Doch ihre Chefin beruhigt sie dann immer mit folgenden Worten: ...
c Alle arbeiten wie verrückt, nur der Kollege Schneider ...
d Er tut immer so, als sei er der fleißigste Mitarbeiter. Außerdem gibt er seinen Vorgesetzten grundsätzlich Recht. Er ...
e Frank Bauer hält nicht viel von Teamarbeit. Immer, wenn ihm ein Kollege vorschlägt, ein Projekt in der Gruppe durchzuführen, sagt er: ...
f Einige Auszubildende beschweren sich über ihre langweiligen Tätigkeiten. Doch der Ausbilder sagt immer nur: „Das ist nun mal so. ..."

LEKTION 6

zu Seite 93, 4

17 Beziehungen am Arbeitsplatz → WORTSCHATZ/GRAMMATIK
Bilden Sie Sätze.

ein Arbeitgeber
mehrere Arbeitnehmer
Betrieb
bestehen aus
normalerweise

Beispiel:
Ein Betrieb besteht normalerweise aus einem Arbeitgeber und mehreren Arbeitnehmern.

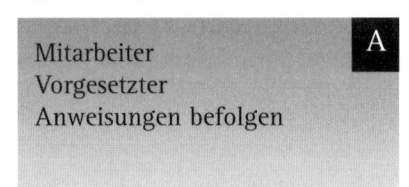

A
Mitarbeiter
Vorgesetzter
Anweisungen befolgen

B
viele Sachbearbeiter
Abteilungsleiter
verantwortlich sein für

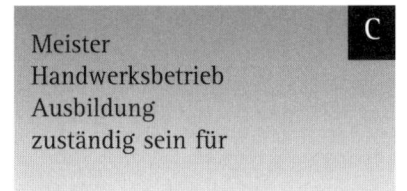

C
Meister
Handwerksbetrieb
Ausbildung
zuständig sein für

D
Angestellter
Selbstständiger
Einkommen
nicht so geregelt wie

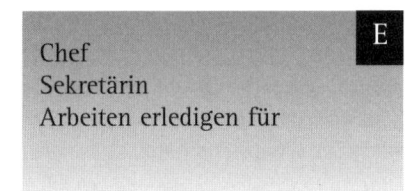

E
Chef
Sekretärin
Arbeiten erledigen für

zu Seite 93, 5

18 Was macht man, wenn ...? → WORTSCHATZ
Ergänzen Sie die folgenden Ausdrücke.

Berufserfahrung sammeln
auf eigene Rechnung arbeiten
um Auskunft bitten
einen Termin ausmachen
Voraussetzungen mitbringen
ein Formular ausfüllen
(etwas) auf den neuesten Stand bringen
seine Kenntnisse erweitern
einen Vertrag abschließen
seinen eigenen Lebensunterhalt verdienen

a Wenn man etwas wissen will, kann man jemanden *um Auskunft bitten.*
b Wenn man einen neuen Pass braucht, muss man ...
c Wenn man Fachmann/-frau werden will, sollte man erst einmal ...
d Wenn man eine neue Stelle antritt oder eine neue Wohnung mietet, muss man ...
e Wenn man von seinen Eltern nicht mehr finanziell unterstützt wird, muss man ...
f Wenn etwas veraltet oder unmodern ist, muss man es ...
g Wenn man ein Praktikum macht, kann man ...
h Wenn man sich mit jemandem geschäftlich treffen will, sollte man ...
i Wenn man eine leitende Stelle haben will, muss man die erforderlichen ...
j Wenn man nicht angestellt ist, ... man ...

LEKTION 6

zu Seite 93, 5

19 Spiel: Ballonfahrt → WORTSCHATZ/SPRECHEN

Einige Teilnehmer setzen sich in die Mitte des Zimmers. Stellen Sie sich vor, Sie sitzen in einem Ballon, die anderen sind Beobachter. Die Beobachter schreiben Berufe auf Kärtchen. Jeder „Ballonfahrer" zieht eine Berufskarte. Nun beginnt plötzlich der Ballon zu sinken. Es können nur zwei Passagiere an Bord bleiben, die anderen müssen aus dem Ballon springen. Jeder im Ballon muss nun so überzeugend wie möglich argumentieren, warum sein Beruf so bedeutend ist, dass er nicht springen kann. Die anderen Ballonfahrer können auch Gegenargumente einbringen. Nach etwa zehn Minuten wird die Diskussion beendet. Die Beobachter entscheiden, wer im Ballon bleiben darf.

zu Seite 96, 9

20 Regeln für den Arbeitsplatz → GRAMMATIK

Formen Sie folgende Sätze um. Verwenden Sie die Konnektoren oder Präpositionen in Klammern.

Beispiel:
Sollte Ihr Chef Ihnen eine Gehaltserhöhung versprechen, nehmen Sie ihn beim Wort. (*falls*)
Falls Ihr Chef Ihnen eine Gehaltserhöhung verspricht, nehmen Sie ihn beim Wort.

a Wenn Sie den ganzen Tag im Büro sitzen, dann treiben Sie am besten zweimal pro Woche Ausgleichssport. (*Verb in Position 1*)
b Bei einem Streit mit einem Vorgesetzten können Sie den Betriebsrat um Hilfe bitten. (*wenn*)
c Wenn Sie Fragen zur Arbeitszeitregelung haben, wenden Sie sich an das Personalbüro. (*bei*)
d Falls ein Kollege Sie zum Mittagessen einlädt, dürfen Sie sich ruhig revanchieren. („*sollte*" *in Position 1*)
e Im Falle eines Stromausfalls im Lift Ihres Bürogebäudes bewahren Sie bitte Ruhe! (*falls*)

zu Seite 96, 9

21 Vergleichssätze mit *je ... desto* → GRAMMATIK

Bilden Sie Sätze.

Beispiel:
Der Job ist langweilig. Die Zeit vergeht langsam.
Je langweiliger der Job ist, desto langsamer vergeht die Zeit.

a Die Ausbildung ist gut. Die Chancen auf dem Arbeitsmarkt sind groß.
b Der Chef lobt seine Mitarbeiter oft. Sie sind motiviert.
c Das Bewerbungsschreiben ist klar formuliert. Man liest es gern.
d Die Kenntnisse eines Bewerbers sind vielseitig. Das Interesse des Personalchefs ist groß.

LEKTION 6

zu Seite 96, 9

22 Konditionale Konnektoren und Präpositionen → **GRAMMATIK**

Ergänzen Sie folgende Konnektoren und Präpositionen.

> falls – sonst – wenn – je … desto – im Falle – ohne – sollte

a _Wenn_ Sie einen Nebenjob suchen, rufen Sie uns umgehend an.
b Wir beschäftigen uns mit ganz besonderen Bereichen des Im- und Exports. _____ ungewöhnlicher der Auftrag ist, _____ interessanter wird er für uns und eventuell auch für Sie.
c Warten Sie nicht zu lange damit, uns anzurufen, _____ könnte es zu spät sein.
d Wir garantieren Ihnen: _____ eines Vertragsabschlusses mit einem neuen Kunden erhalten Sie eine Sonderprämie.
e Auch _____ Berufserfahrung können Sie bei uns einsteigen.
f _____ die Zusammenarbeit nicht zufriedenstellend sein, lässt sich das Arbeitsverhältnis von beiden Seiten fristlos kündigen.
g _____ Sie noch mehr über uns wissen wollen, wählen Sie die Nummer 08721-3325.

23 Zuhören – aber wie? → **LERNTECHNIK**

Wie genau man einen Hörtext verstehen muss, hängt von der Textsorte und von der Hörintention ab.

Globales Hören

Man konzentriert sich nicht auf jedes Wort, sondern nur darauf,
- welche Personen sprechen.
- wo und wann das Gespräch stattfindet.
- worüber gesprochen wird.
- mit welcher Absicht gesprochen wird.

Selektives Hören

Man sucht nach bestimmten Informationen.
- Man wartet auf bestimmte Schlüsselwörter und hört erst dann genauer hin.
- Man beachtet den Rest des Textes nur so weit, dass man den Faden nicht verliert.

Detailliertes Hören

Es ist wichtig, jedes Wort zu verstehen.
- Man hört den Text mehrmals.
- Man macht Pausen und unterteilt den Text – wenn möglich – in Abschnitte.

Welche Art zu hören eignet sich im Allgemeinen am besten für welchen Text? Begründen Sie.

Textsorten	globales Hören	selektives Hören	detailliertes Hören	Begründung
Verkehrsmeldung im Radio				
Rezept für einen Cocktail				
erstes Hören eines Dialogs/Hörspiels im Fremdsprachenunterricht				
Durchsage über Fahrplanänderungen				
Nachrichten im Radio				

LEKTION 6

zu Seite 96, 9

24 Stellenwechsel → LESEN/GRAMMATIK
Wer wechselt wie häufig die Stelle?

a Ordnen Sie die Ziffern aus der Statistik zu.
Nehmen Sie dafür die Informationen aus dem Text zu Hilfe.
- ☐ verheiratete Arbeitnehmer
- ☐ Männer
- ☐ ledige Arbeitnehmer
- ☐ verwitwete Arbeitnehmer
- ☐ Frauen

Job-Hopper
Betrieb oder Beruf haben in den letzten zwei Jahren gewechselt...
1 ☐   2 ☐
...von je 1 000
205 | 3 | 194
135 | geschiedenen Arbeitnehmern | 128
89 | 4 | 88
65 | 5 | 55
Quelle: Stat. Bundesamt

Alter und Ehe bremsen Mobilität

Jeder fünfte ledige Mann hat in den letzten zwei Jahren seinen Hut genommen und den Betrieb oder sogar den Beruf gewechselt. Damit sind die Ledigen männlichen Geschlechts die eifrigsten „Job-Hopper" unter den Berufstätigen. Kein Wunder, sind sie doch nicht nur ungebunden, sondern meist auch jung, und viele haben ihre Lebensstellung noch nicht gefunden. Ähnlich bei den weiblichen Ledigen; sie wechseln Job oder Beruf kaum weniger häufig. Ganz anders sieht es bei Verheirateten beiderlei Geschlechts aus. Mit Familie fällt es offenbar schwerer, das Risiko eines Wechsels auf sich zu nehmen. Erst recht erweist sich das Alter als Bremse für die berufliche Mobilität. Denn die verwitweten Männer oder Frauen sind in aller Regel schon älter, und diese Arbeitnehmergruppe wechselt seltener als alle anderen den Betrieb oder den Beruf.

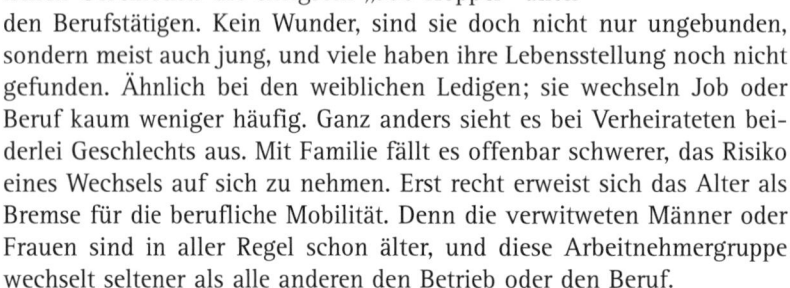

b Gründe für den Stellenwechsel
Vervollständigen Sie das Raster.

Wie oft?	Wer?	Warum?
häufig	ledige Arbeitnehmer	sie sind ungebunden sie haben ...
weniger häufig	verheiratete Arbeitnehmer	
eher selten	verwitwete Arbeitnehmer	

c Kausale, konsekutive und konditionale Sätze
Formulieren Sie Sätze mit folgenden Konnektoren oder Präpositionen.
Nehmen Sie die Informationen aus dem Schaubild und dem Text zu Hilfe.

kausal (Grund): weil, denn, nämlich, aufgrund, deswegen
konsekutiv (Folge): so dass, um ... zu, infolge, folglich
konditional (Bedingung): wenn, bei, je ... desto

Beispiel:
Wenn man ledig und ungebunden ist, wechselt man häufiger den Betrieb.

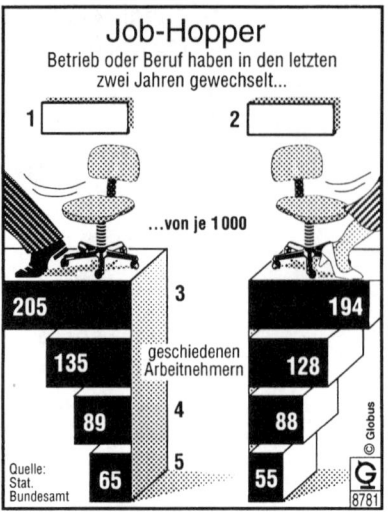

LEKTION 6 – Aussprachetraining

die Konsonanten p-t-k und b-d-g

1 Die „aspirierten" Konsonanten

Nehmen Sie ein Blatt Papier und halten Sie es etwa zehn Zentimenter vor Ihren Mund. Nun sprechen Sie den Laut *p* so, dass sich das Papier deutlich bewegt. Man spricht eigentlich: *p + h*, also ein aspiriertes *p*. Sprechen Sie die Laute *t* und *k* genauso aspiriert, bis sich das Blatt bewegt.

Die Laute *b - d - g* sind nicht aspiriert.

2 Wortpaare

Hören Sie und sprechen Sie anschließend nach.

a

Bass	–	Pass	Daumen	–	taumeln	Kehle	–	Gel
plus	–	Bluse	trennen	–	drinnen	grau	–	Kraut
Pinie	–	Biene	tun	–	du	kratzen	–	Glatze

b

Lappen	–	laben	Feder	–	Vetter	legen	–	lecken
Liebe	–	Lippe	Made	–	Mathe	wegen	–	wecken
Viper	–	Fibel	Motte	–	Mode	Macke	–	Magen

3 b - d - g am Wortende

Wenn *b - d - g* Endbuchstaben sind, d.h. am Ende eines Wortes oder einer Silbe stehen, spricht man *p - t - k*. Bei *Kleid* und *weit* hört und spricht man also am Ende ein aspiriertes *t*.

Hören Sie und sprechen Sie anschließend nach:

a

Typ	–	Betrieb
Gebiet	–	Abschied
Tätigkeit	–	Bescheid
Zweck	–	weg
Scheck	–	Beleg

aber: **b**

bleib	–	bleiben
fremd	–	Fremde
Held	–	Helden
Vertrag	–	Verträge
gib	–	geben

4 Lautkombinationen

a Hören Sie die Sätze einmal ganz.
b Hören Sie die einzelnen Sätze und sprechen Sie nach.

- Geben Sie mir Bescheid. Gib mir Bescheid.
- Der Hauptteil des Textes besteht aus wörtlicher Rede.
- Die Gäste in der Diskothek sind entsprechend gekleidet. Die Gäste tragen entsprechende Kleidung.
- Gut gelaunt beginnt er die Gartenarbeit.
- Das Hotel bietet praktische Parkmöglichkeiten.
- Auf diesem Gebiet ist der Betrieb ein Trendsetter. Viele Betriebe imitieren die beliebten Produkte.
- Ein grobkariertes Hemd passt bei der groben Gartenarbeit.
- Der Vertrag wurde erfolgreich abgeschlossen. Bei uns trinkt man auf erfolgreich abgeschlossene Verträge.

LEKTION 6

Lernkontrolle: Was haben Sie in dieser Lektion gelernt?
Kreuzen Sie an.

Ich kann ...

Lesen
- ☐ ... in Stellenanzeigen bestimmte relevante Inhaltspunkte schnell finden und verstehen.
- ☐ ... einer Reportage über *Hotelberufe* die wichtigsten Inhaltspunkte entnehmen.
- ☐ ... die Intention und die Stilmerkmale, wie z.B. Ironie in einer Glosse über angemessene *Kleidung* erkennen.

Hören
- ☐ ... in einem Auskunftsgespräch Fragen und Informationen zu einer bestimmten beruflichen Tätigkeit verstehen.
- ☐ ... in einem Radiofeature zum Thema *Service-Berufe* die wesentlichen Aussagen und bestimmte Einzelheiten verstehen.

Schreiben – Interaktion
- ☐ ... Interviewfragen zum Thema *Berufsporträt* formulieren.

Schreiben – Produktion
- ☐ ... ein Bewerbungsschreiben richtig aufbauen.
- ☐ ... darin angeben, welche Kenntnisse und Erfahrungen ich in einen Arbeitsbereich einbringen kann.

Sprechen – Interaktion
- ☐ ... in einem Auskunftsgespräch mit dem Personalbüro einer Firma Fragen zum angebotenen Arbeitsplatz stellen.
- ☐ ... darin Bezug auf den Gesprächspartner nehmen, auf Fragen zum eigenen Fachgebiet antworten.
- ☐ ... Personen um ein Interview bitten, es führen und auf interessante Antworten näher eingehen.
- ☐ ... die im Interview erhaltenen Informationen umfassend und inhaltlich korrekt an die Klasse weitergeben.

Sprechen – Produktion
- ☐ ... die für mich wichtigen Aspekte bei der Berufswahl nennen und begründen.
- ☐ ... über eigene Erfahrungen bei der Berufswahl berichten.

Wortschatz
- ☐ ... Berufe benennen und Tätigkeiten beschreiben.
- ☐ ... Verbindungen von Nomen und Verben sowie qualifizierende Adjektive zum Thema *Arbeit und Beruf* verwenden.

Grammatik
- ☐ ... komplexe Haupt- und Nebensätze mit Hilfe von kausalen, konsekutiven und konditionalen Konnektoren bilden.
- ☐ ... meine Ausdrucksweise durch gezielten Einsatz von Konnektoren und Präpositionen variieren.

Sprechen Sie mit Ihrer Kursleiterin/Ihrem Kursleiter über Tipps zum Weiterlernen

LEKTION 7 – *Lernwortschatz*

Verben

(ab)leugnen + *Akk.*
auf sich nehmen + *Akk.*
auseinander gehen
befürchten
ermutigen
genießen
heiraten
klammern
neigen zu + *Dat.*
sich anfreunden mit + *Dat.*
sich durchsetzen
sich einlassen auf + *Akk.*
sich orientieren an + *Dat.*
sich verbergen
sich verlieben in + *Akk.*
sich verloben mit + *Dat.*
übereinstimmen
verheiratet sein mit + *Dat.*

Nomen

die Abwechslung, -en
die Annäherung, -en
die Bedrohung, -en
das Bedürfnis, -se
die Bereicherung, -en
die Bereitschaft, -en
die Braut, ¨e
der Bräutigam, -e
die Ehe, -n
die Ehefrau, -en
der Ehemann, ¨er
die Entscheidung, -en
der Flirt, -s
der Forscher, -
der/die Geliebte, -n
die Harmonie, -n
der Heiratsantrag, ¨e
die Heiratsanzeige, -n
der Heiratsschwindler, -
die Heiratsvermittlung, -en
der Kosename, -n
die Liebesbeziehung, -en
der Liebesentzug
der Liebeskummer
die Liebesnacht, ¨e
der Liebhaber, -
der Pfarrer, -
die Quelle, -n
das Risiko, Risiken
die Rolle, -n
das Signal, -e
der Single, -s
die Souveränität
die Spannung, -en
die Tante, -n
der Taufpate, -n
der Trauschein, -e
der Trauzeuge, -n
die Trennung, -en
das Verhalten
der Verhaltensforscher, -
die Verlobung, -en
der/die Verlobte, -n
die Zweideutigkeit, -en

Adjektive/Adverbien

angestrengt
freilich
nonverbal
potenziell
reizvoll
seitlich
verbindlich (un-)
verlockend

Konnektoren

daraufhin
wobei

Ausdrücke

auf die Nerven gehen
auf leisen Sohlen daherkommen
das Herz höher schlagen lassen
den Ton angeben
die zweite Geige spielen
du kannst mir den Buckel runterrutschen
Entscheidungen treffen
etwas auf sich nehmen
etwas aufs Spiel setzen
etwas aus den Augen verlieren

---

1 **Pluralformen** → **WORTSCHATZ**
Ordnen Sie die Nomen nach den Pluraltypen.

- / ¨	-e / ¨e	-er / ¨er	-en / -n	-s	ohne Plural
der Forscher					der Liebesentzug

LEKTION 7

zu Seite 101, 1

2 Bildbeschreibung → SCHREIBEN
Verbinden Sie die Sätze 1–10 so, dass ein flüssiger Text entsteht.

In einem Bett _____,
die _____
und _____.
Auf dem Bettrand _____ in Uniform.
Er hält _____,
wahrscheinlich _____.
Während sie _____
und ihn _____,
wirkt _____.
Es sieht so aus, als ob sie _____

Insgesamt _____.

1. Eine Frau ist im Bett.
2. Die Frau hat ein Nachthemd an und einen Hut auf.
3. Ein Mann sitzt auf dem Bettrand.
4. Der Mann trägt eine Uniform.
5. Der Mann hält etwas in der Hand. Es ist wahrscheinlich ein Säbel.
6. Die Frau legt dem Mann den Arm um den Hals.
7. Die Frau schaut den Mann verführerisch an.
8. Der Mann wirkt betont korrekt und distanziert.
9. Wahrscheinlich will die Frau den Mann zu sich ins Bett ziehen.
10. Die Szene wirkt künstlich.

zu Seite 103, 6

3 Das Nomen in der deutschen Sprache → LESEN/GRAMMATIK
Der amerikanische Autor Mark Twain schreibt über das Nomen (Substantiv):

> Jedes deutsche Substantiv hat sein Geschlecht, aber in der Verteilung liegt weder Sinn noch Methode. Infolgedessen bleibt nichts weiter übrig, als jedes Wort mit seinem Geschlecht auswendig zu lernen. Aber dazu gehört ein Gedächtnis vom Umfang eines Geschäftshauptbuches. Im Deutschen ist „das junge Mädchen" geschlechtslos, „Rübe" dagegen nicht. (...) Durch irgendein Versehen des Schöpfers der deutschen Sprache ist eine Frau weiblich, ein Weib dagegen nicht, was doch wirklich ein Unglück ist. Das Weib, wie gesagt, hat kein Geschlecht, sondern ist sächlich.

Mit welchem Aspekt des Nomens bzw. Substantivs beschäftigt sich Mark Twain hier?

☐ mit der Deklination
☐ mit dem Genus
☐ mit dem Numerus

Nennen Sie ein Parallelbeispiel zu *das junge Mädchen*.

LEKTION 7

zu Seite 103, 6

4 Singular und Plural → GRAMMATIK

Ergänzen Sie die fehlenden Wörter. Geben Sie im Singular auch den Artikel an. Sehen Sie sich dazu die Übersicht im Kursbuch auf Seite 79, 2 an. Geben Sie den passenden Pluraltyp an.

Singular	Plural	Pluraltyp
die Eigenschaft	Eigenschaften	4
	Köpfe	
das Ereignis		
	Lieder	
die Freundin		
	Brüder	
der Partner		
	Stellen	
das Team		
	Ergebnisse	
das Paar		
	Sofas	
die Untersuchung		
	Scheidungen	
die Gewohnheit		
	Münder	
die Beziehung		
	Freiheiten	
das Jahrhundert		
	Chancen	
der Kampf		

zu Seite 103, 6

5 Pluraltypen → GRAMMATIK

Setzen Sie die folgenden Nomen in die richtige Spalte unten ein.

die Schachtel – der Kenner – das Lokal – das Einkaufszentrum –
das Werk – die Fabrik – die Halle – die Galerie – das Viertel –
der Ort – der Club – der Block – das Dach – der Fluss – der Turm –
die Aggression – das Blatt – die Bibliothek – der Emigrant –
das Leiden – das Recht – die Prüfung – die Schwäche – die Vorliebe –
der Versuch – das Kleid – die Nacht – das Rad – das Radio –
der Koffer – der Schmerz – das Dorf – die Mannschaft – der Traum –
der Gott – das Zeichen – der Hafen – das Detail – das Mittel –
der Staat – der Blick – die Angst – der Nerv – das Bild – die Schulter –
der Artikel

- oder ¨	-e oder ¨e	-er oder ¨er	-en oder -n	-s
die Kenner	die Lokale	die Dächer	die Schachteln	die Clubs

LEKTION 7

zu Seite 103, 6

6 Textgrammatik → **LESEN**
Bringen Sie die Sätze des folgenden Textes in die richtige Reihenfolge.
Achten Sie besonders auf die hervorgehobenen Wörter.

Der erste Blick
Der entscheidende Moment beim Kennenlernen

☐ Frauen schauen *dagegen* bei den Männern die obere Region an.
☐ Der erste Blick dient dazu, Informationen über einen potentiellen Partner zu sammeln. Personen schauen die Körperregionen an, die für sie die wesentlichen Informationen bieten:
☐ Im Jahr 1979 wurde *zum Beispiel* in einer Studie festgestellt, dass Frauen in acht Sekunden alle wesentlichen Informationen über einen Mann herausholen.
☐ Männer tasten *dabei* häufiger die mittlere und untere Körperregion der Frauen mit dem Blick ab.
☐ Es gibt *also* biologisch „heiße Körperstellen", die als Erste abgefragt werden. Diese Beobachtungen stimmen mit den Erkenntnissen anderer Forscher überein.
☐ Der größte Teil der Frauen gibt *dabei* an, vor allem das Gesicht als Hauptquelle zu benutzen.

zu Seite 103, 8

7 Fugenelement: ja oder nein? → **GRAMMATIK/WORTSCHATZ**
Kombinieren Sie folgende Verbstämme, Adjektive und Nomen zu mindestens zehn zusammengesetzten Nomen. Fügen Sie den Artikel hinzu.

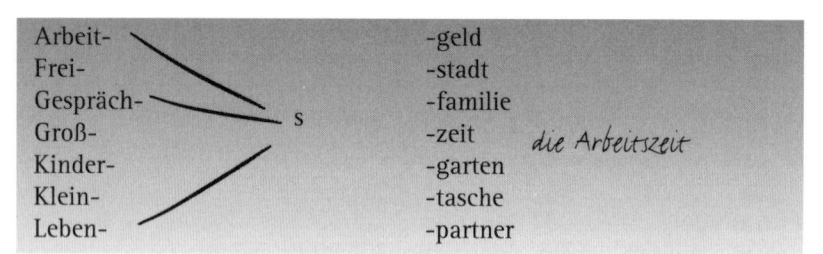

Arbeit-		-geld
Frei-		-stadt
Gespräch-	s	-familie
Groß-		-zeit *die Arbeitszeit*
Kinder-		-garten
Klein-		-tasche
Leben-		-partner

zu Seite 103, 8

8 Bilderrätsel → **WORTSCHATZ**
Finden Sie zu jedem Bild mindestens ein zusammengesetztes Nomen.
Beispiele: *B1 + C5 = der Fingernagel/A3 + C1 = das Königsschloss*

LEKTION 7

zu Seite 103, 8

9 Wortbildung: Farbenspiel → WORTSCHATZ
Wer findet die meisten „sinnvollen" Kombinationen aus jeweils einer Farbe und einem Nomen?

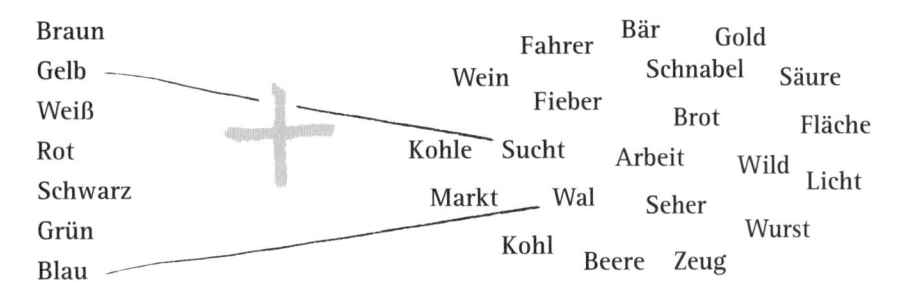

Braun		Fahrer	Bär	Gold	
Gelb		Wein		Schnabel	Säure
Weiß			Fieber	Brot	Fläche
Rot		Kohle	Sucht	Arbeit	Wild
Schwarz		Markt	Wal	Seher	Licht
Grün			Kohl		Wurst
Blau			Beere	Zeug	

zu Seite 103, 8

10 Worterklärungen → WORTSCHATZ

a) Erklären Sie jetzt bitte schriftlich die Bedeutung von fünf Wörtern, die Sie in Übung 13 gebildet haben.

Beispiel: *Gelbsucht = eine Krankheit, bei der sich die Haut gelb färbt*

b) Lesen Sie Ihre Definitionen in der Klasse vor und lassen Sie die anderen erraten, welcher Begriff gemeint ist.

zu Seite 103, 8

11 Bedeutung zusammengesetzter Nomen → WORTSCHATZ
Ergänzen Sie die Lücken.

Nomen	Bedeutung
das Selbstvertrauen	*das Vertrauen in sich selbst*
die Beziehungsprobleme	
	der Kontakt mit Blicken
die Kopfbewegung	
	die Heirat aus Liebe

zu Seite 104, 1

12 Die richtige Reihenfolge? → WORTSCHATZ
Nummerieren Sie: Wie ist die „normale" Reihenfolge?

Sie heiraten. ....
Sie verlieben sich. ....
Sie erwarten ein Kind. ....
Sie haben ein Baby. ....
Sie lernen jemanden kennen. ......1..........
Sie verloben sich. ....

LEKTION 7

zu Seite 104, 2

13 Verliebt, verlobt, verheiratet → WORTSCHATZ
Bilden Sie zusammengesetzte Nomen und fügen Sie den Artikel hinzu.
Achten Sie auf das Fugenelement -s!

Braut-   Trau-   Hochzeits-   Ehe-   Verlobungs-   Heirats-

die Heirats -anzeige	-feier	-kleid
-mutter	-scheidung	-urkunde
-berater	-foto	-kutsche
-brecher	-frau	-mann
-ring	-torte	-zeuge

zu Seite 104, 2

14 Nomen, Verb, Partizip → WORTSCHATZ/GRAMMATIK
Ergänzen Sie die fehlenden Wörter.

Artikel	Nomen	Verb	Partizip
die	Heirat	heiraten	verheiratet sein
		sich verloben	
		sich scheiden lassen	
			verzichtet haben
die	(gute) Ausbildung		
		entstehen	
			(gut) erzogen sein

zu Seite 104, 2

15 Wortbildung → GRAMMATIK
Mit dem Nomen *Liebe* können viele zusammengesetzte Wörter gebildet werden.

als Bestimmungswort	als Grundwort
*Liebe-*s*-Nomen*	*Nomen-(*s*)-liebe*
Liebe·leben	*Tierliebe*

Bilden Sie maskuline, feminine und neutrale Nomen zum Thema Liebe.

der Liebesent-................ die Liebesna-................ das Liebesverh-................
der Liebesro-................ die Liebesbez-................ das Liebesp-................
der Liebesku-................ die Liebeshei-................ das Liebesob-................

zu Seite 104, 3

16 Synonyme → WORTSCHATZ
Finden Sie eine einfachere Ausdrucksweise. Verwenden Sie die folgenden Verben. Manchmal sind mehrere Lösungen möglich.

lieben – mögen – gern haben – gern mögen

a Hans hängt sehr an seiner Mutter.
b Ich schätze Herrn Müller als Kollegen wirklich sehr.
c Herr Meyer hat den kleinen Tim richtig ins Herz geschlossen.
d Für diese Art von Musik habe ich überhaupt nichts übrig.
e Welchen von deinen Lehrern kannst du am besten leiden?

LEKTION 7

zu Seite 104, 5

17 Welches Wort passt nicht? → WORTSCHATZ

Beziehungen	Lebenspartner	Familienfeste	die Braut trägt
Freund	Gattin	Verlobung	Brautschuhe
Kamerad	Kollegin	Ostern	Brautkleid
Genosse	Ehefrau	Hochzeit	Brautstrauß
Vetter	Lebensgefährtin	Taufe	Brautpaar

Familienstand	zur Heirat gehören	Hochzeitsgeschenke	eine Ehe wird
verliebt	Braut	Toaster	versprochen
geschieden	Standesbeamter	Geschirr	geschlossen
verwitwet	Trauzeuge	Kaffeemaschine	gekündigt
verheiratet	Richter	Brille	gebrochen
ledig	Bräutigam	Handtücher	geschieden

zu Seite 105

18 Arbeit mit dem Wörterbuch → LERNTECHNIK
Wie finde ich das gesuchte Wort?

a Als Eintrag steht das Nomen im Wörterbuch immer in der Nominativ-Singular-Form. Genus (maskulin, feminin oder neutral) und Pluralendung sind in jedem Wörterbuch nach dem Wort angegeben.

Beispiele: *Signal,* n, *-e*   neutral   Plural: *Signale*
   Frau, f, *-en*   feminin   Plural: *Frauen*
   Ehemann, m, *¨er*   maskulin   Plural: *Ehemänner*

b Wenn Sie ein zusammengesetztes Nomen suchen, ist dies oft nicht zu finden.

c Schlagen Sie dann den letzten Teil des Nomens nach, der die allgemeine Bedeutung trägt (das Grundwort). Was schlagen Sie in den folgenden Fällen im Wörterbuch nach?
das Familienidyll / das Ehescheidungsverfahren

zu Seite 105

19 Welche Bedeutung passt? → LERNTECHNIK
Häufig hat ein Wort mehrere Bedeutungen. Sie müssen aus dem Kontext erschließen, welche im Text passt.

a Das Verb *vorgehen* aus dem Text Signale der Liebe, Seite 68, Zeile 12 hat laut Wörterbuch sechs Bedeutungen. Welche Bedeutung ist im Text gemeint?
☐ handeln: In diesem Fall muss man behutsam vorgehen.
☐ geschehen, vor sich gehen: Was geht hier eigentlich vor?
☐ (Uhr): Meine Uhr geht vor.
☐ nach vorne gehen: Könnten Sie bitte ein Stückchen vorgehen?
☐ als Erster gehen: Du kannst ruhig schon mal vorgehen.
☐ Priorität haben: Bei meinem Mann geht die Arbeit immer vor.

b Schlagen Sie folgende Verben nach: *bemerken – aufführen – wiegen*
Wie viele Bedeutungen können Sie finden?
Welche Bedeutungen passen im Text *Signale der Liebe* auf Seite 68?

c Machen Sie die Gegenprobe im anderen Teil des Wörterbuchs (Ihre Muttersprache – Deutsch).

LEKTION 7

zu Seite 106, 3

20 Lückentext → WORTSCHATZ

Lesen Sie die Transkription einer Passage aus dem Hörtext zu Kursbuch Seite 72. Setzen Sie die folgenden Nomen in den Text ein. Zwei Nomen können Sie zweimal einsetzen.

(die) Familie – (die) Kleinstadt – (das) Lebensmuster – (der) Lebensstil, -e – (die) Partnerschaften – (die) Rücksicht – (das) Singledasein – (die) Studienkollegen – (die) Wohngemeinschaften

Ja, als ich jung war, mit 16 oder 18 Jahren, da habe ich mir natürlich auch vorgestellt, dass ich einmal heiraten werde und eine _Familie_ gründen werde. Und ich glaube heute, ich habe mich einfach orientiert an dem _____ meiner Eltern, der Lehrer, und eigentlich aller Leute in der _____, aus der ich komme. Und ich bin dann nach Berlin gegangen, habe dort studiert. Dort habe ich alleine gelebt, ich hatte _____, Beziehungen, ich habe in _____ gelebt. Und eigentlich haben meine ganzen Freunde und Bekannten, meine _____ auch in Partnerschaften gelebt, oder allein, oder in _____. Also ich habe gelernt, dass es doch sehr viele _____ gibt. Und dass man auf sehr unterschiedliche Weise glücklich sein kann. Im Laufe der Zeit habe ich eigentlich immer mehr Vorzüge entdeckt beim _____. Man ist einfach unabhängiger, man kann sein Leben frei gestalten. Man muss keine _____ nehmen, ich kann viel reisen zum Beispiel. Und deswegen ist das schon so, dass ich mich jetzt immer bewusster zu diesem _____ bekenne.

zu Seite 109, 2

21 Idiomatik → WORTSCHATZ

Finden Sie die richtige Erklärung.

Jemand geht mir auf die Nerven.
☐ Er kitzelt mich.
☐ Er ärgert mich.
☐ Er macht mir Sorgen.

Du siehst alles durch eine rosarote Brille.
☐ Du hast schlechte Augen.
☐ Du siehst alles positiv.
☐ Du hast dir eine neue Brille gekauft.

Du möchtest immer den Ton angeben.
Du möchtest
☐ besonders gut aussehen.
☐ die Entscheidungen treffen.
☐ Musikunterricht nehmen.

Du möchtest nicht die zweite Geige spielen.
Du möchtest
☐ bei einem Wettbewerb nicht Zweiter werden.
☐ in einem Streit nicht nachgeben.
☐ nicht im Hintergrund stehen.

Du bist bereit, Opfer auf dich zu nehmen.
Du bist bereit,
☐ etwas mitzunehmen.
☐ Geld zu spenden.
☐ Schwierigkeiten zu akzeptieren.

Er tanzt dauernd nach ihrer Pfeife.
☐ Er tanzt besonders gern mit ihr.
☐ Er tanzt schlecht.
☐ Er macht alles, was sie will.

Du setzt deine Beziehung aufs Spiel.
☐ Du riskierst den Verlust des Partners.
☐ Es ist dir egal, was dein Partner macht.
☐ Du beendest deine Beziehung.

Ich habe die Sache aus den Augen verloren.
☐ Ich bin darüber nicht mehr informiert.
☐ Ich habe die Lust an der Sache verloren.
☐ Ich habe nie etwas über die Sache gewusst.

Du kannst mir den Buckel runterrutschen.
☐ Du könntest etwas gegen meine Rückenschmerzen tun.
☐ Es ist mir egal, was du machst.
☐ Ich sehe große Probleme vor mir.

LEKTION 7

zu Seite 109, 5

22 Wortbildung: Derivation → GRAMMATIK

a Nomen aus Verben ableiten. Finden Sie die passenden Nomen.

Verb	Nomen auf -e, -t; aus dem Infinitiv oder Wortstamm	Verb	Nomen auf -ung, oder -schaft
ankommen	die Ankunft	abwechseln	die Abwechslung
ärgern	der Ärger	bedrohen	
fahren		befreundet sein	
fürchten		bereit sein	
liegen		beziehen	
schreiben		entscheiden	
sprechen		enttäuschen	
streiten		erfahren	
		meinen	
		trennen	
		unternehmen	

Verb	Nomen auf -tum oder -nis	Verb	Nomen auf -er, -ler, -ei oder -el
sich irren	der Irrtum	backen	die Bäckerei
erleben		drucken	
hindern		heucheln	
gefangen sein		lehren	
wachsen		verkaufen	
		schließen	

b Nomen aus Adjektiven ableiten. Ergänzen Sie die Nomen.

Adjektiv	Nomen auf -heit, -keit oder -igkeit
dankbar	die Dankbarkeit
eitel	
frei	
gerecht	
herzlos	
schön	
selten	
unabhängig	
wahr	

zu Seite 109, 5

23 Nominalisierungen → WORTSCHATZ/GRAMMATIK

a Bilden Sie aus Verben Nomen, die in die Sätze passen.

Verb	Beispielsatz
erinnern	Evas Hochzeitsfest ist mir in guter Erinnerung.
ergeben	.... der Untersuchung ist noch nicht da.
reagieren	Ich fand .... des Mannes besonders interessant.
erfahren	Ich habe mit Hochzeiten wenig ....
bestellen	Ich habe meine .... schon gestern abgeschickt.
forschen	Ich finde .... über das Verhalten der Menschen interessant.
verbinden	Ich konnte nicht telefonieren. .... war unterbrochen.
begleiten	Sie geht nur noch in .... ihres Mannes aus dem Haus.
bilden	Ich finde, ... ist eines der wichtigsten Dinge im Leben.
konkurrieren	Bei Wettbewerben muss man mit starker .... rechnen.
analysieren	Wir warten noch auf Ihre .... des Fußballspiels.

95

LEKTION 7

b Bilden Sie aus den Adjektiven Nomen, die in die Sätze passen.

Adjektiv	Beispielsatz
aktiv	Ihre *Aktivität* ist bewundernswert.
faul	Er hat den Kurs geschafft, trotz seiner bodenlosen ....
geheim	Ihr Schönheitsrezept ist ein ....
arrogant	Seine .... ist kaum auszuhalten.
ehrlich	Seine absolute .... hat ihm schon oft geschadet.
sparsam	.... wurde früher von jeder guten Hausfrau erwartet.
sauber	Das galt auch für die ....
flexibel	In diesem Beruf brauchen Sie absolute ....
sensibel	Es fehlt ihm manchmal wirklich an ....
kritisch	Seine .... konnte ich schwer ertragen.
offen	Zu viel .... im Gespräch macht mich unsicher.
unabhängig	Ich brauche meine ....

zu Seite 109, 5

24 Lückentext: Nomen → **LESEN/GRAMMATIK**
Füllen Sie die Lücken im folgenden Zeitungsartikel
mit Nomen, die Sie aus den Verben oder Adjektiven
in der rechten Spalte ableiten.

Die Liebe – nichts als reiner Zufall

Die Liebe macht den Wissenschaftlern schwer zu schaffen. Kaum hat sich bei Forschern an den Universitäten die ....*Meinung*........ durchgesetzt „Gleich und Gleich gesellt sich gern", da müssen die Lehrbücher wohl wieder neu geschrieben werden. Schuld daran sind die neuesten .... des amerikanischen Psychologen David Lykken. In einer groß angelegten Studie hat der .... herausgefunden, dass die Liebe ein Produkt des .... ist.

| meinen |
| ergeben |
| forschen |
| zufällig |

Für seine .... hatte Lykken Zwillinge gewählt. Sie sind zur gleichen Zeit und meist in derselben .... aufgewachsen. Eineiige Zwillinge haben das gleiche Erbgut. Immer wieder haben .... gezeigt, wie sehr sie einander nicht nur äußerlich gleichen. Wenn es Regeln gibt, und seien sie noch so kompliziert, dann müssten sich Zwillingsbrüder jeweils für Frauen entscheiden, die wenigstens ein paar .... haben. Doch trotz umfangreicher .... fand der Wissenschaftler solche gemeinsamen Punkte nicht. Die Partner und Partnerinnen eines Zwillingspaares wiesen kaum mehr .... auf, als der Computer für rein zufällig kombinierte Paare errechnete.

| untersuchen |
| umgeben |
| versuchen |
| gemeinsam |
| testen |
| ähnlich |

Dasselbe .... zeigte sich auch ohne Computerstatistik: Die Wissenschaftler fragten jeden Zwilling, wie er die Auserwählte seines Bruders fand, als er sie zum ersten Mal sah. Hätte er sich vielleicht selbst in sie verlieben können? Keineswegs. Fast jeder Zweite fand sie nicht einmal sympathisch. Wenn es dagegen um ...., Möbel oder Ferienziele ging, hatten sie fast den gleichen .... Weiblichen Zwillingen erging es mit den Männern der Schwestern nicht anders.

| resultieren |
| sich kleiden |
| schmecken |

Diese Befunde sind ein schwerer .... für viele Theoretiker der Liebe. Er trifft auch Psychoanalytiker, die überzeugt sind, die .... der Eltern bestimme die Partnerwahl der Kinder. Denn Lykken kommt zu dem ....: Menschen verlieben sich „beinahe zufällig ineinander".

| schlagen |
| persönlich |
| schließen |

96

LEKTION 7

zu Seite 110, 2

25 Gratulation → WORTSCHATZ
Ein frisch verheiratetes Paar hat Post bekommen.
Welche Grüße passen nicht zum Anlass?

- ☐ Dem Brautpaar alles Gute.
- ☐ Herzlichen Glückwunsch zur Verlobung.
- ☐ Zur Hochzeit die besten Wünsche.
- ☐ Mit den besten Wünschen zum Jubiläum.
- ☐ Wir gratulieren zur Hochzeit.

zu Seite 110, 2

26 Vermutungen → WORTSCHATZ/GRAMMATIK
Schauen Sie das Bild im Kursbuch auf Seite 76 an. Ergänzen Sie die fehlenden Wörter, mit denen man Vermutungen zum Ausdruck bringt.

< scheinen – scheint – könnte – vielleicht – vermutlich – wahrscheinlich

Auf dem großen Bild sieht man einen Mann mit Badehose. Er hebt eine Frau hoch, die ein weißes Hochzeitskleid trägt. Beide .... glücklich zu sein. .... ist das Foto anlässlich einer Hochzeitsfeier aufgenommen worden. Es .... Nachmittag zu sein, die Trauung ist .... bereits vorbei. Die Szene spielt sich .... im Zusammenhang mit der Hochzeitsfeier ab. Auf dem Bild ist ein Bootssteg und Wasser zu sehen, ... handelt es sich um einen See oder die Aufnahme wurde am Meer gemacht. Jedenfalls .... das Wetter sehr gut zu sein. .... ist es recht warm, da der Mann in der Badehose nicht zu frieren .... Bei den beiden Personen handelt es sich .... um das Brautpaar. Warum der Mann seinen Anzug ausgezogen hat, ist nicht klar. Es .... sein, dass er seine Braut überraschen wollte. .... will er mit ihr schwimmen gehen oder eine Bootsfahrt unternehmen.

zu Seite 110, 2

27 Bericht von einer Verlobung bzw. Hochzeit → SCHREIBEN
Sie waren auf einer Verlobung oder Hochzeit eingeladen und berichten jetzt Ihrem deutschen Brieffreund/Ihrer deutschen Brieffreundin davon. Erzählen Sie,

- was Braut und Bräutigam anhatten, wie sie aussahen.
- welche Personen bei der Trauung dabei waren.
- wo die Trauung stattfand.
- was an dem Fest nach der Zeremonie besonders schön war.
- was für Geschenke das Brautpaar bekommen hat.
- ...

zu Seite 111, 4

28 Leserbrief – Textsortenmerkmale → SCHREIBEN
Welche Formulierungen sind für einen Leserbrief passend?
Bitte kreuzen Sie jeweils eine der drei Möglichkeiten an.

Datum
- ☐ *17/03/20..*
- ☐ *Frankfurt, 17. 03. 20..*
- ☐ *im März 20..*

Betreff
- ☐ *Umfrage zum Thema „Kosenamen"*
- ☐ *Ihr Schreiben vom ...*
- ☐ *Ihr Artikel in ...*

Anrede
- ☐ *Liebe Redakteure,*
- ☐ *Sehr geehrte Journalisten,*
- ☐ *Sehr geehrte Damen und Herren,*

Anredeform
- ☐ *du*
- ☐ *ihr*
- ☐ *Sie*

Gruß
- ☐ *Alles Liebe*
- ☐ *Hochachtungsvoll*
- ☐ *Mit freundlichen Grüßen*

LEKTION 7

zu Seite 112, 1

29 Biographien → LESEN/WORTSCHATZ
Setzen Sie die Nomen in den Text ein. Welche Nummer im Text entspricht welchem Nomen?

a Der Schriftsteller Arthur Schnitzler

☐ Gelegenheit ☐ Kreis ☐ Besuch ☐ Fachartikel ☐ Freundschaften
☐ Laufbahn ☐ Assistent ☐ Privatpraxis ☐ Heimatstadt ☐ Ambitionen

ARTHUR SCHNITZLER wird am 15. Mai 1862 als zweiter Sohn des Arztes Professor Johann Schnitzler in Wien geboren. Die ärztliche (1) ist ihm (wie auch seinem Bruder) vorgezeichnet. Nach dem (2) des Akademischen Gymnasiums (1871 bis 1879) studiert Arthur Schnitzler Medizin an der Universität Wien und promoviert 1885. Bis 1888 arbeitet er als Sekundararzt am Allgemeinen Krankenhaus, anschließend bis 1893 als (3) seines Vaters an der Allgemeinen Wiener Poliklinik. Von 1887 bis 1894 ist er zudem Redakteur der „Internationalen Klinischen Rundschau" und verfasst eine Anzahl medizinischer (4). Nach dem Tod seines Vaters im Jahre 1893 eröffnet Schnitzler eine (5). Nun kann er seinen schriftstellerischen (6) mehr Zeit widmen. Er hat früh begonnen sich literarisch zu betätigen. 1890 findet er Anschluss an den literarischen (7) im Café Griensteidl, aus dem sich (8) der verschiedensten Art entwickelten. Mit dem Stück „Das Märchen" gelingt es ihm im Jahr 1893 zum ersten Mal ein Werk auf eine Bühne seiner (9) Wien zu bringen. Bei dieser (10) lernt er die Schauspielerin Adele Sandrock kennen.

zu Seite 112, 3

30 Textrekonstruktion *Halb zwei* → HÖREN/LESEN
Bringen Sie die folgenden Textstücke in die richtige Reihenfolge, so dass sich eine Inhaltsangabe der literarischen Szene *Halb zwei* ergibt. Erklären Sie, inwiefern die unterstrichenen Wörter Ihnen bei der Rekonstruktion des Textes geholfen haben.

1	2	3	4	5	6	7
C						

A Es ist bereits halb zwei Uhr nachts, <u>der Mann</u> ist müde. Er möchte nach Hause gehen, weil er am nächsten Tag wieder arbeiten muss.

B Er versucht ihr zu erklären, dass er <u>um acht Uhr aufstehen</u> muss und dass ihm bis dahin sowieso nur noch sehr wenige Stunden Schlaf bleiben.

C <u>Ein Mann</u> besucht seine Geliebte in ihrer Wohnung. Die beiden haben offenbar schon seit einiger Zeit ein intimes Verhältnis.

D <u>Nachdem</u> er ihr versichert hat, dass er sie sehr liebt, schafft er es <u>endlich</u>, sich von ihr loszureißen.

E Als er fertig angezogen ist und sich von ihr verabschiedet, versöhnen die beiden sich <u>wieder</u>.

F Sie zeigt überhaupt kein Verständnis für seine <u>Begründung</u> und provoziert einen regelrechten Streit. Darin bezeichnet sie ihn als falsch, brutal und als Egoist.

G Die beiden verabreden sich für den nächsten Abend um sechs Uhr wieder in ihrer Wohnung. Er verlässt <u>schließlich</u> das Haus und nimmt sich vor, morgen Abend früher nach Hause zu gehen.

LEKTION 7

zu Seite 112, 4

31 Artikel: Numerus und Genus → **GRAMMATIK**
Ergänzen Sie im folgenden Text die Artikelwörter.

Partnerschaft: Eine unendliche Geschichte

Jahrhundertelang war _die_ Ehe in westlichen Gesellschaften .... einzige legalisierte intime Beziehung zwischen Mann und Frau und kaum mehr als .... Reproduktionsgemeinschaft. Im Mittelpunkt standen .... gemeinsamen Kinder. Liebesheiraten waren eher selten. Mit .... Entstehung der bürgerlichen Gesellschaft im 19. Jahrhundert veränderte sich die Bedeutung von Liebe und Ehe radikal. .... Liebesheirat wird zum Fundament .... bürgerlichen Familienidylls: Der Mann arbeitet außer Haus und die Frau widmet sich der Kindererziehung und .... Haushalt. Diese klassische Arbeitsteilung in .... Ehe hat sich bis in die Sechzigerjahre .... Jahrhunderts gehalten.
Doch dann pfiff .... Männern ein ganz neuer Wind um die Ohren. Die Frauenbewegung .... frühen Siebzigerjahre brachte traditionelle Rollenmuster ins Wanken. .... eheliche Schlafzimmer wurde Schauplatz .... Geschlechterkampfes. Die Folge: Steigende Scheidungsraten. Viele Frauen nutzen .... Chance, ihr Leben neu zu planen. Ausbildung und Beruf sind seitdem nicht mehr nur eine Übergangsphase vor der Ehe, sondern ermöglichen .... Frau Unabhängigkeit vom Mann. Dennoch wollen .... wenigsten heute auf Partnerschaft und Liebe verzichten. Freilich unter anderen Vorzeichen. Die Ehe ist kein Muss mehr. Zahlreiche Paare ziehen es vor, ohne Trauschein zusammenzuleben. .... freie und bewusste Wahl des Partners/der Partnerin ist der Beginn .... modernen Beziehung.

| das |
| der |
| dem |
| den |
| des |
| die |
| diese |
| dieses |
| eine |
| einer |

zu Seite 80, 4

32 Artikel: Nomen mit Präpositionen → **GRAMMATIK**
Ergänzen Sie den Text.

Paul hat schon seit längerer Zeit Interesse (1) .... d........... Dunkelhaarigen namens Martina aus seiner Judogruppe. Er spürt immer eine gewisse Spannung (2) .... ihn..........., wenn sie Übungen miteinander machen. Aber die Annäherung (3) .... d........... Mädchen mit dem braunen Gürtel gestaltet sich schwierig. Da gibt es nämlich eine intensive Freundschaft (4) .... ihr und Heiko, der ebenfalls einen Braungurt trägt. Paul muss sich entscheiden, ob er für einen möglichen Flirt (5) .... Martina einen Streit (6) .... Heiko riskieren will. Vielleicht sogar eine Bedrohung (7) .... d........... viel besseren Judokämpfer. Doch das Bedürfnis (8) .... Nähe (9) .... Martina ist schließlich stärker. Paul gesteht Martina seine Liebe (10) .... ihr. Er ist überglücklich, als sie sich schließlich (11) .... entscheidet. Noch am gleichen Tag löst sie nämlich die Verlobung (12) .... Heiko!

| an |
| an |
| durch |
| für |
| mit |
| mit |
| mit |
| nach |
| zu |
| zu |
| zwischen |
| zwischen |

LEKTION 7

33 Yasemin → **LESEN**
Lesen Sie die Inhaltsangabe und lösen Sie die folgenden Aufgaben.

Bei diesem Film handelt es sich um
- ☐ einen Dokumentarfilm.
- ☐ einen Krimi.
- ☐ eine Komödie.
- ☐ einen Liebesfilm.

In dem Film geht es um
- ☐ einen politischen Konflikt.
- ☐ einen Konflikt zwischen zwei Kulturen.
- ☐ einen wirtschaftlichen Konflikt.
- ☐ eine sportliche Auseinandersetzung.

Der Film spricht wahrscheinlich hauptsächlich
- ☐ ältere Menschen an.
- ☐ jüngere Menschen an.
- ☐ Männer an.
- ☐ Frauen an.

YASEMIN
DEUTSCHLAND 1987/88
REGIE HARK BOHM

Videotipp

Jan hat sich in Yasemin verliebt. Eigentlich nichts Besonderes. Doch schnell gibt es riesige, scheinbar unlösbare Probleme für die beiden, denn Yasemin ist Türkin. Ihr Vater wacht eifersüchtig über die bedrohte Ehre seiner Tochter und macht ihr das Leben zur Hölle ...

Yasemin ist die 17-jährige Tochter eines türkischen Gemüsehändlers in Hamburg-Altona. Jan ist Judo-Fan und Student. Die Annäherungsversuche des jungen Mannes wehrt Yasemin zunächst ab, weil sie vermutet, dass Jan sie lediglich einer Wette wegen erobern will. Aus dem anfänglichen Spiel entwickelt sich aber schnell eine ernsthafte Beziehung. Und Yasemin bekommt plötzlich zu spüren, was ihr früher völlig nebensächlich war: Sie ist Türkin. Ihr liebevoller Vater verwandelt sich in einen Despoten, der eifersüchtig über die Ehre seiner Tochter wacht. Die Männer der Familie fassen einen Plan: Yasemin soll in die Türkei geschafft werden, denn nur da ist sie vor dem Deutschen sicher. Als Jan von den Absichten ihres Vaters erfährt, beschließt er, Yasemin vor ihrem Schicksal zu bewahren. Gemeinsam flüchten sie mit Jans Motorrad.

Der Film nimmt die Perspektive der türkischen Familie ein und zeigt differenziert die Generationskonflikte und Anpassungsprozesse. Mit den Mitteln des Unterhaltungskinos, die auch einem jungen Publikum den Zugang zum Thema ermöglichen, wird unaufdringlich für ein neues Verständnis zwischen Deutschen und Türken, besonders den Türken in der zweiten und dritten Generation, geworben.

LEKTION 7 – *Aussprachetraining*

lange und kurze Vokale

1 Kurz oder lang?

Hören Sie die folgenden Wörter und markieren Sie die langen Vokale.
Lesen Sie die Wörter danach laut.

höhere Löhne	kühle Flüsse
höfliche Österreicher	mühsame Überstunden
zwölf Brüder	Sündenböcke
größere Dörfer	berühmte Künstler
fröhliche Töchter	fünf Übungen
müde Söhne	Frühstücksbrötchen

2 Betonte Vokale

Lesen Sie die Beispiele laut.

kurz		lang	
a	die Tante, der Mann	a	der Vater, die Zahl, der Saal
		ä	die Väter, zählen, Säle
e	der Vetter, der Pelz	e	das Leben, die Idee, der Lehrer
i	die Nichte, die Bitte	i	die Liebe, die Margarine, bieten
o	der Onkel, das Opfer	o	das Wohl, der Hof
u	die Mutter, die Suppe	u	die Schule, der Bruder, der Stuhl
ö	Töchter, öfter	ö	die Söhne, die Öfen
ü	Mütter, müssen	ü	die Mühle, Brüder

3 Sortieren

Hören Sie die Wörter und sortieren Sie nach kurzen und langen Vokalen.

Ball – Banane – begrüßen – bitten – Boot – dunkel – erzählen – Fall – geben – Höhle – Hölle – ihre – kam – Kasse – Kuh – Kuchen – kühl – küssen – lachen – lassen – Leben – Licht – Lupe – Melone – Messer – Müller – Mütze – nahm – nehmen – niesen – Ofen – Öl – Paar – Puppe – riechen – rot – Rübe – Saal – Schale – See – sie – siegen – singen – Sitz – Sohn – Sonne – Stadt – Straße – Suppe – Tomate – Träne – Wasser – Wiese – wissen – wüsste – Zitrone – Zucker

a Lange Vokale

a	e	i	o	u	ö	ü
Banane	Leben	riechen	Boot	Lupe	Öl	Rübe

b Kurze Vokale

a	e	i	o	u	ö	ü
Stadt	begrüßen	bitten	Sonne	Zucker	Hölle	Müller

4 Minimalpaare

Hören Sie und sprechen Sie nach.

a		u		i		o	
lang	kurz	lang	kurz	lang	kurz	lang	kurz
Staat	Stadt	Kuchen	Kunde	bieten	bitten	Ofen	offen
Saat	satt	Kugel	Kupfer	ihn	in	Hofe	hoffe
lasen	lassen	Puder	Puppe	Stil	still	Sohne	Sonne
Wahn	wann	Pudel	Putte	Lied	litt	wohne	Wonne
Hase	hasse	Muse	Mutter	Wiese	wissen	Pose	Posse

LEKTION 7

Lernkontrolle: Was haben Sie in dieser Lektion gelernt?
Kreuzen Sie an.

Ich kann ...

Lesen
- ☐ ... mir eine Zeitschriftenreportage über das populärwissenschaftlich aufbereitete Thema *Kontaktaufnahme* erschließen.
- ☐ ... aus dieser Reportage die wichtigen Informationen herausarbeiten.
- ☐ ... in einem für Zeitschriftenleser geschriebenen psychologischen Test zum Thema *Partnerschaft* die Fragen beantworten.
- ☐ ... Kommentare und Standpunkte in der dazugehörigen Testauflösung auswerten.

Hören
- ☐ ... spontan und in natürlichem Sprechtempo gesprochene, längere Gesprächsbeiträge zum Thema *Heiraten* verstehen.
- ☐ ... die persönlichen Einstellungen und Argumentation der Gesprächsteilnehmer nachvollziehen.
- ☐ ... der Handlung einer Originalaufnahme der literarischen Szene von Arthur Schnitzler, *Halb zwei*, folgen.
- ☐ ... verstehen, worüber die zwei Personen der Szene in Streit geraten sind und was sie sich gegenseitig vorwerfen.

Schreiben – Produktion
- ☐ ... einen Beitrag zu einer Leserumfrage zum Thema *Kosenamen* verfassen.
- ☐ ... darin über Traditionen und aktuelle Trends im eigenen Land berichten, Gedanken und Meinungen ausdrücken.

Sprechen – Produktion
- ☐ ... eine klare, detaillierte Beschreibung einer Situation im Zusammenhang mit einer Hochzeitsfeier geben.
- ☐ ... Vermutungen über die dargestellte Situation und das Verhältnis der Personen anstellen.
- ☐ ... eine kohärente Geschichte nach Bildern erzählen.

Sprechen – Interaktion
- ☐ ... in einem Gespräch über das Thema *Heiraten* detaillierte Antworten geben und eine Meinung äußern.

Wortschatz
- ☐ ... präzisen Wortschatz zur Beschreibung *persönlicher Beziehungen und Kontakte* einsetzen.
- ☐ ... umgangssprachliche Wendungen zum Ausdruck von Vorlieben genau und differenziert einsetzen.

Grammatik
- ☐ ... Nomen passend zu ihrer Deklination korrekt im Plural verwenden.
- ☐ ... zusammengesetzte Nomen erschließen und selber bilden.
- ☐ ... Nominalisierungen entschlüsseln und verwenden.

Sprechen Sie mit Ihrem Kursleiter/Ihrer Kursleiterin über Tipps zum Weiterlernen.

LEKTION 8 – *Lernwortschatz*

Verben

anschließen
anspielen auf + *Akk.*
berichten
(sich) etwas beschaffen
durchführen
drucken
erläutern
ermahnen
fassen
fliehen
flimmern
führen zu + *Dat.*
gefährden
herausfinden
löschen
nützen
schaden
sich merken
sich richten nach + *Dat.*
sich wenden an + *Akk.*
speichern
verbinden mit + *Dat.*
wahrnehmen

Nomen

der Absatz, ¨-e
die Absicht, -en
der Analphabet, -en
die Auflage, -n
der Bericht, -e
die Beute
der Bildschirm, -e
die Boulevardzeitung, -en
die Daten (Pl.)
die Datenbank, -en
das Diskettenlaufwerk, -e
die Dosis, Dosen
die Droge, -n
der Drucker, -
die Entführung, -en
der Entzug
die Ersatzwelt, -en
die Festplatte, -n
das Feuilleton, -s
der Lautsprecher, -
das Lösegeld, -er
das Medium, Medien
die Meldung, -en
der Missbrauch
die Nachricht, -en
das Programm, -e
die Publikation, -en
die Rubrik, -en
der Schaden, ¨
die Schießerei, -en
die Schlagzeile, -n
die Schreibweise, -n
die Sendung, -en
die Spalte, -n
die Sucht, ¨-e
das Symptom, -e
der Täter, -
die Tastatur, -en
der Umgangston
die Zeitschrift, -en
der Zuschauer, -
der Zwang, ¨-e
der Zweck, -e

Adjektive/Adverbien

erneut
genial
interaktiv
seelenlos
seriös
sorgfältig
überregional
virtuell
zusätzlich

Konnektoren

ehe
sobald
solange
sooft

Ausdrücke

Auskunft geben über + *Akk.*
dafür sorgen, dass
ein Programm aufrufen/schließen
eine/keine wichtige Rolle spielen

---

1 Wortschatz definieren → **SPIEL**

Sie erhalten von Ihrer Kursleiterin/Ihrem Kursleiter jeweils drei Zettel mit Begriffen aus der Lernwortschatzseite. Notieren Sie zu jedem Begriff – eventuell mit Hilfe eines Wörterbuchs – eine Definition und lesen Sie diese in der Klasse.

Beispiel: *eine Summe, die man bezahlen muss, um eine gefangene Person freizubekommen* (Lösegeld)

Wer einen Begriff richtig errät, erhält einen Punkt. Gewinner ist der Kursteilnehmer mit den meisten Punkten.

LEKTION 8

zu Seite 116, 3

2 Sätze ergänzen → WORTSCHATZ
Wozu braucht man diese Teile eines Computers?

- **a** Der Rechner ist *der eigentliche Computer.*
- **b** Auf dem Monitor ...
- **c** Die Tastatur dient zum ...
- **d** Mit Hilfe der Maus ...
- **e** Auf einer CD-ROM, DVD oder Diskette ...
- **f** Mit Hilfe des Modems ...
- **g** Der Drucker ...
- **h** Mit dem Scanner ...

zu Seite 118, 2

3 Textstellen finden → WORTSCHATZ
Wie heißen die folgenden Formulierungen im Text „Computer-Sucht" im Kursbuch S. 117?

- **a** Wir beherrschen den Computer.
  Wir hatten den schnurrenden Kasten im Griff. (Zeile 15/16)
- **b** Das Gerät, das seltsame Geräusche von sich gibt, belebte ...
- **c** ... die wir anfangs nicht ernst genommen haben
- **d** ... sind wir abhängig von der Computerelektronik
- **e** ... wir sprechen miteinander schon in Computersprache
- **f** ... registrieren sie nicht mehr, was in der Realität passiert
- **g** ... und es kostet immer mehr
- **h** ... betrogene Partnerinnen ...

zu Seite 118, 4

4 Medienverhalten und Gesundheit → WORTSCHATZ/SPRECHEN

- **a** Ergänzen Sie die passenden Wörter.
  Bilden Sie danach Beispielsätze zu den Begriffen.

  Beispiel: *Wer zu viel raucht, schadet seiner Gesundheit.*

Nomen	Adjektiv	Verb bzw. verbaler Ausdruck
die Gesundheit		
		süchtig werden/machen
die Heilung		
		erkranken
	gefährlich	
		schaden
der Missbrauch		
	nützlich	
	abhängig	

- **b** Ergänzen Sie die Lücken.

  Frau Sievers war jahrelang immer **gesund**, bis sie plötzlich an Asthma ....
  Die Einnahme von zu vielen Medikamenten **nützt** meist nicht viel, sondern .... dem Körper nur.
  Jede Art von **Sucht** ist eine Krankheit, die nur sehr schwer zu .... ist.
  Wer nicht mehr **vernünftig und frei** entscheiden kann, ob er zum Beispiel ein Glas Bier trinken will, sondern es einfach tun muss, ist von seiner „Droge" ....
  Wenn man ein Fahrzeug mit defekten Bremsen fährt, ist das nicht nur ein Risiko für die eigene **Sicherheit**, sondern man .... auch andere.

LEKTION 8

zu Seite 118, 5

5 Temporale Konnektoren und Präpositionen → **GRAMMATIK**
Ergänzen Sie folgende Wörter im Text.

bis – gleichzeitig – nach – ~~vor~~ – immer wenn – bevor – sobald – seit – bei

Das digitale Klassenzimmer

SCHÜLER LERNEN BESSER AM COMPUTER

Kurz _vor_ sieben Uhr, knapp eine Stunde .... der Unterricht beginnt, wartet Claus-Peter Ahrens bereits ungeduldig vor dem Luisen-Gymnasium im Hamburger Stadtteil Bergedorf. .... der Hausmeister die Schulpforte geöffnet hat, stürmt der Oberschüler in den Computerraum und startet hastig einen der zwölf Rechner. Die Sekunden .... der Computer hochgefahren ist, kann er kaum erwarten. Endlich erscheint auf dem Bildschirm, worauf er sich .... dem Aufstehen gefreut hat: Die neuesten Nachrichten, die Schüler aus der japanischen Hafenstadt Yokohama in die Mailbox – einen elektronischen Briefkasten – des Gymnasiums geschickt haben. Noch .... der ersten Unterrichtsstunde tippt Claus-Peter einige Antworten in den Rechner und jagt sie per Mausklick in Sekundenschnelle nach Asien. .... dem Unterricht trifft er sich mit seinen Mitschülern von der Arbeitsgemeinschaft E-Mail. .... für die Schüler Unterricht per elektronischer Kommunikation auf dem Stundenplan steht (einmal pro Woche), sind die Hamburger Gymnasiasten über ein Datennetz mit Schulen in den USA, Kanada, Japan und Singapur verbunden. .... dieser Gelegenheit diskutieren die Jugendlichen im virtuellen Klassenzimmer über Gewalt und Rassismus, schicken Aufsätze über Bevölkerungswachstum oder die Gefahr von Atomkraftwerken zu ihren Freunden ans andere Ende der Welt. „Mit dem Computer kannst du fremde Länder und Kulturen auf Knopfdruck kennen lernen," sagt Claus-Peter. Und .... verbessern die Schüler auf spielerische Weise ihre Englischkenntnisse.

zu Seite 118, 5

6 Wie bedient man einen Computer? → **GRAMMATIK/WORTSCHATZ**
Formulieren Sie Sätze und verbinden Sie sie mit Hilfe von Konnektoren und Präpositionen.
Verwenden Sie den Wortschatz aus dem Kursbuch (Seite 116).

Nebensatzkonnektoren	Hauptsatzkonnektoren	Präpositionen
nachdem, bevor, bis, während, wenn, solange	danach, anschließend, und, vorher, zuvor, gleichzeitig	nach, vor, bis, während, bei

Nachdem man den Monitor, die Tastatur und den Drucker an den Rechner angeschlossen hat, schaltet man den Netzschalter ein. ...

zu Seite 118, 5

7 Abläufe beschreiben → **GRAMMATIK**
Verfassen Sie mit Hilfe der Konnektoren und Präpositionen aus Aufgabe 6 einen Text.

a Wie setzt man eine Kaffeemaschine in Gang?
Wasser einfüllen – Filtertüte in den Filter tun – Kaffee in den Filter füllen – Knopf drücken

b Wie bereitet man eine Party vor?
Gästeliste schreiben – Gäste anrufen oder Einladungskarten verschicken – Musik organisieren – Essen und Getränke einkaufen – Raum vorbereiten und dekorieren

LEKTION 8

zu Seite 118, 5

8 Welches Wort passt? → **WORTSCHATZ**
Lesen Sie den Text und wählen Sie pro Lücke ein Wort aus dem Kasten unten.

Gefahren durch exzessive Mediennutzung

Die exzessive Nutzung der Medien wird häufig auch als Fernsehsucht (1) *bezeichnet*. Wer „fernsehsüchtig" ist, setzt sich bewusst der Überfülle des Medienangebots aus und schafft sich eine (2) .... Nach Angaben des Süddeutschen Rundfunks sind in Deutschland mehr als ein Viertel aller Zuschauer ab 14 Jahren, die täglich drei und mehr Stunden fernsehen, als (3) „..............." zu bezeichnen. Laut einer Studie sind Vielseher ängstlicher als Wenigseher, unabhängig davon, ob es sich um Erwachsene oder um Kinder (4) .... Menschen, die im Fernsehen ständig ähnliche Verhaltensmuster angeboten bekommen, sind ärmer an Phantasie und auch stärker von konventionellen Stereotypen (5) ....

Untersuchungen bei Schülern haben gezeigt, dass der Umfang der Mediennutzung sozialstrukturell bedingt ist. Je höher die soziale Schicht, desto (6) .... der Fernsehkonsum. Die Menge des Fernsehkonsums steht im Zusammenhang mit der Fähigkeit der Familie, ihre Probleme in Gesprächen und gemeinsamen Handlungen (7) .... Wird das Fernsehen in dem Sinne als Erziehungsmittel eingesetzt, dass man mit ihm belohnen oder bestrafen kann, so führt das bei Kindern zu einem höheren Fernsehkonsum; aus (8) .... an elterlicher Liebe und Zuwendung sitzen die Kinder länger vor dem Bildschirm. Es besteht sogar ein direkter (9) .... zwischen Verhaltensstörungen bei Kindern und ausgedehntem Fernsehkonsum.

	A	B	C	D
(1)	aufgezeichnet	bezeichnet	gezeichnet	verzeichnet
(2)	Zusatzwelt	Umwelt	Ersatzwelt	Kinderwelt
(3)	Vielseher	Zuseher	Anseher	Zuschauer
(4)	zählt	zeigt	handelt	abspielt
(5)	erfahren	geprägt	erzogen	erfüllt
(6)	spannender	mehr	geringer	schlechter
(7)	anzuspielen	zu vergessen	zu verdrängen	zu lösen
(8)	Mangel	Überfluss	Zuviel	Fehlen
(9)	Verhältnis	Zwischenfall	Zusammenhang	Unterschied

zu Seite 118, 5

9 Die Glotze lebt → **LESEN/SPRECHEN**

a Für welches Medium stehen die folgenden umgangssprachlichen Ausdrücke? Glotze – Röhre – Flimmerkasten – Pantoffelkino?

b Was stellen Sie sich unter interaktivem Fernsehen vor? Suchen Sie dafür Beispiele im folgenden Text.

LEKTION 8

Die Glotze lebt!

Gerade heute Morgen haben Sie den letzten Rest Zahnpasta aus der Tube gequetscht. Am Abend schalten Sie den Fernseher ein, und was flimmert da geballt über den Bildschirm? Werbung für Zahnpasta. Zufall? Im Konsumparadies der Zukunft vielleicht nicht mehr. Amerikanische Marktforscher wissen längst, dass eine Zahnpastatube durchschnittlich sechs Wochen hält. In der digitalen Welt von morgen hat die Supermarktkasse Ihren Einkauf registriert, als Sie mit Ihrer Chipkarte bezahlt haben, und exakt nach fünfeinhalb Wochen sorgt ein Computer der Handelskette dafür, dass Sie in Ihrem ganz persönlichen Fernsehprogramm mit entsprechender Werbung zugeschüttet werden. Zur gleichen Zeit wird Ihr Nachbar vielleicht via Bildschirm daran erinnert, dass sein Auto neue Reifen braucht.

Dieses Szenario präsentiert Robert Carberry, Chef der IBM-Multimedia-Tochter Fireworks, auf einem Symposium von Industriemanagern zum Thema „Fernsehen der Zukunft". Das Beispiel zeigt, dass es um mehr geht als um zusätzliche Kanäle, ein besseres Bild und digitale Techniken: Das Fernsehen der Zukunft bietet nicht nur 500 Programme, sondern ist auch interaktiv. Das Wort suggeriert die Abkehr vom passiven Fernsehkonsum. Der Zuschauer als Akteur, der selbst darüber entscheidet, ob in seinem Film der Böse siegt oder der Held. Ob der Galan einen Kuss bekommt oder eine Ohrfeige. Ob der Dinosaurier die Zähne fletscht oder mit dem Schwanz wedelt. Jedem sein eigenes Programm.

c) Textrekonstruktion – Bringen Sie die Sätze in die richtige Reihenfolge.

- ☐ Die Kasse registriert den Einkauf.
- ☐ Man kauft Zahnpasta.
- ☐ [1] Man sieht Werbung für Zahnpasta.
- ☐ Man merkt, dass die Tube leer ist.
- ☐ Man bezahlt mit Chipkarte.
- ☐ Der Nachbar sieht Reifenwerbung.

d) Verbinden Sie die Sätze und verwenden Sie zum Beispiel:
Zuerst – anschließend – gleichzeitig – danach – schließlich – nachdem – bevor – während

---

zu Seite 119, 3

10 Schaubild → SPRECHEN/SCHREIBEN

Setzen Sie sich zu viert zusammen. Zwei Kursteilnehmer sehen sich das Schaubild an, die anderen das Schaubild im Kursbuch S. 119. Sehen Sie dabei nur Ihre Grafik an.

a) Notieren Sie die Informationen, die Sie über die andere Grafik erhalten.

b) Sagen Sie Ihren Partnern, welche Informationen Sie erhalten haben.

*Die Grafik zeigt ...
Man erfährt hier etwas über ...
Dieses Schaubild gibt Auskunft über ...*

Internet-Nutzer:
Darum gehen sie ins Netz
Von je 100 Befragten geben als Grund für die Internetnutzung zu Hause an:

Grund	Anzahl
Interessante Informationen	88
E-Mails versenden/empfangen	78
Faszination Internet	78
Neugierde	75
Interesse an neuer Technik	58
Beruf	44
Ausbildung	42
Unterhaltung	36
Kontakt zu vielen Menschen	35
Zeitvertreib	33
eigene Homepage	21
Computerspiele	13

LEKTION 8

zu Seite 121

11 Textpuzzle → LESEN
Setzen Sie die Sätze 1–4 in die markierten Stellen A–D im Text ein!

Schreib doch mal „Verkehr"

Eine Frau steht in einem Schulzimmer der Volkshochschule Münster und grübelt lange hin und her. In der rechten Hand hält Karin R. unbeholfen ein kleines Stück Kreide. Dann setzt sie an und schreibt in tapsigen Bögen „Fkr" an die große Schultafel vor ihr.
A
Ruhig und geduldig wiederholt er, worum er seine Schülerin vor drei Minuten gebeten hatte: Schreib doch mal das Wort „Verkehr". Dabei „singt" er ihr mehrmals überdeutlich die Silben vor. Und siehe da:
B
Die sich da so schwer tut mit den Buchstaben ist Analphabetin. Noch vor kurzem konnte sie so gut wie gar nichts lesen und schreiben. Doch jetzt, nachdem sie seit einem guten halben Jahr bei Hubertus im Kurs zweimal wöchentlich an ihrem Problem arbeitet, ist das nicht mehr ganz so.
C
Analphabeten – in Deutschland ein Tabu-Thema. Auch wenn Vertreter der Bonner Regierung „das hohe Bildungsniveau in der Bundesrepublik" preisen:
D
Von bis zu vier Millionen wurde in der Presse schon spekuliert, das wären dann etwa genauso viele wie Inline-Skater.

1 Besonders beim Vorlesen, das sich so anhört wie der Leseversuch eines fortgeschrittenen Erstklässlers, zeigt Karin, dass sie schon viel gelernt hat.

2 Kaum ist die Kreide abgesetzt, wandern ihre Augen fragend zu Peter Hubertus, der sich seit Jahren für Analphabeten engagiert und ihren Schreib- und Lesekurs leitet.

3 Erwachsene, die keinen Wegweiser, keinen Zugfahrplan und keinen Strafzettel entziffern können, gibt es immerhin noch viel zu viele.

4 Beim zweiten Versuch klappt es besser, da bringt diese erwachsene Frau immerhin schon ein „Ferker" zustande.

aus: ADAC-Motorwelt 11/96

zu Seite 121

12 Schlüsselwörter finden → LERNTECHNIK
Schlüsselwörter nennt man die wichtigsten Wörter im Text. Es ist wichtig, sie schnell zu erkennen und zu verstehen. Kreuzen Sie jeweils die richtige der beiden Aussagen über Schlüsselwörter an.

Schlüsselwörter stehen eher am Anfang (a) / am Ende (e) eines Textes.	a	e
Sie sind meist unbetont (u) / betont (b).	u	b
Der Sprecher nennt sie mehrmals (m) / nur einmal (l) im Text.	m	l
Häufig (h) / Fast nie (n) werden sie durch Synonyme oder Pronomen ersetzt.	h	n

zu Seite 123, 5

13 Aus der deutschsprachigen Presse → SCHREIBEN
Welche deutschsprachigen Zeitungen oder Zeitschriften empfehlen Sie einer Freundin in Ihrem Heimatland, die am aktuellen Geschehen im deutschsprachigen Raum sehr interessiert ist?

Schreiben Sie einen Brief und erklären Sie darin,
- was für eine Publikation Sie ihm/ihr vorschlagen.
- um was für eine Art von Zeitung/Zeitschrift es sich dabei handelt.
- warum Sie diese Zeitung/Zeitschrift gerne lesen und empfehlen.
- welche Alternative Sie noch nennen können.

Achten Sie auf die formalen Bestandteile eines persönlichen Briefs, besonders bei Datum, Anrede und Gruß.

LEKTION 8

zu Seite 125, 3

14 Kurzporträt: Jan Philipp Reemtsma → LESEN
Ordnen Sie die Ereignisse chronologisch und suchen Sie aus dem Text die dazu passenden Jahreszahlen heraus.

Jahr	Reihenfolge	Ereignis
		Tod des Vaters
		Gründung einer Literaturstiftung
		Geburt Jan Philipp Reemtsmas
		Verkauf des Konzerns
1910	1	Gründung einer Zigarettenfabrik durch den Vater
		Einrichtung eines Instituts für Sozialforschung
		freie Verfügung über das Erbe

Millionenschwerer Mäzen

Jan Philipp Reemtsma wurde am 26. November 1952 als Sohn von Fürchtegott Reemtsma in Hamburg geboren. Sein Vater gründete 1910 in Erfurt eine Zigarettenfabrik, die zum größten Tabakkonzern Deutschlands aufstieg. Reemtsma wuchs im Hamburger Villenviertel Blankenese auf. Sein Vater starb 1959, das Vermögen wurde zunächst treuhänderisch verwaltet. Ab seinem 26. Geburtstag stand Jan Philipp Reemtsma das Riesenerbe frei zur Verfügung. Reemtsma studierte Literaturwissenschaft und Philosophie, promovierte. 1980 wurde er in den Aufsichtsrat des Konzerns berufen, doch wenig später verkaufte er das Allein-Erbe: Für 300 Millionen Mark an die Tschibo-Familie Herz.

Jan Philipp Reemtsma – ein Forscher, Mäzen und Menschenfreund. Dem verarmten Autor Arno Schmidt griff er mit 350 000 DM unter die Arme. 1981 gründete er die Arno-Schmidt-Stiftung, deren Vorsitzender er ist. Unter anderem stiftet er jährlich den Arno-Schmidt-Literaturpreis. 1984 wurde das „Hamburger Institut für Sozialforschung" von ihm eingerichtet.

zu Seite 125, 6

15 Indirekte und wörtliche Rede → GRAMMATIK
a Unterstreichen Sie in dem Zeitungsartikel alle Formen der indirekten Rede. Welche stehen im Konjunktiv I, welche im Konjunktiv II?

Schweizer Dorf sucht Kinder per Zeitungsanzeige

Walliser Gemeinde Binn will Schulschließung verhindern – Job-Angebote für die Eltern

ZÜRICH, 14. Dezember – Wenn die Einwohner des kleinen Schweizer Bergdorfes Binn in der Kirche „Ihr Kinderlein kommet" singen, dann meinen sie das auch. Denn die Zahl der Kinder nimmt dort immer mehr ab. Um diese Entwicklung zu stoppen, griffen die Behörden des 160-Seelen-Dorfes zu einem ungewöhnlichen Mittel. Sie setzten in allen Landesteilen eine Anzeige in verschiedene Zeitungen: Binn suche „eine oder mehrere Familien" mit volksschulpflichtigen Kindern, heißt es darin, sonst müsse die Schule geschlossen werden. Interessierte erhielten von der Kommune in der Touristenregion Goms dafür günstige Wohnungen und einige Teilzeitstellen. Man könne beispielsweise das Verkehrsbüro des Dorfes in einer unberührten geschützten Berglandschaft leiten oder im Hotel „Ofenhorn" arbeiten.

Diese Anzeigen seien schon eine ungewöhnliche Art, „zu Kindern zu kommen", räumt Beat Tenisch, Vorsteher der Kommune, ein. Doch schließlich gehe es um die Erhaltung der Volksschule. Wenn Binn nicht schnell noch mindestens ein Kind für die erforderlichen sieben Schüler finde, werde die Schule vom Staat aufgegeben.

Doch die junge Generation des Dorfes sei meist noch unschlüssig in Sachen Familienplanung, sagt der 44-jährige Gemeindepräsident, und die Frauen wollten eben möglichst lang berufstätig sein. Doch er ist guten Mutes, denn er hat einige Anfragen erhalten.

LEKTION 8

b) Wer oder was wird hier zitiert? Formulieren Sie die Textstellen in der direkten Rede.

In der .... steht: Binn sucht eine oder mehrere Familien mit schulpflichtigen Kindern. ...

Der .... räumt ein: Diese Anzeigen sind schon eine ungewöhnliche Art, ...

zu Seite 125, 6

16 Indirekte Rede → GRAMMATIK

a) Gegenwart

Formen Sie die Sätze unten in die indirekte Rede um. Wählen Sie die passende Verbform im Konjunktiv I oder II.

Beispiele:
Er merkt sich den Satz. – *Er sagt, er merke sich den Satz.*
Wir schaden unserer Gesundheit. – *Sie meint, wir schadeten unserer Gesundheit (wir würden unserer Gesundheit schaden).*

1 Sie legt die Diskette ein. *Sie sagt, ...*
2 Das führt zu großen Problemen.
3 Du nimmst die Realität nicht wahr.
4 Die Schreibweise ist neu.
5 Ich weiß nichts davon.
6 Ihr habt die Zeitschrift zu Hause.
7 Wir müssen den Text ausdrucken.
8 Die Schlagzeilen bringen den Politiker in Schwierigkeiten.
9 Er gibt sich Mühe, alles richtig zu machen.
10 Ich will den Computer mit dem Lautsprecher verbinden.
11 Die Informationen werden auf der Festplatte gespeichert.

b) Vergangenheit

Formen Sie die Sätze in die indirekte Rede um. Wählen Sie die passende Verbform im Konjunktiv I oder II.

Beispiel:
Du hast die Zeitschrift probeweise bestellt. – *Aber du hast doch gesagt, du hättest die Zeitschrift probeweise bestellt.*

1 Wir haben die Meldung sofort erhalten. *Er meinte, ...*
2 Die Nachricht flimmerte auch über den Bildschirm.
3 Ich kannte die entführte Millionärin persönlich.
4 Sie ist früher einmal zu uns nach Hause gekommen.
5 Der Kommissar dachte erneut über das Verbrechen nach.
6 Er konnte sich die Tat nicht erklären.

zu Seite 125, 6

17 Was man in einem Computerkurs alles erlebt → GRAMMATIK

Geben Sie folgende Schilderung eines Computerkursteilnehmers wieder. Da Sie den Kurs nicht miterlebt haben, referieren Sie in der indirekten Rede. Achten Sie dabei auf die Zeit.

Beispiel:
Mein Nachbar, Niko Schramm, erzählte mir gestern: Im vergangenen Monat fand ein toller EDV-Kurs für Fortgeschrittene statt.
Mein Nachbar, Niko Schramm, erzählte mir gestern, im vergangenen Monat habe ein toller EDV-Kurs stattgefunden.

LEKTION 8

a Der Lehrer erklärte uns das neue Computerprogramm sehr ausführlich. *Der Lehrer ...*
b Immer wieder wandten wir uns mit schwierigen Fragen an ihn.
c Aber alle Fragen wurden detailliert beantwortet.
d Wir Teilnehmer mussten aber auch versuchen, uns gegenseitig zu helfen.
e Es hat sich natürlich schnell herumgesprochen, wie viel man in diesem Kurs lernen kann.
f Aufgrund der großen Nachfrage wird der Kurs im nächsten Monat wiederholt.

zu Seite 125, 6

18   Vom Interview zum Bericht → LESEN/GRAMMATIK

a Lesen Sie das Interview der Süddeutschen Zeitung (SZ) mit Peter Glaser, Schriftsteller und Computerexperte. Unterstreichen Sie die Schlüsselwörter.

Interview zum Thema Internet

SZ: Wozu brauchen wir das Internet überhaupt?
Glaser: Das weiß keiner, das ist ja das Spannende. Mit dem Internet hat der Mensch wieder etwas hergestellt, das er nicht versteht, aber verstehen will.
SZ: Stürzt sich die Menschheit nicht auch deshalb ins Netz, weil sie nach einer neuen Utopie sucht?
Glaser: Natürlich ist das auch ein Grund. Ich vergleiche die momentane Netzeuphorie mit der ersten Mondlandung. Niemand konnte rational erklären, warum so viele Milliarden Dollar ausgegeben wurden, um drei Männer auf den Mond zu schießen. Mit dem Erreichen des Ziels war die Euphorie dann schnell verschwunden.

SZ: Die Aufregung um das Internet wird sich also bald wieder legen?
Glaser: Da bin ich ziemlich sicher und ich hoffe es auch. Bei der Einführung des PCs war auch die Rede von der „größten Revolution seit Gutenbergs Buchdruck". Heute ist der Computer schon fast so normal wie ein Bügeleisen und die Leute fangen an, damit ruhiger und selbstverständlicher umzugehen.
SZ: Aber das Internet verändert unsere Welt doch auch.
Glaser: Das kann man wohl sagen. Ich lernte meine Frau schließlich im Netz kennen. Aber andererseits gab es eine Art von Vernetzung schon vor 5000 Jahren bei den Bewässerungssystemen der Assyrer und Ägypter. Aus ihren Organisationen gingen später die ersten Staatsformen hervor. Netzstrukturen hatten schon immer soziale Auswirkungen.

SZ: Ein großes Problem im immer größer werdenden Internet ist wohl: Wie trenne ich nützliche von unnützen Informationen?
Glaser: Journalistische Qualitäten werden gefragter sein denn je. Das Printmedium wird niemals untergehen, sondern sich durch die elektronischen Medien erst richtig entfalten. Auch Bücher sind immer noch sehr praktisch. Außerdem: Kein Bildschirm kann jemals mit der Ästhetik einer schönen Buchseite konkurrieren.

b Geben Sie das Interview als Bericht in der indirekten Rede wieder. Wählen Sie zur Redeeinleitung aus folgenden Verben aus:

sich informieren – die Frage stellen, ob (wie usw.) – wissen wollen – erklären – meinen – einwenden – antworten – erläutern – betonen – hinzufügen – unterstreichen

Beispiel:
In einem Interview mit dem Schriftsteller und Computerexperten Peter Glaser wollte die SZ wissen, wozu man das Internet überhaupt brauche. Herr Glaser meinte, das wisse keiner, das sei ja das Spannende. Mit dem Internet habe ...

LEKTION 8

zu Seite 127, 4

19 Nachrichten → WORTSCHATZ
Ergänzen Sie die Verben in der richtigen Form.

stehen – ausbrechen – schließen – verletzen – einsetzen

> ASCHAFFENBURG: Um 9 Uhr ist am Vormittag in einer Lackfabrik am westlichen Stadtrand von Aschaffenburg ein Feuer ...., wenig später sie in hellen Flammen. Alle verfügbaren Kräfte der Feuerwehr wurden ...., die Anwohner mussten Türen und Fenster .... Die Feuerwehr hat die Lage mittlerweile unter Kontrolle. Zwei Personen seien leicht .... worden, hieß es in einer ersten Bilanz. Die Größe des entstandenen Sachschadens ist derzeit noch nicht bekannt, ebenso wenig die Ursache des Brandes.

20 Good Bye, Lenin! → LESEN

Videotipp

GOOD BYE, LENIN
DEUTSCHLAND 2003

EIN FILM VON WOLFGANG BECKER

Geschichte wird gemacht. Nur für den 21-jährigen Alex geht nichts voran. Kurz vor dem Fall der Mauer fällt seine Mutter, eine selbstbewusste Bürgerin der DDR, nach einem Herzinfarkt ins Koma – und verschläft den Siegeszug des Kapitalismus. Als sie wie durch ein Wunder nach acht Monaten die Augen wieder aufschlägt, erwacht sie in einem neuen Land. Sie hat nicht miterlebt, wie West-Autos und Fast-Food-Ketten den Osten überrollen, wie Coca Cola Jahrzehnte des Sozialismus einfach wegspült, wie man hastig zusammen wachsen lässt, was zusammen gehört. Erfahren darf sie von alledem nichts: Zu angeschlagen ist ihr schwaches Herz, als dass sie die Aufregung überstehen könnte. Alex ist keine Atempause gegönnt. Um seine Mutter zu retten, muss er nun auf 79 Quadratmetern Plattenbau die DDR wieder auferstehen lassen. Schnell stellt er fest, dass sich dieser Plan schwieriger umsetzen lässt als erwartet ...

Lesen Sie die Inhaltsangabe.
Sind folgende Aussagen richtig oder falsch?

	richtig	falsch
Daniels Mutter träumte schon lange vom Siegeszug des Kapitalismus.	☐	☐
Nach ihrem Infarkt muss sie vor jeder Aufregung verschont werden.	☐	☐
Ihr Sohn Alex möchte ihr klar machen, dass Fast-Food und Coca Cola einfach zum neuen Leben gehören.	☐	☐
Alex unternimmt alles Mögliche, um seiner Mutter die gute alte Zeit vorzuspielen und die Realität vor ihr zu verstecken.	☐	☐

LEKTION 8 – Aussprachetraining

die Konsonanten f-v-w und die Verbindungen ng-nk

1 Wortpaare *f* und *v*

a Hören Sie die Wortpaare zuerst einmal ganz.
b Hören Sie noch einmal und sprechen Sie nach.

Fernsehen	–	verstehen	für	–	vor
Forschung	–	Vorteil	Fehler	–	Verbreitung
Fahrt	–	Vater			

2 Wortpaare *v* und *w*

a Hören Sie die Wortpaare zuerst einmal ganz.
b Hören Sie noch einmal und sprechen Sie nach.

Video	–	Wissenschaft	November	–	verwenden
Wolle	–	Volontär	Wahrheit	–	Variante
Vase	–	Wasser			

c Sehen Sie sich noch einmal die Beispiele von Aufgabe 1 und 2 an. Können Sie eine Regel erkennen? Wann spricht man *v* wie *f*, wann spricht man *v* wie *w*?

3 Wie viele falsche Vasen?

Lesen Sie die Sätze und hören Sie sie anschließend.

- Wie viele wertvolle Vasen fanden die Verbrecher in dem Versteck?
- Fünfzig Euro will Valerie von ihrem Vater!
- Zu viel Fernsehen und Video führen zur Verbreitung von funktionalem Analphabetismus!
- Die Entführer wollten Fehler vermeiden.
- Wählen Sie eine der fünfundvierzig Varianten!

4 Durch die Nase! – *ng* und *nk*

Hören Sie den Unterschied und sprechen Sie nach.

singen	–	sinken	Enkel	–	Mängel
lang	–	schlank	Zangen	–	zanken
Kranke	–	Stange	Unken	–	Zungen

5 Diktat

Diktieren Sie Ihrer Nachbarin/Ihrem Nachbarn Teil **a** oder Teil **b** der Übung. Wer das Diktat hört und schreibt, schließt sein Buch.

a Wenn Sie den Videofilm vorbestellen wollen, wenden Sie sich an Frau Fluster. Die Enkel sehen auf den Fotos aus wie wahre Engel, aber sie haben Vaters venezianische Vase zerbrochen.

b Der Vogel war lange krank. Jetzt singt er wieder, Gott sei Dank. Wer Variation sucht, greift zur Zeitung: Vom Feuilleton bis zum Wetterbericht findet man fast alles.

LEKTION 8

Lernkontrolle: Was haben Sie in dieser Lektion gelernt?
Kreuzen Sie an.

Ich kann ...

Lesen
- ☐ ... Wortspiele in einer Werbeanzeige zum Thema *Computer* erkennen und verstehen.
- ☐ ... Hauptaussagen aus einer Glosse zur *Computersucht* entnehmen und die darin enthaltene Kritik erkennen.
- ☐ ... den in einem Zeitungsartikel berichteten Entführungsfall rekonstruieren.
- ☐ ... die Stilmerkmale verschiedener Zeitungsberichte vergleichen.

Hören
- ☐ ... komplexe Informationen aus einem Radiobeitrag zum Thema *Analphabetismus* verstehen.
- ☐ ... wesentliche Informationen in Radionachrichten verstehen und notieren.

Schreiben – Interaktion
- ☐ ... für eine Präsentation zum Thema *Mediennutzung* Notizen zu den Informationen einer Grafik machen.

Schreiben – Produktion
- ☐ ... mich in einem persönlichen Brief ausführlich zu einer deutschsprachigen Fernsehsendung äußern.
- ☐ ... für eine Kurszeitung einen Artikel zu aktuellen oder persönlichen Themen verfassen.

Sprechen – Interaktion
- ☐ ... in einer Besprechung Vorschläge zur Planung eines Internetcafés machen und mögliche Probleme benennen.
- ☐ ... auf Ideen und Einwände der Gesprächspartner eingehen.

Sprechen – Produktion
- ☐ ... die in einer Grafik zum Thema *Mediennutzung* aufgezeigten Trends mündlich präsentieren.
- ☐ ... eine deutschsprachige Zeitung/Zeitschrift nach bestimmten Kriterien vorstellen.

Wortschatz
- ☐ ... Fachausdrücke aus dem Wortfeld *Computer und Medien* anwenden.

Grammatik
- ☐ ... temporale Konnektoren und Präpositionen korrekt und variationsreich verwenden.
- ☐ ... Textpassagen in der indirekten Rede erkennen und Zitate oder Aussagen anderer Personen in indirekter Rede wiedergeben.

Sprechen Sie mit Ihrer Kursleiterin/Ihrem Kursleiter über Tipps zum Weiterlernen.

LEKTION 9 – *Lernwortschatz*

Verben

ablehnen
auslösen
beeinflussen
belasten
beschleunigen
beweglich
entstehen
erledigen
erreichen
durchatmen
gefährden
genießen
gestalten
heilen
rasten
rosten
senken
sich bessern
sich bewegen
(sich) entspannen
sich ernähren
sich etwas gönnen
sich verbergen hinter + *Dat.*
strampeln
etw. umwandeln in + *Akk.*
vermeiden
verursachen
verschwinden
vorbeugen
wirken
zubereiten
jd. zwingen zu + *Dat.*

Nomen

das Argument, -e
die Atmung
der Auslöser, -
das Bedürfnis, -se
die Beilage, -n
die Befriedigung
die Behandlung, -en
die Belastung, -en
die Beschwerden
die Bindung -en
der Blutdruck
das Eiweiß, -e
das Dampfbad, ¨-er
der Discounter, -
die Entspannung
die Erholung
die Ernährung
das Fertiggericht, -e
die Geborgenheit
der Genuss, ¨-e
der Geschmack
das Gesundheitsbewusstsein
das Heilverfahren
der Herzinfarkt
die Homöopathie
das Kohlenhydrat, -e
die Lebensweise, -n
die Leistung
der Mineralstoff, -e
der Reiz -e
der Schwung
das Streben
der Stress
das Symptom, -e
der Umgang
der Verbrauchermarkt, ¨-e
der Verein, -e
die Voraussetzung, -en
der Wachzustand
die Wirkung
das Wohlbefinden
die Zubereitung
der Zusatz, ¨-e

Adjektive/Adverbien/ Partizipien

anhaltend
ausgeglichen
ausgeprägt
ausreichend
beschleunigt
deftig
einheimisch
enttäuscht
erreichbar
erschöpft
gesundheitsfördernd
lebenswichtig
leistungsfähig
lecker
mittelfristig
naturbelassen
stärkehaltig
(un-)auffällig
(un-)behandelt
zügig

Strukturwörter

allerdings
ausschließlich
dadurch, dass
hauptsächlich
indem
jedoch
obwohl
sämtliche
trotz
trotzdem
vor allem
während

Ausdrücke

ausgebrannt sein
eng verknüpft sein mit
den (Heiß-)Hunger stillen
die Kontrolle droht zu entgleiten
im Mittelpunkt stehen
die Pfunde purzeln lassen
Schaden anrichten
über die Runden kommen
Zeit opfern

__1__ **Adjektive zum Thema „Gesund leben"** → **WORTSCHATZ**
Sehen Sie sich im Lernwortschatz die Adjektive/Adverbien/Partizipien an.
Welche lassen sich von Nomen oder Verben ableiten und was bedeuten sie?

Wort	Nomen	Verb	Bedeutung
anhaltend		anhalten	fast immer, permanent

LEKTION 9

zu Seite 132, 3

2 Empfehlungen
Setzen Sie die Nomen in den Text ein.

Widmen Sie Ihrem Körper täglich 30 Minuten

Regelmäßige _Bewegung_ wirkt wie ein Wundermittel! Sie senkt das Risiko von ...., Krebs oder Depressionen, verlängert das Leben und verleiht ihm erst noch mehr .... Körperlich aktive Menschen erkranken halb so häufig an den erwähnten .... Dabei wissen viele nicht, dass schon Aktivitäten, die man problemlos in den Tagesablauf einbauen kann, viel für die Gesundheit bringen. Beispiele sind zügiges Gehen oder Fahrradfahren. .... für den Gesundheitseffekt ist lediglich, dass die körperliche Aktivität Puls und .... leicht beschleunigt und möglichst häufig (am besten täglich) dreimal 10 Minuten oder 30 Minuten am Stück durchgeführt wird. Wer bereits körperlich aktiv ist, kann durch gezieltes Training den .... für die Gesundheit zusätzlich verbessern.
Die .... lässt sich durch wöchentlich dreimal 20 bis 60 Minuten Jogging, Radfahren oder Ähnlichem erhöhen. Kraft und Beweglichkeit lassen sich zweimal pro Woche zum Beispiel mit gezielten .... oder im Fitnesscenter steigern.

- (die) Atmung
- (die) Ausdauer
- (die) ~~Bewegung~~
- (der) Herzinfarkt
- (die) Krankheiten
- (der) Nutzen
- (die) Qualität
- (die) Übungen
- (die) Voraussetzung

zu Seite 133, 4

3 Lebensmittel → **WORTSCHATZ**
Ergänzen Sie Lebensmittel in die passende Kategorie der Ernährungspyramide. Einige Lebensmittel passen zu zwei Kategorien.

Kuchen – Kartoffeln – Tee – Butter – Fisch – Gemüse – Milchprodukte – Wurstwaren – Frittiertes – Teigwaren (Nudeln, Mehl) – Fleisch – Schokolade – Salate – frische Früchte – Wasser – Öl – Käse – Brot – Getreide (Müsli) – Reis – Eier

Kuchen, ...

Kalorienreiche Fette, Süßigkeiten..................

Eiweiß, Protein und Calcium..................

Mineralstoffe und Vitamine..................

stärkehaltige Beilagen..................

ungezuckerte, alkoholfreie Getränke..................

LEKTION 9

zu Seite 133, 4

P 4 Verhaltensänderung → **SCHREIBEN**

Korrigieren Sie folgenden Brief und schreiben Sie die richtige Form an den Rand. Wenn ein Wort falsch platziert ist, schreiben Sie das Wort an den Rand, und machen Sie ein X an die richtige Stelle im Text.

> Lieber Johannes, Düsseldorf, 27. Juni
> vielen Dank für dein tolles Geschenk. Ich habe mich sehr über
> gefreut. Seitdem ich habe dein Buch „Iss dich fit" durchgelesen,
> hat sich mein täglich Leben in puncto Essen radikal geändert.
> Ich versuche nun konsequent, um viel Gemüse, Salat und frische
> Früchte zu essen. Es fällt mir überhaupt nicht schwer, an Frittiertes
> und andere kalorienreiche Fette zu verzichten. Anders sieht es
> bei Süßheiten und Schokolade aus. Für Kochen verwende ich
> natürlich nur noch gesundes Öl oder Margarine. Alkoholische
> Getränke ich konsumiere schon lange nicht mehr täglich. Vor
> allem kann ich es inzwischen genießen, kleinere Portionen essen.
> Schreibst bitte bald mal wieder!
> Lieben Grüße auch an deine Familie,
> Chantal

Bsp.: darüber

zu Seite 133, 4

5 Kreuzworträtsel → **SCHREIBEN**

Schreiben Sie passende Begriffe zum Thema „Essen und Trinken" in das Kreuzworträtsel.

a Lebensmittel ohne künstlichen Zusatz nennt man (8); man erhält sie in Bioläden oder auf wöchentlich stattfindenden (4).

b Speisen, die man aus solchen (13) zubereitet, haben meist einen viel intensiveren (9) als wenn man aus dem Tiefkühlregal (6) kauft.

c Typisch für eine traditionelle deutsche (5) ist Fleisch mit verschiedenen (1).

d Das schmeckt sicherlich (2), enthält aber häufig viel Fett und (12).

e Vitaminhaltiger und gesünder ist es, viel frisches (14) und (10) wie Äpfel, Zitrusfrüchte, Erdbeeren oder Salate aus Tomaten, Paprika, Gurken zu essen.

f Wenn es um die (11) zum Essen geht, sagt man, dass Wasser, Tee oder - falls Alkohol - der (3) von ein bis zwei Glas Rotwein die beste (7) auf den Körper haben.

g Egal, wofür Sie sich entscheiden – wir wünschen Ihnen (15) Appetit!

16: Lösung senkrecht: Es gibt sehr unterschiedliche .

LEKTION 9

zu Seite 135

6 Bella Martha → **LESEN**
Formulieren Sie einige Sätze zu den Personen im Film.

Martha: *hat nur eine Leidenschaft, …*

Lina: ....

Mario: ....

Linas Vater: ....

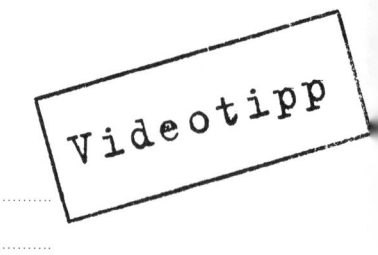

Videotipp

BELLA MARTHA
DEUTSCHLAND 2002
TRAGIKOMÖDIE VON SANDRA NETTELBECK

Da Männer ihr lieber körperlich nahe kommen als mit ihr zu essen und *Martha* lieber für sie kocht, als mit ihnen auszugehen, hat sie schon lange mit keinem mehr ihr Glück versucht. Als Chefköchin arbeitet sie sechs Tage in der Woche am Herd des französischen Restaurants „Lido". Der Kochkunst gilt ihre ganze Leidenschaft; andere Dinge haben keinen Platz in *Marthas* Leben. Als ihre Schwester bei einem Autounfall ums Leben kommt, übernimmt *Martha* vorübergehend die ungewohnte Rolle der Ersatzmutter für ihre achtjährige Nichte. *Lina* leidet sehr unter dem Tod der Mutter, will vor Kummer nichts essen und von *Martha* nichts wissen. Um zu verhindern, dass *Lina* in ein Heim kommt, versucht *Martha*, Linas Vater ausfindig zu machen, der, von der Existenz seiner Tochter nichts ahnend, in Italien lebt.

In der Zwischenzeit gerät *Marthas* zurückgezogenes Leben immer mehr aus den gewohnten Bahnen. Die Besitzerin des „Lido" stellt in *Marthas* Abwesenheit kurzerhand einen zweiten Chefkoch ein – den lebensfrohen Italiener *Mario*. *Martha* wittert Konkurrenz und macht *Mario* das Leben schwer. Doch mit seinem Charme und seinen Kochkünsten begeistert *Mario* schon bald nicht nur Belegschaft und Gäste – es gelingt ihm auch, Linas verlorengegangenen Appetit wieder zu wecken. Und *Martha*? Sie versteht weder etwas von italienischer Küche, noch von Kindern, und nun erobern sowohl *Lina* als auch *Mario* nach und nach ihr Herz. Aber dann steht plötzlich *Linas Vater* vor der Tür – und *Martha* muss sich entscheiden, was ihr wirklich wichtig ist …

zu Seite 136, 4

7 Beratungsgespräch im Reisebüro → **LESEN/SPRECHEN**
Setzen Sie sich zu zweit zusammen und wählen Sie eine Rolle: Kunde/Kundin oder Berater(in).

Kunde/Kundin:

a Sie planen, einige Tage in einem „Wellnesshotel" zu verbringen. Kreuzen Sie aus der Liste 5–7 Wünsche und Ansprüche an, die Sie an diesen Aufenthalt stellen würden.

b Berichten Sie nun von Ihren Vorstellungen und lassen Sie sich anschließend ein passendes Hotel vorschlagen. Dabei können Sie auch Rückfragen stellen bzw. beantworten.

- Lage in Meernähe
- in einer Berglandschaft
- mit komfortablen Zimmern
- mit eigenem Hallenschwimmbad
- mit einer großzügigen Bade- und Saunalandschaft, Dampfbad etc.
- mit gesunder, ausgewogener Ernährung
- Kosmetik für Gesicht und Körper
- Sonnenstudio
- duftende Aromatherapien
- ärztliche/homöopathische Betreuung
- Massagen
- so richtig entspannen
- ein paar „Pfunde" verlieren

LEKTION 9

- Aerobic und Krafttraining
- Anleitung durch einen Trainer
- viel Bewegung
- Sport im Freien

Berater/in:

a Sie beraten einen Kunden/eine Kundin im Reisebüro. Sehen Sie sich die Beschreibung der beiden Hotels an. Lassen Sie sich anschließend die Wünsche Ihrer Lernpartnerin/Ihres Lernpartners berichten.

b Schlagen Sie ihr/ihm nun ein geeignetes Hotel vor und begründen Sie Ihren Vorschlag.

Hotel „Kaiser" in Tirol

Unser Hotel liegt ...
inmitten eines Waldparks am Mieminger Sonnenplateau, umgeben von Wiesen und Wäldern. Ein Bergpanorama zum Staunen. Natur pur. Grün, soweit das Auge reicht.
Winter in Tirol, das muss man erlebt haben! Geräumte Winterwanderwege, 70 km Langlaufloipen ab Hotel. Alpines Skivergnügen, Rodeln, Eislaufen am gefrorenen Badesee, Pferdekutschenfahrten.

Wir bieten Ihnen:
- ein Wohnambiente im Tiroler Stil
- liebevolle Zimmer & Suiten mit Aussicht, allem Komfort und Balkon
- das „Kaiser-Gourmet", ein variantenreiches, köstliches Buffet
- sowie die Herzlichkeit der Mitarbeiter des Kaiserteams

Wellness- und Beauty-Angebote:
Ozon-Hallenbad mit Gegenstromanlage und Massagedüsen, Panorama-Wintergarten mit Ruheliegen, Finnische Sauna mit Lichttherapie, Kräuter-Biosauna, Soledampfbad, Erlebnisduschen, Felsen-Frischluftraum, Solarium, Aromatherapie, Kosmetikanwendungen und Massagen.

Hotel „Meerlust" an der Ostsee

Sie finden unser Hotel ...
direkt am Meer, im Ostseebad Zingst, mitten im Naturschutzgebiet mit urwüchsigen Wäldern, weiten Wiesen und endlosen Wasserflächen für vielfältige Sport- und Naturerlebnisse. Ein eigener Deichaufgang führt zum kilometerlangen Sandstrand.

Wellness-Angebote:
Hallenbad mit salzhaltigem Wasser, Dampfbad, finnische Sauna, Bio-Sauna, Frischluftbad, Fitnessbereich mit diversen Sportgeräten und aktiven Sportangeboten, Anti-Stress-Massagen, Fußreflexzonenmassage und Lymphdrainage, Shiatsu, Reiki, Wassergymnastik und Strand-Walking, geführte Wanderungen und Radtouren.

Leichte, frische und gesunde Küche, Diätküche, Vollwert- und Naturküche, Nichtraucherzimmer und allergikerfreundliche Zimmer.

Beauty-Angebote:
Kosmetikstudio, Gesichtsbehandlungen, Ganzkörperbehandlungen

LEKTION 9

zu Seite 136, 4

8 Lexikon → WORTSCHATZ
Ordnen Sie die Begriffe den Definitionen zu.

Homöopathie	Hier werden duftende Öle im Rahmen von ganzheitlichen Kosmetik- und Gesundheits-Behandlungen eingesetzt. Je nach Pflanze, aus der das Öl gewonnen wird, unterscheiden sich die Wirkungsweisen.
Bachblüten	Chinesisches Heilverfahren, bei dem bestimmte Hautabschnitte mit Metallnadeln punktiert werden. Im Rahmen der traditionellen chinesischen Medizin auch bei uns anerkannt. Wird zunehmend auch von Schulmedizinern und Homöopathen angeboten.
Reflexzonenmassage	Dr. Samuel Hahnemann prägte 1796 den Begriff für das Heilverfahren, das er mit dem Kernsatz: „Ähnliches wird mit Ähnlichem geheilt", definierte. Eine Krankheit wird geheilt, indem man ein Mittel nimmt, das bei einem gesunden Menschen die gleichen Krankheitssymptome erzeugt.
Akupunktur	Hat nichts mit Pflanzen aus der Bachflora zu tun! Der englische Mediziner Edward Bach hat die Heilkraft von Pflanzen neu entdeckt und daraus eine Behandlungsmethode entwickelt, die mittlerweile weltweit angewandt wird.
Aromatherapie	Spezielle Massage unter Berücksichtigung der Akupunkturpunkte sowie der Grundlagen fernöstlicher Medizinkenntnisse zur Entspannung, Vorbeugung und Heilung bestimmter Erkrankungen und Organe.

zu Seite 139, 5

9 Textzusammenfassung → LESEN/WORTSCHATZ
Ergänzen Sie am rechten Textrand die fehlenden Wörter.

In der heutigen Zeit gibt es zahlreiche Situationen, die Stress   (1) *verursachen*
Jeder von uns kennt das Gefühl, den Anforderungen des Alltags manchmal   (2) ....
gewachsen zu sein und somit „gestresst" zu sein. Wissenschaftler und Psychologen (3) ....
dabei grundsätzlich zwischen negativem und positivem Stress. Negativer Stress   (4) ....
akut, mittelfristig oder sogar langfristig sein. Letzterer ist besonders gefährlich, (5) ....
er oft ein unbemerkter Dauerzustand ist, der Krankheiten, wie zum   (6) ....
erhöhten Blutdruck zur Folge haben kann. Man sollte frühzeitig auf Warnsignale   (7) ....
häufige Erschöpfung, Angst oder Unkonzentriertheit achten. Auf der anderen   (8) ....
schadet uns der positive, sogenannte „Eustress" überhaupt nicht, nein, er ist sogar (9) ....
für ein zufriedenes Leben. Sei es am Arbeitsplatz oder in der Freizeit – in   (10) ....
Lebensbereichen erfahren wir gelegentlich Stress. Doch ohne ihn sind   (11) ....
nicht glücklich. Am besten sollte man versuchen, negativen Stress   (12) ....
und in eine positive Form umzuwandeln.

LEKTION 9

zu Seite 139, 6

10 Wozu braucht man/soll man ...? → **GRAMMATIK**
Antworten Sie in Sätzen mit *um ... zu* oder *damit* oder *zu + Dat.* bzw. *für + Akk.*

> ... Vitamine? *Man braucht Vitamine, um gesund zu bleiben.*
> *... zur Stärkung des Immunsystems.*
>
> ... ein Fitnesscenter?
> ... Urlaubsreisen?
> ... sich gesund ernähren? *Man soll sich gesund ernähren, ...*

zu Seite 139, 6

11 Nebensätze und nominale Wendungen → **GRAMMATIK**
Formen Sie die Sätze um.

a Um korrekt atmen zu lernen, sollte man bestimmte Übungen machen.
Zum Erlernen einer korrekten Atmung sollte man bestimmte Übungen machen.

b Zur Vermeidung von zu viel Stress sollte man Musik hören oder spazieren gehen.

c Für einen gesunden und schönen Körper muss man aktiv etwas tun.

d Um seine physische Leistungskraft zu steigern, muss man regelmäßig Sport treiben.

e Zur Vorbeugung gegen Krankheiten ist es empfehlenswert, sich ausgewogen zu ernähren.

zu Seite 139, 6

12 *für* oder *zu*? → **GRAMMATIK**
Setzen Sie *für* oder *zu* – eventuell mit Artikel – ein.

a Wir treffen uns mit Freunden .... Wandern.

b .... geplante Wanderung haben wir ausreichend Proviant eingepackt.

c Susanne sucht Partner .... Kartenspielen. .... ihr Lieblingsspiel „Schafkopf" braucht man vier Personen.

d .... manche Volkstänze tragen die Mitglieder des Kulturvereins eine spezielle Tracht. Sie kommen zweimal im Monat .... Tanzen zusammen.

e .... Finanzierung eines Luxusurlaubs sparen manche Leute oft jahrelang. Auch teure Hobbys können ein Problem .... Privatfinanzen sein.

LEKTION 9

zu Seite 139, 6

13 Wie kann man ...? → GRAMMATIK
Antworten Sie mit verschiedenen grammatischen Strukturen.

Frage	Antwort
a ein besseres Körpergefühl bekommen?	Indem man sich regelmäßig bewegt. Dadurch, dass man anfängt zu tanzen. Durch gezielte Übungen.
b ein paar Kilo abnehmen?	
c nervende Gesprächspartner loswerden?	
d andere Menschen glücklich machen?	
e ein ausgeglichener Mensch werden?	
f Partner für sportliche Aktivitäten finden?	

zu Seite 139, 6

14 Konnektoren und Präpositionen → GRAMMATIK
Verbinden Sie jeweils zwei Sätze mit den Wörtern in Klammern.

a Ein Teil der Bevölkerung lebt heutzutage sehr gesundheitsbewusst. Die Menschen wollen nicht mehr unsportlich sein und sich falsch ernähren. *(anstatt...zu)*

Anstatt unsportlich zu sein und sich falsch zu ernähren, lebt ein Teil der Bevölkerung heutzutage sehr gesundheitsbewusst.

b Wir müssen nicht mehr so lange arbeiten wie die Menschen früher. Wir sind häufig durch die Arbeit gestresst. *(obwohl, trotzdem)*

c Manche Menschen sind im Urlaub gerne faul und lassen sich verwöhnen. Andere suchen extreme Abenteuer. *(während)*

d Herr Meuer sollte sofort mit dem Rauchen aufhören. Er raucht immer mehr. *(anstatt ...zu)*

e Karla bereitet sich auf ihr Tennismatch vor. Sie trainiert täglich 2 bis 3 Stunden. *(indem)*

f Benni hat das Rauchen aufgegeben. Jetzt isst er ständig Gummibärchen. *(stattdessen)*

g Das Fitnessstudio ist für Amelie zu teuer. Sie geht regelmässig joggen. *(stattdessen)*

LEKTION 9

zu Seite 139, 6

15 Offene Sätze → GRAMMATIK
Ergänzen Sie den zweiten Satzteil.

a Ich esse (manchmal/nie) Fastfood, *obwohl,* ...
b *Anstatt* mir eine Pause *zu* gönnen, ...
c *Während* meine Mutter traditionelle österreichische Küche liebt, ...
d Man kann sich einen freien Tag angenehm gestalten, *indem* ...
e Frau Sembach kauft nur in teuren Bioläden ein, *ohne* ... *(zu)*

zu Seite 141, 3

16 Notizen machen → LERNTECHNIK
Machen Sie Notizen zu einem Referat, das ein anderer Kursteilnehmer/ eine andere Kursteilnehmerin über das Thema „Sport treiben und Sportvereine" mündlich vorträgt. Schreiben Sie wichtige Inhaltspunkte und Argumente mit.

- Sportart
- Partner
- Bedeutung hat Sport in seiner/ihrer Gesellschaft
- Funktion des Sportvereins
- Andere Organisationen in seinem/ihrem Heimatland

Geben Sie nun eine ausführliche Rückmeldung. Sagen Sie dabei, welche Informationen für Sie besonders interessant, neu oder überraschend waren. Stellen Sie am Ende noch Fragen ein bis zwei Fragen an die Referentin/den Referenten.

> *Du hast berichtet, dass ...*
> *Das fand ich sehr interessant. Bei uns ist das nämlich ...*
> *Wie ist es denn bei euch mit ...*

zu Seite 141, 3

17 Textlücken erschließen → LERNTECHNIK
Es kommt vor, dass man nicht jedes Wort eines gesprochenen Textes genau gehört hat. Man muss dann versuchen, die „fehlenden" Wörter logisch zu erschließen. Das gelingt, wenn man den Kontext erkennt, d.h. wenn man sich den Inhalt der vorangehenden bzw. nachfolgenden Informationen klar macht.
Ergänzen Sie die Lücken in den folgenden Sätzen.

a Der wochenlange Regen und der graue Himmel! Langsam bekomme ich wirklich schlechte ....!
b Sabine war immer sehr fleißig in der Schule; deshalb hat sie auch nur gute ....
c Würdest du mir bitte mal helfen, die schwere Kiste in den fünften Stock zu .... .Es gibt hier leider keinen ....
d Ich leihe dir das Buch gerne, aber ich bitte dich, es mir in drei Wochen ....

LEKTION 9

zu Seite 141, 4

18 Bewegung als Heilmittel → **LESEN**
Lesen Sie den Text unten. Sind folgende Textaussagen richtig (= r) oder falsch (= f)? Kreuzen Sie an.

		r	f
a	Ein herzkranker Mann brachte sich durch zu viel Sport selbst um.	☐	☐
b	Sportliche Betätigung hilft, seelische und körperliche Leiden zu heilen.	☐	☐
c	Bei manchen verstärkten sich allerdings durch intensiven Sport die Schmerzen.	☐	☐
d	Menschen, die unter krankhaften Ängsten litten, erhielten entweder Medikamente oder mussten 3–4 Mal pro Woche joggen, was beides zu einem positiven Ergebnis führte.	☐	☐
e	Bei der Behandlung von Depression hat Sport eine weniger positive Wirkung gezeigt.	☐	☐

Bewegung als Heilmittel

Ein aufgrund seiner Herzkrankheit tief verzweifelter Mann wollte sich umbringen, schreckte aber wegen seiner Familie davor zurück. Er verfiel auf die Idee, so viel Sport zu treiben, bis sein krankes Herz versagen würde. Zu seiner Überraschung überlebte er diesen Suizidversuch nicht nur – es ging ihm zunehmend besser.

Können körperliche Aktivitäten wirklich psychische Probleme kurieren, wie es die Fallgeschichte eines Sportmediziners nahe legt? Viele Forscherbefunde internationaler Studien belegen tatsächlich, dass Sport bei psychischen Erkrankungen hilft. Beispielsweise empfehlen zwei kanadische Mediziner nach der Analyse zahlreicher Studien körperliche Betätigung als „effektive und preisgünstige Behandlungsstrategie" bei praktisch allen psychischen und psychosomatischen Krankheiten.

Die bisher eindrucksvollsten Belege für die heilende Kraft des Sports liegen für Depressionen vor. „Bei milden bis mittelstarken Depressionen hat sich körperliches Training in keiner kontrollierten Studie als wirkungslos erwiesen", resümieren die beiden Ärzte, „egal ob als Hauptbehandlung oder als begleitende Maßnahme." Beim „Berliner Sporttherapieprogramm" beispielsweise ließ man depressive Patienten ein Vierteljahr lang Sport treiben – zwei- bis dreimal wöchentlich joggen, Gymnastik oder Mannschaftssport. Danach zeigte sich fast jeder zweite Depressive ganz im Gegensatz zu den Mitgliedern einer nichtsportlichen Kontrollgruppe beschwerdefrei – der Zustand eines weiteren Viertels hatte sich deutlich gebessert.

Untersuchungen zeigen zudem, dass Sport auch gegen Ängste hilft. So behandelten Mediziner der Psychiatrischen Universitätsklinik in Göttingen Patienten mit mittelschweren oder schweren Panikstörungen entweder zehn Wochen lang mit Medikamenten oder einem alle zwei Tage stattfindenden Lauftraining von bis zu einer Stunde Dauer – beide therapeutischen Maßnahmen besserten die Angstzustände.

Klinische Erfahrungen zeigen schon länger, dass sich Sport auch bei Therapieprogrammen für Schmerzpatienten bewährt hat. Wie britische Mediziner herausfanden, wirkt Sport sogar als alleiniges Therapeutikum gegen Rückenschmerzen: Noch ein Jahr später litten die zum Sport Eingeteilten weniger unter Schmerzen und hatten in den zwölf Monaten deutlich weniger bei der Arbeit gefehlt als die Untätigen.

zu Seite 141, 4

19 Wortfelder erarbeiten → **LERNTECHNIK**
Suchen Sie passende Oberbegriffe oder Unterbegriffe aus dem Text.

Oberbegriff	körperliche Beschwerden	...	...
Unterbegriffe	...	*Suizidversuch Depressionen* ...	*Gymnastik Lauftraining Medikamente*

LEKTION 9 – Aussprachetraining

die Verbindungen ng-nk

1 Volksweisheit
Welche Wörter fehlen hier wohl? Hören und ergänzen Sie.

Vögel, die nicht ....,
Glocken, die nicht ....,
Pferde, die nicht ....,
Pistolen, die nicht krachen,
Kinder, die nicht ....,
was sind das für Sachen?

2 Durch die Nase! – *ng* und *nk*
Hören Sie den Unterschied und sprechen Sie nach!

singen	–	sinken
lang	–	schlank
Kranke	–	Stange
Enkel	–	Mängel
Zangen	–	zanken
Unken	–	Zungen

3 Markieren Sie. Welches Wort haben Sie gehört?

Bank	–	Bang
schlanke	–	Schlange
sang	–	sank
Enkel	–	Engel
zanken	–	Zangen
bedankt	–	belangt

4 Nomen auf *–ung*.
Ergänzen Sie den Plural und sprechen Sie.

- Behandl-
- Belast-
- Leist-
- Bind-
- Voraussetz-
- Spann-

5 Diktat
Diktieren Sie Ihrer Nachbarin/Ihrem Nachbarn Teil **a** oder Teil **b** der Übung.

a Marias Enkel sehen auf den Fotos aus wie kleine Engel.
Die schlanke Angela hat mich angelacht!
Lange Zeit dachten wir, die Banken bieten die besten Geldanlagen.

b Die Trapezkünstlerin schwankte mit ihrer langen Stange am Hochseil entlang.
Mir wurde dabei ganz Angst und Bange!
Man unkt von allen Seiten, dass Martin seine Zunge gepierct habe!

LEKTION 9

Lernkontrolle: Was haben Sie in dieser Lektion gelernt?
Kreuzen Sie an.

Ich kann ...

Lesen
- ☐ ... Vermutungen über Fotos und Sachtexte zur Thematik *Ernährung* anstellen und diese durch die Lektüre des Textes überprüfen.
- ☐ ... den Sachtexten wichtige Informationen entnehmen.
- ☐ ... bestimmte Inhaltspunkte in einer Reportage wiederfinden und mit ihrer Hilfe den Inhalt des Textes zusammenfassen.

Hören
- ☐ ... die angesprochenen Hauptaspekte in einem Rundfunkinterview zum Thema *Wellness* rekonstruieren.
- ☐ ... komplexe Informationen sowie wichtige Einzelheiten dieses Interviews wiedergeben.

Schreiben – Produktion
- ☐ ... Informationen aus einer Grafik zum Thema *sportliche Aktivitäten* schriftlich zusammenfassen.
- ☐ ... in einem Referat die Bedeutung von Sport und Sportvereinen in Deutschland und meinem Heimatland vergleichen.
- ☐ ... meine Meinung dazu zum Ausdruck bringen.

Sprechen – Interaktion
- ☐ ... mich im Gespräch über meine Vorlieben bezüglich eines gesunden Lebensstils austauschen.
- ☐ ... mich mit meinen Gesprächspartnern im Kurs über Lernziele und Schwierigkeiten im mündlichen Ausdruck austauschen.

Sprechen – Produktion
- ☐ ... ein Bild genau beschreiben und interpretieren.
- ☐ ... einen Lesetext mündlich zusammenfassen.
- ☐ ... meine Defizite im mündlichen Ausdruck anhand einer Tonaufnahme erkennen und diese Defizite bearbeiten.

Wortschatz
- ☐ ... allgemein verständliche Fachausdrücke zur Beschreibung von *gesunder* und *ungesunder Ernährung* verwenden.
- ☐ ... Elemente für eine gesunde Lebensführung präzise beschreiben.

Grammatik
- ☐ ... komplexe Sätze mit finalen, adversativen, konzessiven und modalen Konnektoren und Präpositionen bilden.
- ☐ ... durch die Verwendung von Konnektoren längere komplexe Texte erstellen.

Sprechen Sie mit Ihrer Kursleiterin/Ihrem Kursleiter über Tipps zum Weiterlernen.

LEKTION 10 – *Lernwortschatz*

Verben

abrechnen
abschaffen
eilen
einbauen
einbiegen
einsetzen
sich erhöhen
gleiten
hüpfen
klettern
krabbeln
liefern
nachrüsten
orten
rudern
rutschen
schlendern
segeln
senken um + *Akk.*
sich vermehren
sinken von + *Dat.* um/auf + *Akk.*
stagnieren
steigen von + *Dat.* um/auf + *Akk.*
steigern von + *Dat.* um/auf + *Akk.*
übertreffen
(sich) verdoppeln
versinken
(sich) verzögern
wahrnehmen
zunehmen von + *Dat.* um/auf + *Akk.*

Nomen

der Abnehmer, -
der Absatz, ¨-e
der Anfahrtsweg, -e
der Anstieg
der Antrieb
der Aufschwung, ¨-e
die Ausstattung, -en
der Beifahrer, -
die Beifahrerin, -nen
die Beruhigung
das Blech, -e
der Einbruch, ¨-e
die Einbuße, -n
der Einzelhandel
die Entfremdung
das Exemplar, -e
die Fernbeziehung, -en
die Flaute, -n
die Fortbewegung
der Führerschein, -e
die Funktionsweise, -n
die Geschwindigkeit, -en
das Gewissen
der Gütertransport, -e
der Hersteller, -
der Individualverkehr
der Käfer, -
das Kickboard, -s (der Roller, -)
der Kofferraum, ¨-e
der Massenverkehr
der Mittelklassewagen, -
die Mobilität
die Nachfrage, -n
der Naturschutz
das Navigationssystem, -e
der Pendler, -/die Pendlerin, -nen
die Reichweite, -n
das Schaubild, -er
die Schwebebahn, -en
die Spur, -en
der Traktor, -en
das Transportmittel, -
der Umsatz, ¨-e
die Umwelt
der Van, -s
der Verbrauch
der Verbraucher, -
das Wachstum
der Warenaustausch
die Wartung
der Weltraum
der Zuwachs

Adjektive/Adverbien

beliebt
digital
gehoben
gespalten
hervorragend
innerdeutsch
mobil
nachträglich
preisgünstig
raffiniert
überflüssig
unendlich

Ausdrücke

Aufmerksamkeit erregen
einen Fuß vor den anderen setzen
einen Rekord einstellen
in Sicht sein
Schaden anrichten
über den eigenen Schatten springen
zu etwas Stellung nehmen

---

1 **Wortfelder** *Mobilität, Wirtschaft* → **WORTSCHATZ**

Ordnen Sie die Verben und Nomen zu:

Mobilität		Wirtschaft	
Verben	Nomen	Verben	Nomen
einbiegen		*abrechnen*	
	der Antrieb		*der Abnehmer*

Zu welchen Verben finden Sie ein passendes Nomen (z.B.: *der Antrieb – antreiben*)?
Zu welchem Nomen ein passendes Verb (*abrechnen – die Abrechnung*)?

LEKTION 10

zu Seite 145, 9

2 Passiv → GRAMMATIK
Formulieren Sie folgende Sätze ins Passiv um.

a) Eine bekannte Firma bietet jetzt ein ganz besonderes Auto an.

a) *Von einer bekannten Firma wird jetzt ein ganz besonderes Auto angeboten.*

b) Den neuen Typ produziert man bereits serienmäßig.
c) Er kann verschiedene Funktionen gleichzeitig ausführen.
d) Während der Bordcomputer den Fahrer über einen Lautsprecher zum Ziel bringt, serviert der eingebaute Roboter einen alkoholfreien Cocktail.
e) Außerdem zeigt man den Insassen auf Wunsch jeden beliebigen Film.
f) Diese Extraleistungen muss man allerdings noch sehr teuer bezahlen.
g) Alles in allem liefert man die Luxuslimousine für über 50 000 Euro aus.

zu Seite 145, 9

3 Passivformen → GRAMMATIK
Welche der Formen in der rechten Spalte braucht man, um einen korrekten Passivsatz zu bilden? Streichen Sie alle nicht passenden Formen.

Der VW-Käfer – ein Dauerbrenner!

a)	Der VW-Käfer ist weltweit bekannt und viele Menschen wissen sogar, dass dieses Modell von Ferdinand Porsche	~~entwickeln~~ entwickelt ~~zu entwickelt~~	worden ~~werden~~ ~~geworden~~	ist. ~~wäre.~~ ~~zu sein.~~
b)	Sogar die Bezeichnung *Käfer*, eine Anspielung auf das käferförmige Aussehen des Wagens, ist in viele Sprachen	übersetzt übersetzen übergesetzt	wurde. geworden. worden.	
c)	Dieses Auto war so beliebt, dass Ende der 60er Jahre jährlich circa 1 000 000 Exemplare	verkauft zu verkaufen verkaufen	worden werden geworden	sein. war. konnten.
d)	Doch Ende der 70er Jahre musste die Produktion in Europa	einzustellen einstellen eingestellt	werden. wurden. worden.	
e)	Über 30 Jahre lang ist der „alte" VW-Käfer noch in Mexiko	herzustellen hergestellt	geworden. worden.	
f)	Weil die Technik des Käfers inzwischen veraltet war, hat man ein neues Modell, den so genannten „Beetle" entwickelt, der seit 1998	anbieten angeboten	worden werden wird.	ist. soll.
g)	VW gab bekannt, dass über die Hälfe der jährlich produzierten Exemplare in den USA	abzusetzen absetzen abgesetzt	worden. werden. wurden.	

LEKTION 10

zu Seite 145, 9

4 Vorgangs- oder Zustandspassiv? → GRAMMATIK
Setzen Sie die passenden Formen der Verben *werden* oder *sein* ein.

a Seit wann ...*ist*... der Wagen eigentlich repariert? Ich wusste gar nicht, dass er in die Werkstatt gebracht ...*worden ist*....

b Das ist heute Morgen gemacht .... Weißt du, dass auch der linke Scheinwerfer eingedrückt war? Der musste ausgetauscht .... Der Spaß kostet uns 300 €!

c .... die Rechnung schon bezahlt oder muss das Geld noch überwiesen ....?

d Das .... natürlich alles schon erledigt. Der Wagen .... erst übergeben, wenn das Finanzielle geregelt ....

e Vielleicht sollten wir unseren Wagen jetzt verkaufen! An welchem Wochentag .... denn Autos in der Zeitung inseriert?

f Ich glaube mittwochs und samstags. Jetzt ist Dienstagnachmittag. Da .... die Anzeigenannahme für morgen schon geschlossen. Aber am Wochenende .... die Zeitung sowieso von mehr Leuten gelesen.

zu Seite 145, 9

5 Aus Aktiv- werden Passivsätze → GRAMMATIK
Ersetzen Sie die fett gedruckten Ausdrücke durch ein Zustandspassiv.

< ausrüsten – verkaufen – herabsetzen – verarbeiten – planen – einbauen

a Die Preise für den neuen Autotyp **sind** deutlich **niedriger**.
Die Preise für das neue Modell sind deutlich herabgesetzt.
b Einige Modelle **haben** schon einen elektronischen Beifahrer.
c Außerdem hat man bei der Innenausstattung **auf eine bessere Verarbeitung geachtet**.
d Bei allen Modellen **gibt es** eine Diebstahlsicherung.
e Die ersten 10 000 Stück **sind** schon **weg**.
f In den nächsten Jahren **will** der Konzern ein Öko-Auto **entwickeln**.

zu Seite 146, 2

6 Individualverkehr → WORTSCHATZ
Ordnen Sie den abgebildeten Verkehrsmitteln folgende Begriffe zu.
Manche passen auch zu beiden.

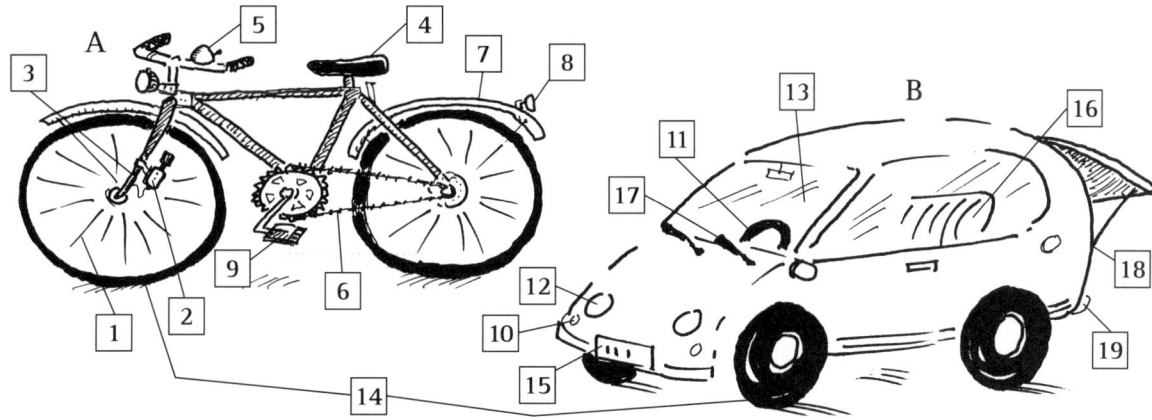

a die Klingel **f** der Sattel **k** das Lenkrad **p** der Scheinwerfer
b der Scheibenwischer **g** die Gabel **l** die Kette **q** das Nummernschild
c der Kofferraum **h** die Pedale **m** die Windschutzscheibe **r** der Rücksitz
d das Schutzblech **i** die Stoßstange **n** der Vorderreifen **s** die Speiche
e der Dynamo **j** der Blinker **o** das Rücklicht

LEKTION 10

zu Seite 146, 2

7 Ein Fahrzeug benutzen → **WORTSCHATZ**

a Ordnen Sie die folgenden Tätigkeiten den vier „Fahrzeugen" zu. Achten Sie auch auf die richtige Reihenfolge: Was müssen Sie zuerst tun, um das „Fahrzeug" zu benutzen, was dann?

Tätigkeiten: den ersten Gang einlegen – bremsen – aufsteigen – sich anschnallen – in die Pedale treten – schalten – einsteigen – in den Rückspiegel schauen – den Ständer einklappen – Handschuhe anziehen – den Zündschlüssel umdrehen – die Kupplung langsam kommen lassen – die Schuhe anziehen – Knieschoner anlegen – die Kupplung treten – Gas geben – die Schnallen einstellen – einen Helm aufsetzen – den Blinker betätigen – einen ebenen Weg aussuchen – in höhere Gänge schalten – das Schloss öffnen und abnehmen – das Gleichgewicht halten – gleichmäßige Schritte machen – Hindernisse umfahren

Fahrrad	Auto	Motorrad	Rollschuhe
	einsteigen		*die Schuhe anziehen*

b Erklären Sie mit Hilfe der Stichwörter, wie Sie eins der „Fahrzeuge" benutzen. Beginnen Sie so:
Wenn ich Fahrrad fahren will, muss ich zunächst … Anschließend …

zu Seite 148, 5

8 Alternative Formen zum Passiv → **GRAMMATIK**
Setzen Sie folgende Sätze ins Passiv und in die möglichen alternativen Formen.

Beispiel:
Man kann den Spareffekt am Benzinverbrauch ablesen.
Der Spareffekt kann am Benzinverbrauch abgelesen werden.
Der Spareffekt lässt sich am Benzinverbrauch ablesen.
Der Spareffekt ist am Benzinverbrauch abzulesen.
Der Spareffekt ist am Benzinverbrauch ablesbar.

a Einige neue Entwicklungen kann man kaum bezahlen.
b Die Vielzahl der Produkte kann man nicht überschauen.
c Manche Erfindungen kann man nicht realisieren.
d Viele neue Modelle kann man besonders gut im Ausland verkaufen.

zu Seite 148, 5

9 Wortbildung: Adjektiv mit *-lich* oder *-bar*? → **WORTSCHATZ**
Finden Sie das passende Adjektiv.

a Zucker kann in Wasser gelöst werden. *Zucker ist in Wasser löslich.*
b Das Verschwinden der Papiere lässt sich nicht erklären.
c Die Regel kann man nicht auf alles anwenden.
d Sein Verhalten ist nicht zu verzeihen.
e Der Pullover kann in der Maschine gewaschen werden.
f Die Hitze in diesem Raum kann man nicht ertragen.
g Dieser Stift kann nicht nachgefüllt werden.
h Kann man den Text an der Tafel auch in der letzten Reihe sehen?
i Die Mathematikaufgabe ist nicht zu lösen.
j Jeder Mensch kann ersetzt werden.

LEKTION 10

zu Seite 148, 5

10 *müssen* oder *können*? → **GRAMMATIK**
Formen Sie die Konstruktionen mit *sein zu* + Infinitiv in Passivkonstruktionen um. Heißt es dabei *kann gemacht werden* oder *muss gemacht werden*? Entscheiden Sie aufgrund des Kontextes.

Beispiele: Die Aufgabe ist nicht zu lösen.
Die Aufgabe kann nicht gelöst werden.
Die Hausaufgabe ist bis Montag zu machen.
Die Hausaufgabe muss bis Montag gemacht werden.

a Der Antrag ist vollständig auszufüllen. Sonst erhält man keine Unterstützung.
b Die Führerscheinprüfung ist leicht zu bestehen.
c Die Verkehrsregeln sind genau zu beachten.
d Das Obst ist schnellstens zu essen. Sonst verdirbt es.
e Die Mikrowelle ist recht praktisch, denn darin ist das Essen schnell aufzuwärmen.
f Dafür sind allerdings nur Teller ohne Metallrand zu verwenden.

zu Seite 149, 2

11 Statistik → **WORTSCHATZ**
Setzen Sie passende Verben ein.

(an)steigen – abnehmen – senken – steigern – zurückgehen – erhöhen – reduzieren

a Im vergangenen Jahr hatte das Unternehmen große Verluste. Die Zahl der verkauften Computer .... um 10 000 Stück auf 120 000 ....
b Daraufhin beschloss die Unternehmensführung, die Produktion für dieses Jahr um 5% zu ....
c Die Konkurrenz dagegen hatte ein Verkaufsplus von 8% zu verzeichnen. Wahrscheinlich wird sie auch in diesem Jahr die Verkaufszahlen weiter ....
d Wenn der Umsatz einer Firma sprungartig (+) .... oder (-) ...., sollte man nicht gleich die Zahl der Mitarbeiter .... bzw. ....

zu Seite 149, 2

12 Wortbildung: Nomen aus Verben → **WORTSCHATZ**
Welche Nomen kann man aus den Verben bilden?
Manchmal gibt es zwei oder drei Möglichkeiten.

produzieren	*die Produktion, der Produzent, das Produkt*
ergeben	
abnehmen	
verkaufen	
steigern	
herstellen	
anbieten	
nachfragen	
wachsen	
entwickeln	
bestellen	
einbrechen	

LEKTION 10

13 Lola rennt → **LESEN**

LOLA RENNT
Videotipp

DEUTSCHLAND 1998

EIN FILM VON TOM TYKWER, 79 MINUTEN

a) Inhalt

Ordnen Sie den Satzteilen in der linken Spalte die passenden Satzteile rechts zu, so dass sich ein zusammenhängender Text ergibt.

1 Lola will ihren Freund Manni,	sonst ist er erledigt. In Panik ruft er Lola an.
2 Manni hat eine Plastiktüte mit 100.000 Mark aus den Autogeschäften in der U-Bahn liegen lassen,	Ersatz für das verlorene Geld aufzutreiben und rechtzeitig bei ihm zu sein. Sie stürzt los – durch die Straßen Berlins ...
3 In 20 Minuten muss Manni das Geld bei seinem Boss abliefern,	der für eine Autodealerbande arbeitet, aus einer verzweifelten Lage retten.
4 Lola verspricht ihm,	als er vor Fahrscheinkontrolleuren Reißaus nahm. Ein Penner griff sich die Tüte und verschwand.

b) Filmkritik

Wie bewerten Filmkritiker folgende Aspekte?

Aspekt	eher positiv	eher negativ
Handlung/Bedeutung		
Hauptdarsteller		
Tempo		
Filmmusik		

1 Mit einem aktuellen Soundtrack, einer aufregend ungewöhnlichen Visualität und dem Tempo der Großstadt feiert „Lola rennt" den Triumph einer Liebe, die das atemberaubende Lebensgefühl der spätneunziger Jahre widerspiegelt.

2 Unter Einsatz unterschiedlichster formaler Mittel erzeugt der Regisseur überaus geschickt einen stakkatoartigen Rhythmus, der den Zuschauer mitreißt.

3 Die Ansätze zu einer Vertiefung des brillanten visuellen Feuerwerks in Richtung Reflexion über Zeit und Zufall überzeugen nicht völlig, da die Geschichte in ihren Dimensionen eng begrenzt und zu wenig übertragbar ist. Bei so viel Ballast geht dem Film schnell die Luft aus.

4 Richtig fit sind nur die Hauptdarsteller Moritz Bleibtreu und die dauerhafte Franka Potente. Irrwitziger und einfallsreicher Genremix mit einer herausragenden Hauptdarstellerin.

LEKTION 10

zu Seite 150, 2

14 Informationen zum Beratungsgespräch → SPRECHEN

Wie funktioniert STATTAUTO?

STATTAUTO ist eine Carsharing-Organisation, die einen Fuhrpark (Miniklasse, Kleinwagen, Kombifahrzeuge, Kleinbusse) für ihre Mitglieder unterhält. STATTAUTO organisiert die Fahrzeugverteilung an verschiedenen Stationen im Stadtgebiet und ist zuständig für Wartung, Pflege und Reparatur der Fahrzeuge.

STATTAUTO-Mitglieder können jederzeit per Telefon oder per Internet einen Wagen buchen. Nach unserer bisherigen Erfahrung steht in über 90% aller Fälle ein Auto zur Verfügung.

Zu Fahrtbeginn entnehmen die Mitglieder den Autoschlüssel dem Fahrzeugschlüsseltresor, der sich an jeder Station befindet. Getankt wird bargeldlos mit einer Tankkarte auf Kosten von STATTAUTO. Am Fahrtende wird das Auto zur Station zurückgebracht und ein kurzer Fahrtbericht ausgefüllt, auf dessen Grundlage abgerechnet wird.

STATTAUTO-Mitglieder können auch Fahrzeuge von Carsharing-Organisationen aus circa 300 anderen Städten in Deutschland und aus circa 300 in einigen anderen europäischen Ländern buchen.

So viel kostet das eigene AUTO

Der Kostenvergleich zwischen STATTAUTO und einem Privatauto ist interessant. Die Nutzungskosten liegen für STATTAUTO-Mitglieder bei circa € 0,28 pro Kilometer (inklusive Benzin, Steuern, Versicherung etc.) für einen Kleinwagen. Wer auf ähnlich günstige Kosten für sein Privatauto kommen will, muss mindestens 15 000 km im Jahr mit dem Auto fahren. Wenn man z.B. für einen Opel Corsa alle Fixkosten und variablen Kosten berechnet, kommt man auf folgende Kosten pro Kilometer Autofahrt:

km/Jahr	5.000	10.000	15.000	20.000
€/km	0,74	0,43	0,33	0,28

STATTAUTO rentiert sich also schon aus Kostengründen insbesondere für „Wenigfahrer", aber auch für Autofahrer mit durchschnittlicher Jahreskilometerleistung (12 000 km).

So viel kostet STATTAUTO

Wer bei STATTAUTO Mitglied werden will, zahlt eine Kaution von € 500,- (wird bei Austritt zurückgezahlt), eine Aufnahmegebühr von € 50,- und einen monatlichen Beitrag von € 7,-. Die Nutzungskosten bei STATTAUTO berechnen sich aus den Kosten für die gebuchte Zeit (Zeittarif) und den Kosten für die gefahrenen Kilometer (km-Tarif). Hier z.B. die Kosten für einen Kleinwagen (inklusive Benzin, Steuern, Versicherung, etc.)

Jede angefangene Stunde	8–24 Uhr	€ 2,-
	0–8 Uhr	gratis
Tagespauschale (24 Std.)		€ 20,-
Wochenpauschale		€ 120,-

Zusätzlich für jeden Kilometer € 0,20

STATTAUTO-Fahrzeuge können stunden-, tage- oder wochenweise gebucht werden. Hier einige Beispiele:

Fahrstrecke	Zeittarif	km-Tarif	Summe
München-Eching (3 Std./50 km)	€ 6,-	€ 10,-	€ 16,-
München-Innsbruck (2 Tage/250 km)	€ 40,-	€ 50,-	€ 90,-
München-Osttirol (1 Woche/600 km)	€ 120,-	€ 120,-	€ 240,-

Die Vorteile von STATTAUTO

- Die Mitglieder genießen die Vorteile eines Autos, ohne eines besitzen zu müssen und ohne einen Verlust an Mobilität zu verspüren.

- STATTAUTO-Mitglieder fahren kostengünstiger. Die finanziellen Belastungen sind kalkulierbar. Um Wartung, Reparatur, Versicherung usw. der Fahrzeuge brauchen Sie sich nicht mehr zu kümmern.

- Es stehen verschiedene Fahrzeugtypen zur Auswahl.

- Eine STATTAUTO-Mitgliedschaft fördert umweltbewussteres Verhalten. STATTAUTO-Mitglieder bevorzugen öffentliche Verkehrsmittel, fahren mit dem Fahrrad oder gehen zu Fuß. Sie fahren dann Auto, wenn es notwendig oder zweckmäßig ist.

LEKTION 10

zu Seite 151, 3

15 Verben der Fortbewegung → GRAMMATIK
Setzen Sie die Verben in den Text ein.

> rasen – hüpfen – klettern – rennen – ausrutschen – schlendern – schweben – einen Fuß vor den anderen setzen – kriechen – gleiten

a Wenn jemand vor Glück alles um sich herum vergisst, sagt man: Der _schwebt_ im siebten Himmel.

b Elsa hat sich beim Tennisspielen am linken Fuß verletzt. Jetzt kann sie nicht mehr auftreten und muss auf dem rechten Bein ....

c Als das Tauwetter anfing und der Regen auf der Straße fror, sind alle furchtbar ....

d Einige hatten Angst davor hinzufallen und .... auf allen vieren auf dem Boden.

e Hier ist keine Öffnung im Zaun, wir können nur hinüber- ....

f Das Geschäft schließt in fünf Minuten. Wenn du noch was einkaufen willst, musst du aber ....

g Wir .... ganz gemütlich durch die Innenstadt, als plötzlich ein Polizeiwagen mit Blaulicht auf uns zu ....

h Hubert kam sehr spät nach Hause und wollte nicht, dass seine Frau ihn hört. Vorsichtig öffnete er die Tür und leise .... er ....

i Wer gut Schlittschuh laufen kann, ... elegant übers Eis.

zu Seite 155, 5

16 Relativsätze → GRAMMATIK
Formen Sie die Partizipialkonstruktionen in Relativsätze um.

Partizip	Relativsatz
– eine lang überlegte Entscheidung	eine Entscheidung, die lang überlegt wurde
– die befragten Personen	
– der lockende, hohe Verdienst	
– die durchdachte Organisation	
– das eine Wochenendbeziehung führende Karrierepaar	
– die auf Kinder verzichtende Pendlerin	
– die betroffenen Familien	

LEKTION 10

zu Seite 155, 5

17 Wie lautet das Partizip? → GRAMMATIK
Bilden Sie aus den Relativsätzen Partizipialkonstruktionen.

- **a** Waren, die neu produziert wurden = *neu produzierte Waren*
- **b** Preise, die steigen =
- **c** die Qualität, die nachlässt =
- **d** ein Kunde, der meckert =
- **e** Ware, die man zurückgegeben hat =
- **f** das Geld, das kassiert wurde =
- **g** ein Problem, das nicht gelöst wurde =
- **h** Geschäftspartner, die streiten =

zu Seite 155, 5

18 Partizip I oder II? → GRAMMATIK
Verbinden Sie die Nomen und Verben zu einer sinnvollen Partizipialkonstruktion.

Nomen	Verb	Partizip I	Partizip II
der Familienvater	pendeln	der pendelnde Familienvater	
die Beziehung	belasten		
die Unruhe	wachsen		
das Vertrauen	verlieren		
die Personen	befragen		
die Autofahrt	anstrengen		
die Hausarbeit	lieben		
die Lösung	vorschlagen		
die Alternative	passen		

zu Seite 155, 5

19 Partizipialkonstruktionen und Relativsätze → GRAMMATIK
Formen Sie die Sätze um.

Beispiele:
Seit kurzem gibt es eine Erfindung, die alles verändert.
Seit kurzem gibt es eine alles verändernde Erfindung.
Ein Ingenieur hatte eines Tages eine überzeugende Idee.
Ein Ingenieur hatte eines Tages eine Idee, die überzeugte.

- **a** Er dachte darüber nach, wie man mit Beruf und Familie belasteten Frauen das Leben erleichtern könnte.
- **b** So erfand er ein Gerät, das den Tagesablauf organisiert.
- **c** Denn Zeit, die sinnvoll und effektiv genutzt wird, ermöglicht wiederum mehr Freizeit.
- **d** Man braucht nur alle für den folgenden Tag geplanten Tätigkeiten, inklusive Termin- und Ortsangaben in die Maschine einzugeben.
- **e** Sie erstellt dann einen für jeden persönlich zugeschnittenen Tagesablauf.
- **f** Dabei handelt es sich natürlich nur um einen Vorschlag, der nach Wunsch noch zu verändern ist.
- **g** Inzwischen ist auch die Zahl der Männer, die an dem Gerät interessiert sind, schon stark gestiegen.

LEKTION 10

20 Merkmale verschiedener Textsorten → **LERNTECHNIK**

a Brief
Zunächst ist es wichtig, zwischen informellen und formellen Briefen zu unterscheiden. Formelle Briefe werden in der *Sie-Form* geschrieben und verlangen bestimmte Formen der Höflichkeit. Lesen Sie den folgenden Brief. Unterstreichen Sie alle Ausdrücke, in denen der Leser höflich angesprochen wird.

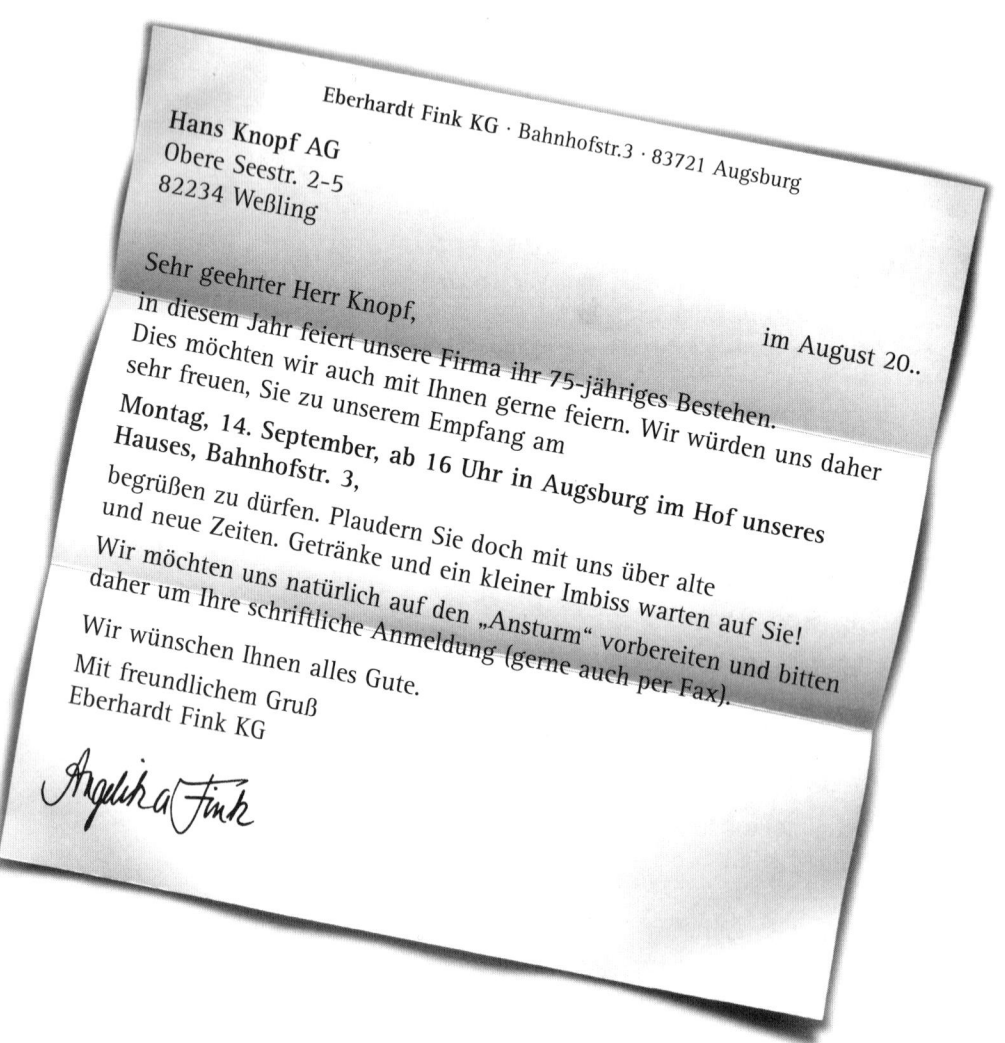

Eberhardt Fink KG · Bahnhofstr. 3 · 83721 Augsburg

Hans Knopf AG
Obere Seestr. 2-5
82234 Weßling

Sehr geehrter Herr Knopf,

im August 20..

in diesem Jahr feiert unsere Firma ihr 75-jähriges Bestehen. Dies möchten wir auch mit Ihnen gerne feiern. Wir würden uns daher sehr freuen, Sie zu unserem Empfang am Montag, 14. September, ab 16 Uhr in Augsburg im Hof unseres Hauses, Bahnhofstr. 3, begrüßen zu dürfen. Plaudern Sie doch mit uns über alte und neue Zeiten. Getränke und ein kleiner Imbiss warten auf Sie! Wir möchten uns natürlich auf den „Ansturm" vorbereiten und bitten daher um Ihre schriftliche Anmeldung (gerne auch per Fax).

Wir wünschen Ihnen alles Gute.
Mit freundlichem Gruß
Eberhardt Fink KG

Angelika Fink

---

b Stellungnahme, Aufsatz und Referat
Egal, ob Sie einen Leserbrief bzw. einen Aufsatz verfassen oder ein Referat schriftlich vorbereiten wollen, sammeln Sie Ihre Ideen zuerst schriftlich und fertigen Sie eine Gliederung an, in der die Inhaltspunkte geordnet werden. Dazu gibt es zwei Arbeitsschritte:

Schritt 1: Ideen sammeln
Schreiben Sie ein Stichwort zu Ihrem Thema in die Mitte eines Blattes und notieren Sie außen herum die Gedanken, die Sie dazu assoziieren. Versuchen Sie, inhaltlich zusammengehörende Ideen zu gruppieren.

Schritt 2: Gliederung erstellen
Ordnen Sie diese Ideen in der Reihenfolge, in der sie im Text stehen sollen. Überlegen Sie sich eine Einleitung und einen Schluss.

LEKTION 10 – *Aussprachetraining*

h und Knacklaut

1 Wortpaare
Hören Sie die Wortpaare und sprechen Sie nach.

hoffen	–	offen
Ecke	–	Hecke
Haus	–	aus
erstellen	–	herstellen
Heimat	–	Eimer
elf	–	helfen

2 Dehnungs-h nach Vokalen
Am Ende einer Silbe macht ein h einen Vokal lang, aber man spricht es nicht.
Hören Sie und sprechen Sie nach.

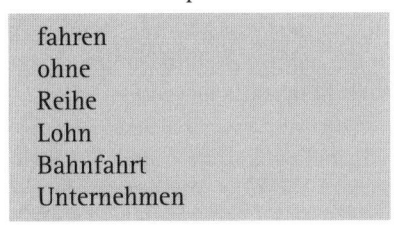

fahren
ohne
Reihe
Lohn
Bahnfahrt
Unternehmen

3 Knacklaut
Beginnen ein Wort oder eine Silbe mit einem Vokal, so wird dieser nicht mit dem vorangegangenen Wort verbunden.

a) Hören Sie die Sätze und sprechen Sie nach.

- Am Abend aßen alle Austern.
- Um acht Uhr erhoben alle ihr Glas.
- In unserem Auto ist essen erlaubt.

b) Aus einem Lied:
Ob er aber über Oberammergau
oder aber über Unterammergau
oder aber überhaupt nicht kommt,
ist nicht gewiss.

4 Potpourri
Hören Sie die Sätze und sprechen Sie nach.

- Halbstarke haben immer Ahnung.
- Hinten hat ein Auto eine Hecktür.
- Auf Eis helfen Handschuh und Ohrenwärmer.
- Am Haus hängende Fahrräder gefährden alle.

5 Diktat
Diktieren Sie Ihrer Nachbarin/Ihrem Nachbarn Teil **a)** oder Teil **b)** der Übung.
Wer das Diktat hört und schreibt, schließt sein Buch.

a) Ohne Auto auskommen heißt, auf Fahrrad oder Bahn umsteigen.
Einige haben es aber immer sehr eilig und hetzen mit dem Hund im
Auto über rote Ampeln; andere halten an den Ampeln an.

b) Der Hersteller hat insgesamt elfeinhalb Prozent mehr Umsatz als im Jahr zuvor.
In Hamburg hat ein alternatives Elektroauto einige eifrige Helfer heimgefahren.

LEKTION 10

Lernkontrolle: Was haben Sie in dieser Lektion gelernt?
Kreuzen Sie an.

Ich kann ...

Lesen
- ☐ ... die Hauptaussagen und wichtige Einzelinformationen aus einer Reportage zur *Geschichte des VW-Käfers* entnehmen.
- ☐ ... zu einem Wirtschaftstext eine Textzusammenfassung ergänzen.
- ☐ ... in einer Reportage die soziale Problematik verschiedener Varianten von *Berufsmobilität* erkennen.

Hören
- ☐ ... in Erfahrungsberichten zweier Frauen Hauptaussagen verstehen.
- ☐ ... die Gefühle und Argumente der Gesprächsteilnehmer nachvollziehen.

Schreiben – Produktion
- ☐ ... in einem Leserbrief zu dem kontrovers diskutierten Thema *Autofahren – pro und contra* Stellung nehmen und den eigenen Standpunkt deutlich herausarbeiten.

Sprechen – Interaktion
- ☐ ... mich in einem informellen Gespräch über Zweckmäßigkeit, Vor- und Nachteile bestimmter Verkehrsmittel austauschen.
- ☐ ... in einem Beratungsgespräch Informationen einholen und geben.
- ☐ ... darin Zweifel äußern und auf diese eingehen.

Sprechen – Produktion
- ☐ ... ein Foto beschreiben und Vermutungen zur Aussage bzw. Intention des Bildes anstellen.
- ☐ ... die in einer Grafik enthaltenen Informationen zum Thema *Sparauto* in Worte fassen.

Wortschatz
- ☐ ... Fortbewegungsmittel präzise benennen.
- ☐ ... mit Hilfe von Verben Fortbewegungsarten beschreiben.
- ☐ ... typischen Wortschatz aus statistischem Material und Grafiken zur Beschreibung von quantitativen Entwicklungen einsetzen.

Grammatik
- ☐ ... Vorgangs- und Zustandspassiv unterscheiden und anwenden.
- ☐ ... die Ersatzformen des Passivs anwenden.
- ☐ ... Partizip I und II richtig und kontextbezogen einsetzen.

Sprechen Sie mit Ihrer Kursleiterin/Ihrem Kursleiter über Tipps zum Weiterlernen.

Text zur Abbildung im Kursbuch, Seite 146 „Sprechen"

Sicher ist sicher
Aus Protest gegen den Verlust ihres Fahrradkellers, der beim Hausumbau einer Ladenerweiterung weichen musste, haben die Bewohner dieses Hauses in der Züricher Altstadt kurzerhand ihre Räder an die Fassade gebunden. Zwar erhielten sie einen Fahrradunterstand als Ersatz, der aber zu klein und zu unsicher ist – werden doch die Räder in diesem von Passanten häufig frequentierten Stadtteil kurzerhand geklaut. Statt die Räder mit in die engen Wohnungen zu nehmen, werden sie einfach aus dem Fenster gehängt.

PRÜFUNGSTRAINING

Übungstest

Mit diesem Übungstest können Sie
- festellen, was genau in der Prüfung zum *Goethe-Zertifikat B2* verlangt wird,
- sich selber testen und Ihren Leistungsstand einschätzen,
- sich mit Hilfe von Tipps gezielt auf die Prüfungssituation vorbereiten.

Die folgenden Aufgaben können als geschlossene Einheit bearbeitet werden.
Alternativ können einzelne Teile den Lektionen im Kursbuch zugeordnet werden.

Zuordnungsvorschläge

Prüfungsaufgabe	Textart/Thema	Kursbuch-Lektion
LESEN Aufgabe ❶	Sachtext: *Hamburg entdecken*	3
LESEN Aufgabe ❷	Reportage: *Zum richtigen Umgang mit Absagen*	7
LESEN Aufgabe ❸	Kommentar: *Gewalt im Kinderzimmer*	8
LESEN Aufgabe ❹	Ratgeber: *Abnehmen*	9
HÖREN Aufgabe ❶	Telefonat: *Sprachkursprospekt*	2
HÖREN Aufgabe ❷	Radiosendung: *Seniorenspielplatz*	9
SCHREIBEN Aufgabe ❶	Aufsatz: *Nationales Rauchverbot*	9
SCHREIBEN Aufgabe ❷	Registerwechsel: *Beschwerdebrief*	2
SPRECHEN Aufgabe ❶	Produktion: *Stellung nehmen Kinder und Konsum*	4
SPRECHEN Aufgabe ❷	Interaktion – Etwas aushandeln: *Verkehrsmittel*	10

PRÜFUNGSTRAINING – *Leseverstehen*

Leseverstehen

Beschreibung: Sie bekommen Sie vier verschiedene Texte. Dazu sollen Sie insgesamt 25 Aufgaben lösen. Zu jedem Text gibt es eine andere Aufgabenstellung. Zum Bearbeiten und Lösen haben Sie insgesamt 80 Minuten Zeit. Die Zeiteinteilung innerhalb des Prüfungsteils liegt bei Ihnen.

> **TIPP:** *Zuerst die einfachen und dann erst die schweren Aufgaben lösen*
> Sie müssen nicht bei Lesetext 1 anfangen und der Reihe nach vorgehen. Verschaffen Sie sich einen Überblick. Blättern Sie alle Seiten einmal durch. Wählen Sie den Text aus, bei dem Sie sich unter dem Titel etwas vorstellen können.
> Vermeiden Sie aber, jeden Text zwei- oder dreimal zu lesen, sonst verlieren Sie wertvolle Zeit.
>
> **TIPP:** *Letzte Entscheidungen*
> Arbeiten Sie zuerst auf dem Aufgabenblatt. Am Ende übertragen Sie Ihre Lösungen auf den Antwortbogen. Dabei fällen Sie letzte Entscheidungen.

LESEN | Aufgabe ❶ → Arbeitszeit: etwa 25 Minuten

Beschreibung: In diesem Prüfungsteil sollen Sie den Inhalt eines längeren Textes zusammenfassen. Dazu bekommen Sie eine Kurzfassung des Textes, die zehn Lücken enthält. Sie sollen für jede der Lücken ein Wort ergänzen.

TIPP: *Lesen und Lösen*
Zuerst die Aufgabe, dann den Text
Lesen Sie die fünf Personenbeschreibungen sehr genau. Markieren Sie darin die sinntragenden Wörter.
Vom Grobem zum Feinen
Beschäftigen Sie sich bei den acht Texten zunächst nur mit der Überschriften. Worum geht es hier? Markieren Sie sinntragende Wörter, z.B. *joggend, Riksha, Friedhof, Radtour*. Lesen Sie die Texte nur so weit, bis Sie das passende gefunden haben.

Aufgabe: Reist man in eine unbekannte Großstadt, so möchte man natürlich die ihr eigenen Besonderheiten kennen lernen. Viele Menschen tauschen da auch gern die herkömmliche Busrundfahrt gegen spannendere, alternative und vielleicht auch ungewöhnliche „Entdeckungstouren" ein.

Was glauben Sie, für welche der folgenden acht Touren (A–H) sich die einzelnen Personen interessieren? Es gibt jeweils nur eine richtige Lösung. Es ist möglich, dass nicht für jede Person etwas Passendes zu finden ist. Schreiben Sie in diesem Fall „negativ".

Beispiele: Welche Tour wäre interessant für
1 das Ehepaar Aigner, das zum ersten Mal in Hamburg ist und wichtige Plätze und Sehenswürdigkeiten am liebsten nur zu zweit, hautnah und ohne sich selbst körperlich anzustrengen kennen lernen möchte.   Lösung: **B**
2 Hans K. und seine Segelfreunde, die im November die Stadt per Schiff erkunden wollen.   Lösung: ***negativ***

Welche der acht Touren wäre interessant für folgende Personen?

1 Bärbel P. möchte Hamburg vom Wasser aus kennen lernen und unterstützt Projekte für alternative Energieversorgung und -gewinnung.

2 Herbert F. und Matthias sind Ausdauersportler und würden sich die Sehenswürdigkeiten der Stadt gern „erlaufen".

PRÜFUNGSTRAINING – *Leseverstehen*

3 Familie Gmeiner verbringt mit ihren 10 und 12 Jahre alten Töchtern einige Tage in der Stadt, hat Lust auf etwas Bewegung an der frischen Luft und möchte in einer geführten Gruppe zu interessante Plätzen der Stadt gelangen.

4 Frank A. und sein Sohn Lukas interessieren sich für den Hamburger Hafen, wo riesige Containerschiffe einlaufen und auch repariert werden.

5 Paul T. und seine Freundin Elke W. finden alles Neue reizvoll und spannend. Deshalb haben sie auch Lust auf eine ganz ungewöhnliche aber nicht zu anstrengende Art der Stadterkundung

A   Joggend Hamburg erkunden

Sie möchten Hamburg kennen lernen, haben aber die Nase voll von Bustouren? Sie sind nur einen Abend in der Hansestadt und können sich nicht entscheiden: Sport oder Stadtführung? Hamburg bietet nun allen Sportskanonen nun die perfekte Verbindung von Fitness und Kultur. Ab 19 Euro können Sie sich mit Goesta Dreise Ihren „Personal Trainer" UND Stadtführer in einem buchen! Joggend geht es vorbei an Altstadt, Hafencity, St. Pauli oder durch die Neustadt. Keine Angst: Der erfahrene Triathlet stellt sich in seinem Lauftempo ganz auf die jeweilige Gruppe ein. Im Tempo von ca. 6,35 bis 6,75 Min/km sehen Sie die wichtigsten Plätze und Kirchen der Stadt, laufen durch den alten Elbtunnel oder besteigen auf Wunsch den Turm des Hamburger Michels.

B   Mit der Rikscha durch die Stadt

Fahrrad-Rikschas rollen rund um die Binnen- und Außenalster, zum Hauptbahnhof, zur Mönckebergstraße, zum Rathaus oder zu den Landungsbrücken. Eine einstündige Rundfahrt für 1–2 Personen kostet 50 Euro. Bei schlechtem Wetter kann das blaue Segeltuch-Dach heruntergeklappt werden und der Fahrgast sitzt im Trockenen (im Gegensatz zum Fahrer!).

1. April bis 31. Oktober: Samstag/Sonntag 10.00 und 11.30 Uhr
Abfahrt: Alsterpavillon an der Binnenalster

C   Ohlsdorf – mehr als ein Friedhof

Das weitläufige Friedhofsgelände ist durch ein Netz von Straßen und Wegen erschlossen. Die Route führt zu großen Grabanlagen, Mausoleen, Gedenkstätten, dem Garten der Frauen, dem anonymen Urnenhain, der Löwengrabstätte und der Grabstätte des berühmten Schauspielers Hans Albers. Kennwort: Ohlsdorf per Rad

Start: S-Bahnhof Ohlsdorf, Ausgang Friedhof
Termine: Samstags 15.00 bis 17.00 Uhr, Fahrrad nicht vergessen!
Eintritt: Erwachsene 6,- Euro, Kinder 3,- Euro

D   Hamburg-Radtour

Stadtrundfahrt einmal anders: mit dem Fahrrad. Eine gemütliche 3-Stunden-Tour auf bequemen City-Bikes. Der Gästeführer zeigt kleinen Gruppen bis 20 Teilnehmern die Sehenswürdigkeiten der City abseits der Hauptverkehrsadern. Anmeldung bis vier Tage vor Anreise. Abfahrten 10.00 Uhr/15.00 Uhr ab U3 Feldstraße ganzjährig, entsprechend der Wetterlage. Erwachsene: 22,- Euro, Kinder bis einschließlich 12 Jahre 10,- Euro.

PRÜFUNGSTRAINING – *Leseverstehen*

E   Solarkatamaran „Alstersonne"

Der durch Sonnenenergie angetriebene und somit fast lautlose Solarkatamaran ist seit 1999 im Einsatz und bietet Platz für 100 Personen. Bei klarem Himmel spiegeln sich die Sonnenstrahlen in dem 27 Meter langen Edelstahlschiff wider, über dem sich ein Runddach mit 80 Quadratmetern Solarzellen wölbt. Ziehen Wolken auf, kann das emissionsfreie High-Tech-Schiff mit Hilfe des Antriebs des Batteriespeichers noch 120 Kilometer über die Alster gleiten.

Abfahrt ist – nicht nur bei Sonnenwetter – alle 30 Minuten ab Jungfernstieg. Die Dauer der Fahrt beträgt circa 50 Minuten.
Bis Anfang Oktober: täglich 10.00 bis 18.00 Uhr.

F   Dämmertörn

Romantische Lichterfahrt auf Alster und Kanälen, vorbei an Stadtvillen und Gärten, durch die Natur mitten in der Großstadt. Die schönsten Brücken werden mit Scheinwerfern beleuchtet. Mai bis September täglich 20.00 Uhr ab Jungfernstieg. Dauer circa zwei Stunden, inklusive ein Freigetränk. Erwachsene 14,50 Euro. Kinder nicht mal die Hälfte.

G   Fleet-Fahrten

Von der Binnenalster durch die Rathaus- und die Schaartorschleuse in die Hafenelbe. Die Fleete der Elbe werden begrenzt durch die alten Handelshäuser und Speicher. Die Speicherstadt ist ein riesiges Warenlager für Teppiche, Gewürze, Kaffee, Tabak etc. Die Speicher könnten auch von der Wasserseite beliefert werden.

Abfahrt Jungfernstieg, Dauer circa zwei Stunden. Von Anfang April bis Ende Oktober täglich 10.45, 13.45, 16.45 Uhr. Erwachsene 14,50 Euro. Kinder 7,- Euro.

H   Hamburg mit dem Segway entdecken

Sie wollen Hamburg live entdecken und nicht nur durch eine Fensterscheibe sehen? Sie wollen alles hautnah erkunden, aber keinen Wandertag einlegen müssen? Dann nehmen Sie doch an einer Segway-Citytour teil! Schweben Sie mit dem Segway, einem der modernsten Fortbewegungsmittel, durch Hamburg. Auf der geführten Tour erhält jeder Gast seinen eigenen Segway und vorab eine gründliche Einweisung. Danach fahren Sie zwei Stunden lang sicher durch Hamburg und seine reizvollsten Ecken. Das Segwayfahren ist kinderleicht und so erleben Sie einen unvergesslichen Tag. Begleitet wird die Tour von erfahrenen Tourguides und einer perfekten Soundkulisse über ein Audiosystem.

Kosten: 58,- Euro, Gruppen ab vier Personen 48,- Euro; Tourdauer: 3 Stunden (inkl. 30-minütiger Einweisung); Mindestalter: 16 Jahre

PRÜFUNGSTRAINING – *Leseverstehen*

Leseverstehen

Beschreibung: Sie erhalten einen längeren Text aus einer Zeitschrift oder Zeitung. Dazu sollen Sie fünf Auswahlantworten bearbeiten. Sie sollen zeigen, dass Sie die Hauptaussagen aber auch wichtigen Einzelheiten verstehen. Für diese Aufgabe haben Sie etwa 25 Minuten Zeit.

TIPP: *Lesen und Lösen*

Erstes Lesen – schnell und ganz

Lesen Sie den Text in einem Zug durch. Unterstreichen Sie dabei Wörter, die für den Inhaltsaspekt *Bewerbung, Vorstellung, Ablehung* wichtig sind. Halten Sie sich beim Lesen nicht mit einzelnen Wörtern auf, die Sie nicht verstehen.

Zweites Lesen – gründlich und gezielt

Arbeiten Sie jetzt gezielt mit den Aufgaben. Diese sind in der Reihenfolge des Textes angeordnet. Suchen Sie im Text die Stellen, mit denen Sie die Aufgaben lösen können. Nehmen Sie dabei Ihre Unterstreichungen zu Hilfe. Lassen Sie sich auch jetzt nicht durch Wörter nervös machen, die Sie nicht verstehen und nicht erraten können.

Aufgabe: Lesen Sie den Text. Entscheiden Sie, welche der Antworten, a, b oder c, passt. Es gibt jeweils nur eine richtige Lösung.

LESEN | Aufgabe ❶ → Arbeitszeit: etwa 25 Minuten

Beispiel:
Wer sich um einen Ausbildungsplatz bewirbt,
a) muss mit mehreren Absagen rechnen.
b) schreibt durchschnittlich viermal so viele Bewerbungen wie er Vorstellungsgespräche hat.
c) wird in der Regel zu mehreren Vorstellungsgesprächen eingeladen.

Lösung: a)

„Leider müssen wir Ihnen mitteilen ..."
Zum richtigen Umgang mit Absagen

Nicht schon wieder eine Absage! Wer einen Ausbildungsplatz sucht, braucht starke Nerven. Denn er muss ständig damit rechnen, eine Absage im Briefkasten zu finden. Nach Angaben des Bonner Bundesinstituts für Berufsbildung verschickte jeder Kandidat vor drei Jahren im Schnitt 20 Bewerbungen und wurde zu vier Vorstellungsgesprächen geladen. Vergangenes Jahr waren es bereits 30 Bewerbungen, aber weiterhin nur vier Gespräche.
In diesem Jahr fehlen wieder viele Ausbildungsplätze, auch wenn sich die Lage ein wenig entspannt hat. Auf Absagen sollte man also gefasst sein. „Man muss sich genau fragen: Woran liegt es, was kann ich besser machen?‚ sagt Peter-Werner Kloas, Berufsbildungsexperte. Im Ablehnungsschreiben findet er meist keine Antwort: „Die Firmen reden in den seltensten Fällen Klartext über mangelnde Bewerberqualifikationen", sagt Kloas. Stattdessen verschicken sie Textbausteine. Da heißt es dann zum Beispiel: „Aufgrund der Vielzahl an Bewerbungen können wir Sie leider nicht berücksichtigen."

Wer wenigstens schon mal eingeladen wurde, sollte nicht so schnell aufgeben

Das hilft niemandem weiter. Ob es sich lohnt, auf eine solche Standardabsage hin bei der Firma nachzufragen, hängt vom Einzelfall ab: Bei großen Unternehmen sei es selten sinn-

PRÜFUNGSTRAINING – *Leseverstehen*

voll, meint Kloas, beim Handwerksbetrieb könne es sich lohnen. „Wenn man berechtigterweise meint, dass man eine große Chance gehabt haben müsste, die nächste Bewerbungsrunde zu erreichen, kann man nachhaken", empfiehlt Timo Parra von der Bundesvereinigung der Deutschen Arbeitgeberverbände in Berlin. „Vielleicht erinnert sich der Verantwortliche ja an die Bewerbung und kann sagen, dass dies und das nicht gepasst hat."

Wer mit seiner schriftlichen Bewerbung immer wieder abblitzt, muss sich irgendwann fragen, ob er mit der angepeilten Ausbildung nicht doch danebenliegt. Allerdings soll er sich nicht zu schnell aus der Ruhe bringen lassen, rät Kloas: „Wenn das ein gefestigter Berufswunsch ist, und man ihn zum Beispiel durch Tests untermauert hat, würde ich auch nach 15 Absagen nicht aufhören."

Dasselbe gilt, wenn man schon zu mindestens einem Vorstellungsgespräch eingeladen wurde und danach eine Absage bekommen hat. „Wenn man zu einem Vorstellungsgespräch eingeladen wird, nimmt sich der Verantwortliche Zeit – und das macht er nur, wenn der Bewerber für ihn interessant ist", sagt Parra. Im Gegensatz zur Absage auf eine schriftliche Bewerbung heißt es hier in jedem Fall, nachzuhaken. Ein bisschen freundliche Hartnäckigkeit könne dabei nicht schaden: „Wenn es nur heißt, ein anderer war besser, sollte man fragen, was genau er besser gemacht hat", rät Parra. Außerdem sollten Gescheiterte überlegen, ob sie sich ungeschickt verhalten haben. Das gilt vor allem, wenn schon mehrere Gespräche schiefgelaufen sind: „Bin ich unglaublich nervös, neige ich zum Monologisieren? Vielleicht wären Fragen zur Firma gut gewesen, die Interesse signalisieren – oder eine schlagfertige Antwort auf eine Frage des Gegenübers. Hier hilft einfach nur Training: „Gewisse Fragen kommen immer wieder, die stehen in jedem Bewerbungsbuch."

6 In einem Ablehnungschreiben einer Firma,
a) erfährt man in der Regel den Grund für die Absage.
b) erhält man meistens eine wenig aussagekräftige Standardabsage.
c) steht, was man beim nächsten Mal besser machen muss.

7 Bei Handwerksbetrieben ist es sinnvoll,
a) auf die nächste Bewerbungsrunde zu warten.
b) nachzufragen, wer sich noch beworben hat.
c) sich noch einmal bei dem Verantwortlichen zu melden.

8 Erhält man auf eine schriftliche Bewerbung viele Absagen, sollte man
a) trotzdem bei diesem Berufswunsch bleiben.
b) überlegen, ob die Entscheidung für diesen Berufswunsch richtig war.
c) zu einem anderen Berufswunsch kommen.

9 Bei Absagen nach Vorstellungsgesprächen ist es ratsam,
a) die Absage zu ignorieren, um nicht noch nervöser zu werden.
b) nach dem Grund für die Ablehnung zu fragen.
c) sich beim nächsten Mal möglichst interessant darzustellen.

10 Nach mehreren erfolglosen Gesprächen sollte man
a) Bekannte und Freunde fragen, ob man zu nervös und ungeschickt ist.
b) einen Kurs „Bewerbungstraining" machen.
c) sich fragen, warum man beim direkten Gespräch nicht gut ankommt und was man ändern könnte.

PRÜFUNGSTRAINING – *Leseverstehen*

Aufgabe

Beschreibung: Sie lesen einen Kommentar aus der Presse oder dem Internet und sollen erkennen, welche Meinungen des Autors darin zum Ausdruck kommen. Dazu erhalten Sie fünf Fragen. Für diese Aufgabe haben Sie etwa 25 Minuten Zeit.

> **TIPP: Vor dem *Lesen***
> Vorwissen aktivieren: Beschäftigen Sie sich kurz mit der Überschrift des Textes. Welche Assoziationen haben Sie zu „Gewalt im Kinderzimmer"?
>
> **Aufgabe:** Lesen Sie den Text und stellen Sie fest, wie der Autor des Textes folgende Fragen beurteilt: (A) positiv, (B) negativ bzw. skeptisch

LESEN | Aufgabe ❶ → Arbeitszeit: etwa 25 Minuten

Beispiel:
Wie beurteilt der Autor die Genauigkeit, mit der man definieren kann, wann ein Computerspiel als „gewaltbeherrscht" bezeichnet werden kann?   Lösung: *B*

Wie beurteilt der Autor

11 die Initiative der Familienministerin, „gewaltbeherrschte" Computer- bzw. Videospiele zu verbieten?

12 das Argument, ein Verbot habe keinen Sinn, da Jugendliche sich die brutalen Spiele auch relativ problemlos aus dem Internet besorgen könnten?

13 die Effektivität von freiwillige Selbstkontrolle und Jugendschutz in Deutschland?

14 die Notwendigkeit, die bisherigen Gesetze zu verschärfen?

15 die Chance, durch verschärfte Gesetze die Jugendlichen besser vor gefährlichen Spielen zu schützen?

Gewalt im Kinderzimmer

„Extrem gewalttätige" oder „gewaltbeherrschte" Computer- und Videospiele sollen, wenn es nach der Bundesfamilienministerin und ihrem nordrhein-westfälischen Kollegen geht, in Zukunft für Jugendliche verboten sein. Bisher galt das nur für explizit „gewaltverherrlichende" Spiele. Was genau mit „gewaltbeherrscht" gemeint ist, wird noch zu definieren sein. Je nach Auslegung kann sich das auf die Hälfte aller gängigen Computerspiele in deutschen Kinderzimmern beziehen. Schaut man sich allerdings die Praxis der Altersbeschränkungen und in Deutschland an, so dürfte die Schwelle für ein Verbot eher hoch liegen, was den Vorstoß praktikabler und realistischer macht.

Aber wie jedes Mal, wenn eine stärkere Indizierung oder gar ein totales Verbot der so genannten Killerspiele diskutiert wird, ist der Hohn und das Gelächter groß: Das nützt doch sowieso nichts, heißt es dann, jeder clevere 13-Jährige kann sich die schauerlichsten Spiele aus dem Internet herunterladen, und überhaupt funktioniert freiwillige Selbstkontrolle und Jugendschutz in Deutschland ohnehin besser als anderswo. Warum also ein Gesetz verschärfen, das leicht zu umgehen ist?

Gegenfrage: Warum sollte der Gesetzgeber klein beigeben und auf rigide Vorgaben verzichten, wo er sie für richtig und nötig hält – nur weil die Umsetzung eines Gesetzes schwierig ist? Wäre das Argument der Verbotsgegner richtig, dürfte man auch die Nutzung und Verbreitung von Kinderpornografie im Netz nicht verbieten. Nein, der Vorstoß der Familienministerin ist richtig, weil ein Zeichen gesetzt, ein Bewusstsein verstärkt wird – und weil im besten Falle die Hemmschwelle steigt, mit der Brutalospiele über die Ladentheke gehen.

PRÜFUNGSTRAINING – *Leseverstehen*

Leseverstehen

Beschreibung: Sie lesen einen Artikel aus der Zeitung, einen Brief oder ähnliches. Der Text enthält zehn Lücken, die sich jeweils am Zeilenende befinden. Sie sollen die fehlenden Wörter frei ergänzen. Für diese Aufgabe haben Sie etwa 20 Minuten Zeit.

> **TIPP:** *Lesen und lösen*
> Auf die Zeit achten!
> Sie sind beim letzten Text des Prüfungsteils Leseverstehen angelangt. Prüfen Sie, ob Sie noch die gesamten 20 Minuten zur Verfügung haben. Falls ja, dann haben für jede Aufgabe in diesem Prüfungsteil zwei Minuten Zeit. Sie brauchen etwa zwei Minuten, um am Ende die Lösungen auf dem Lösungsbogen anzukreuzen. Falls nein, müssten Sie nun zügiger arbeiten.
>
> Korrektheit
> Achten Sie auf Korrektheit der Schreibweise. Falsch geschriebene Wörter erhalten weniger oder gar keine Punkte. Kontrollieren Sie Ihre Wörter beim Übertragen auf den Antwortbogen.

LESEN | Aufgabe 4 → Arbeitszeit: etwa 20 Minuten

Aufgabe: Sie erhalten den folgenden Text. Leider ist der rechte Rand unleserlich. Rekonstruieren Sie den Text, indem Sie jeweils das fehlende Wort an den Rand schreiben.

Nicht hungern, sondern richtig essen und sich bewegen

Mehr als 50 % der Bevölkerung ist übergewichtig und versucht es	*immer*
wieder mit Abnehmen. Das Angebot an Diäten ist sehr groß, doch keine	*kann*
den bleibenden Erfolg garantieren. Das Geheimnis liegt darin, nicht Energie	1_____
zu sich zu nehmen als benötigt wird. Denn überschüssige Energie	2_____
in Form von Fett abgespeichert. Die meisten Menschen bewegen sich zu	3_____,
sie nehmen aber in Relation zu den notwendigen Kalorien zu viel Nahrung	4_____
sich. Mehr Bewegung, damit ist Sport gemeint – aber auch die Bewegung im	5_____
zählt. Nehmen wir also die Treppe statt des Aufzugs, fahren mit dem Rad,	6_____
wir selbst Fußball statt die Spiele im Fernsehen anzuschauen.	7_____
baut der Körper Muskeln auf,	8_____
die aufgenommene Energie verbrauchen. Auf Dauer kann eine	
abwechslungsreiche Ernährung, die schmackhaft ist und satt	9_____
und ausreichend Bewegung den Stoffwechsel und damit	10_____
Energieverbrauch des Körpers ankurbeln.	

PRÜFUNGSTRAINING – *Hörverstehen*

HÖREN | Aufgabe 1 → Arbeitszeit: 8 Minuten

Beschreibung: Sie hören zwei verschiedene Aufnahmen. Zu jedem Text gibt es eine andere Aufgabe. Sie hören die erste Aufgabe einmal, die zweite hören Sie zweimal. Die Reihenfolge und Zeiteinteilung innerhalb des Prüfungsteils wird durch die Tonaufnahme vorgegeben. Zum Lesen und Lösen der einzelnen Aufgaben gibt es jeweils Pausen. Sie schreiben Ihre Lösungen zuerst auf das Aufgabenblatt und übertragen diese am Ende auf einen Antwortbogen.

TIPP: *Während der Prüfung – Mit einem Blackout umgehen*
In diesem Prüfungsteil hören Sie ein Telefongespräch zwischen zwei Personen. Der Anrufer macht Angaben, die in einem Notizzettel mitnotiert werden sollen. Dieser Prüfungsteil dauert etwa 8 Minuten.

TIPP: *Vor dem Hören*

Vorwissen aktivieren
Lesen die sechs Überschriften im Raster des Notizzettels: *Kurs, Zeit, Ort, Material, Voraussetzung, Kosten.* Überlegen Sie kurz: Worum geht es in dem Gespräch? Welche Informationen könnte man sich zu einem Kurs aufschreiben? Z.B. Anmeldung, Termin, Preis usw.

Lesezeit nutzen
Lesen Sie die Aufgaben genau. Dazu erhalten Sie durch die Tonaufnahmen eine Lesezeit. Markieren Sie die Stellen, bei denen Sie etwas schreiben sollen und markieren Sie wichtige Wörter in derselben Spalte oder Zeile.

TIPP: *Hören und Lösen*

Wichtiges von Unwichtigem unterscheiden
Im Hörtext werden diese Inhaltsträger häufig in anderen Worten ausgedrückt. Erwarten Sie also nicht, dass Sie dieses Wort hören, sondern diese Bedeutung!

Mut zur Lücke
Sie hören die Texte nur einmal. Dabei kann es leicht passieren, dass Sie eine Information nicht mitbekommen. Halten Sie sich nicht zu lange mit dieser Lücke auf. Sonst verpassen Sie vielleicht weitere Informationen.

Aufgabe:
Hören Sie die Nachricht und korrigieren Sie während des Hörens die falschen Informationen oder ergänzen Sie die fehlenden Informationen. Sie hören den Text nur einmal.

PRÜFUNGSTRAINING – *Hörverstehen*

Kurs	Zeit	Ort	Material	Voraussetzung	Kosten
Französisch mit Liedern	Di 15.00–17.00	Goethe-Gymnasium Zi 412 **Beispiel: Zentrale der Volkshochschule Zi. 412**	*Ecoutez les chansons*	Grundkenntnisse Niveau A2	55,- €
Wirtschafts-Englisch für Fortgeschrittene	Mo + Mi 18.00–19.30	Hardenberg-Realschule Raum E 02	1	Niveau: Zertifikat Englisch, oder vergleichbar	110,- €
Italienisch für die Reise	Do 17.30–19.45 (mit Pause)	Ruppert-Volksschule Zi 121	*Andiamo in vacanze*	geringe Kenntnisse 2	75,- €
Spanisch Konversation Teil 1 3	3	Blutenburg-Schule EG 08	*Hola, qué tal?*	Grundkenntnisse, Ende Niveau A1.2	48,- €
Deutsch als Fremdsprache Zertifikatskurs Di	Di 17.30–19.00 Fr 16.30–18.00	VHS Zentrale Zi 205	Kopiergeld für freie Materialien 4	Abschluss Stufe B1	78,- €
Deutsch für den Beruf	Mo 19.00–21.00	Goethe-Gymnasium Zi 315	*Dialog Beruf*	5	55,- €

HÖREN | Aufgabe ❷ → Arbeitszeit: 20 Minuten

Beschreibung: Sie hören Sie eine längere Radiosendung zu einem Thema. Es kommen mehrere Personen zu Wort. Zu diesem Text bekommen Sie zehn Auswahlantworten zum Ankreuzen während des Hörens oder danach. Sie hören den Text zweimal. Dieser Prüfungsteil dauert etwa 20 Minuten.

TIPP: *Vor dem ersten Hören*
Orientierung durch die Aufgaben
Nutzen Sie die Zeit zum Lesen der Aufgaben vor dem ersten Hören. Konzentrieren Sie sich beim Lesen der Aufgaben zuerst auf die Überschriften der Fragenblöcke. Markieren Sie die Schlüsselwörter, z.B. *Senioren, Spielplatz, ältere Menschen*. Auf diese Weise erhalten Sie bereits wichtige Informationen darüber, worüber im Text gesprochen wird.

TIPP: *Hören und Lesen*
Auswahlantworten lesen
Lesen Sie vor dem Hören der Abschnitte die Auswahlantworten. Markieren Sie die Schlüsselwörter, *z.B. Körper, Kopf*.

Im Notfall
Wenn Sie eine Textstelle beim zweiten Hören nicht verstehen, lassen Sie die Aufgabe zunächst aus. Kreuzen Sie am Ende unbedingt die Lösung an, die Ihnen am wahrscheinlichsten vorkommt – die Chance, dass Sie auch bei einer solchen Aufgabe richtig raten, liegt bei 33%!

PRÜFUNGSTRAINING – *Schriftlicher Ausdruck*

Aufgabe:

Kreuzen Sie die richtige Antwort (a, b oder c) an.

Beispiel:
Was ist mit „Seniorenspielplatz" gemeint?
Plätze,
a) für ältere Menschen, ähnlich den Kinderspielplätzen.
b) für Menschen mit besonderes hohem sozialen Ansehen.
c) wo Kinder mit ihren Großeltern und älteren Menschen spielen können.
Lösung: a

1 Wie denkt Herr Vogelsang über den Begriff „Seniorenspielplätze"?
a) Er denkt, jemand will einen Scherz machen.
b) Er findet den Begriff gut, weil er provoziert.
c) Ihm gefällt der Begriff nicht gut.

2 Wie unterscheidet sich Deutschland bei diesem Thema von Südeuropa?
a) Ältere Menschen sind in Deutschland selbstbewusster als in Südeuropa.
b) In Deutschland gibt es mehr Möglichkeiten für Ältere.
c) In Südeuropa sieht man mehr alte Menschen an öffentlichen Plätzen.

3 Was gibt es in Wien bereits?
a) Clubs, in denen Ältere Schach spielen können.
b) Plätze in der Öffentlichkeit, die speziell für Ältere gedacht sind.
c) Spezielle Altenheime.

4 Die Hörerin aus Wien findet,
a) dass man in einem gewissen Alter mit dem Spielen aufhören sollte.
b) dass es mehr Gesellschaftsspiele für Ältere geben sollte.
c) dass Spielen eine wichtige Funktion im gesellschaftlichen Leben hat.

5 Was meint Frau Heimann zu dem Thema?
a) Das Angebot für ältere Menschen ist nicht groß genug.
b) Dass in den Städten Oasen gebraucht werden.
c) Dass Spielplätze für Ältere sehr sinnvoll sind.

6 Was wünscht sich die Hörerin aus Stuttgart?
a) Offene Häuser, wo sie jungen Menschen begegnen kann.
b) Orte, wo sie bei schlechtem Wetter hingehen kann.
c) Restaurants mit besonderen Angeboten für ältere Menschen.

7 Wie gut werden Angebote wie Tanzkurse angenommen?
a) Ältere meiden diese Kurse oft, denn sie fühlen sich ungern gezwungen, hinzugehen.
b) Sie haben nicht das Geld dafür.
c) Sie wünschen sich mehr Vereine, in denen sie mitmachen können.

8 Was müsste realisiert werden, damit Frau Schreiber diese Plätze akzeptiert?
a) Junge und alte Menschen müssten zusammengebracht werden.
b) Ältere Menschen müssten mehr Rechte haben als Jüngere.
c) Jüngere müssten die älteren Menschen betreuen.

9 Was ist in Nürnberg geplant?
a) Fitnesstreffpunkte für Senioren.
b) Umbau der Kinderspielplätze.
c) Neue Plätze, wo nur Senioren Zugang bekommen.

10 Wie werden diese konkret aussehen? Es werden
a) Häuser mit Cafés und Rückzugsmöglichkeiten sein.
b) Parks sein, in dem Kurse und dergleichen durchgeführt werden.
c) Fitnessclubräume sein, die für ältere Menschen geeignet sind.

PRÜFUNGSTRAINING – *Schriftlicher Ausdruck*

SCHREIBEN | Aufgabe ❶ → Arbeitszeit: etwa 70 Minuten

Beschreibung: Sie sollen Sie einen eigenen Text frei formulieren und einen zweiten Text korrigieren.

In diesem Prüfungsteil sollen Sie auf eine Nachricht, die Sie in der Presse oder im Internet gelesen haben, reagieren. Sie können zwischen zwei inhaltlich verschiedenen Themen auswählen. Nachdem Sie Ihre Wahl getroffen haben, bekommen zu Ihrem Thema ein Aufgabenblatt mit dem Text und Inhaltspunkten dazu, die Sie bearbeiten sollen. Für diese Aufgabe haben Sie etwa 70 Minuten Zeit.

> **TIPP:** *Während der Prüfung*
> Ordnen Sie die Technik der Strategie zu.
>
> *Kommunikation sichern * Monotonie vermeiden * Risiken vermeiden * Text planen, entwerfen, verbessern und dann erst eine Endfassung anfertigen * Verständnis der Aufgabe absichern * Zeit einteilen*

Strategie	Technik
	Auf die Aufgabe Punkt für Punkt eingehen. Dabei die Inhaltspunkte zu einem sinnvollen Text verbinden. Die Reihenfolge ist weniger wichtig.
	Die Punkte nicht nur abschreiben, sondern andere Wörter als in der Vorgabe benutzen.
	Die Aufgabenstellung langsam, genau und eventuelle mehrere Male vor dem Beantworten lesen. Die letzten Minuten für das Durchlesen und Korrigieren aufheben.
	Leserlich schreiben. Einen Text übersichtlich strukturieren, z.B. die einzelnen Abschnitte sichtbar vor einander trennen. Wichtiges hervorheben.
	Möglichst verschiedene Satzanfänge benutzen. Strukturen und Wortschatz, den man sicher kennt, verwenden.
	Lieber weniger schreiben, dafür aber am Ende sorgfältig auf Fehler untersuchen und korrigieren.

PRÜFUNGSTRAINING – *Schriftlicher Ausdruck*

Aufgabe: In einem deutschsprachigen Internetforum lesen Sie folgende Anzeige.

Rauchverbot, Schutz oder Schikane?

Heute treffen sich die Minister der sechzehn Bundesländer und die Ministerin für Gesundheit, um über ein bundesweites Rauchverbot zu diskutieren. Anlass für uns unsere Leser zu fragen: Wie sehr darf sich der Staat ins Rauchen einmischen?

Rauchverbot in öffentlichen Gebäuden, in Gaststätten und vielleicht sogar in Autos. Das ist bereits Realität in vielen Ländern Europas und der Welt. Gefällt Ihnen dieser Gedanke? Oder fühlen Sie sich bevormundet und befürchten, dass es allmählich genug ist mit der staatlichen Gängelung? Gurtpflicht beim Autofahren, Rauchverbot und bald vielleicht Ächtung frittierter Speisen, weil sie dick machen?

Schreiben Sie als Reaktion auf diesen Artikel an das Internetforum.
Sagen Sie etwas zu folgenden Punkten:
– Grund für Ihr Schreiben.
– Situation bezüglich Rauchen in Ihrem Heimatland.
– Ihre Meinung zu einem generellen Rauchverbot in der Öffentlichkeit.
– Ihre Meinung zu der Frage, wie viele Verbote der Staat aussprechen soll.

Hinweis:
Bei der Beurteilung wird unten anderem darauf geachtet,
– ob Sie alle fünf angegebenen Inhaltspunkte berücksichtigt haben,
– wie korrekt Sie schreiben,
– wie gut Sätze und Abschnitte sprachlich miteinander verknüpft sind.
Schreiben Sie etwa 200 Wörter.

PRÜFUNGSTRAINING – *Schriftlicher Ausdruck*

SCHREIBEN | Aufgabe ❷ → Arbeitszeit: etwa 20 Minuten

Beschreibung: Sie erhalten einen Brief oder eine elektronische Nachricht im formellen Register, der von einem Nicht-Muttersprachler verfasst wurde. In diesem Test sollen Sie zehn Fehler identifizieren. Für diese Aufgabe haben Sie etwa 20 Minuten Zeit.

Aufgabe: Eine spanische Freundin bittet Sie darum, einen Brief zu korrigieren, da Sie besser Deutsch können als Ihre Freundin.
- Schreiben Sie die richtige Form an den Rand (Beispiel 01).
- Wenn ein Wort falsch platziert ist, schreiben Sie das Wort und seinen Begleiter an den Rand (Beispiel 02).

Reutlingen, den 3.Juli....

Reklamation: Unterbringung **im** Pension „Zur schönen Aussicht" (01) *in der*

Sehr geehrte Damen und Herren,

habe ich bei Ihnen einen Intensivkurs gebucht und befinde mich   (02) *ich habe*
aus diesen Grund zur derzeit in Reutlingen.   1)_____
Leider müsste ich bei meiner Ankunft in der von Ihnen vermit-   2)_____
telten Pension feststellen, dass die Unterbringung gar nichts   3)_____
zufrieden stellend ist. In ihrem Katalog beschreiben Sie die   4)_____
Pension als ruhig gelegen mit Blick auf den nahen Berge. In   5)_____
Wirklichkeit liegt die Pension aber an einer lauten Hauptstraße
und außerdem man kann von meinem Zimmer aus nur auf eine   6)_____
Fabrik blickt. In der Dusche, die sehr alt und schmutzig ist, läuft 7)_____
permanent das Wasser, so das ich nicht schlafen kann. Bitte   8)_____
geben Sie mich sofort ein anderes Zimmer nicht auf der   9)_____
Straßenseite und mit einem neueren Bad. Andernfalls möchte
ich einen Teil meines Geld zurück.   10)_____

Mit freundlichen Grüßen

Maria Sanchez

PRÜFUNGSTRAINING – *Mündliche Prüfung*

Mündliche Prüfung

Beschreibung: Die mündliche Prüfung wird in der Regel als Paarprüfung durchgeführt. Darin sprechen die beiden Prüfungsteilnehmenden miteinander. Im besonderen Fall einer Einzelprüfung sprechen Sie ausschließlich mit den beiden Prüfenden.

Die Aufgabenblätter erhalten Sie 15 Minuten vor der Prüfung zur Vorbereitung. Dabei dürfen Sie keine Hilfsmittel wie zum Beispiel Wörterbücher verwenden.

Vor Beginn der eigentlichen Prüfung sollen Sie sich zunächst an die Situation gewöhnen und mit den Gesprächspartnern „warm werden". Ihre Aufgabe ist es, sich ausführlich vorzustellen. Dieser einführende Teil dauert etwa zwei Minuten und wird **nicht** bewertet. Sie könnten z.B. darüber sprechen:
- was Sie studieren, studieren wollen oder studiert haben,
- welchen Beruf Sie haben oder haben wollen,
- welche Fremdsprachen Sie sprechen,
- und Ähnliches.

TIPP: *Vor der mündlichen Prüfung*
Aussprachetraining
Arbeiten Sie vor der mündlichen Prüfung gezielt an Ihrer Aussprache. Nehmen Sie sich selber auf Tonband auf. Verwenden Sie als Basis die Übungsaufgaben in diesem Test. Spielen Sie diese einem Muttersprachler vor. Notieren Sie auffällige Abweichungen von der Standardsprache. Verwenden Sie gezielt die Phonetikübungen, um sich zu verbessern.

SPRECHEN | Aufgabe ❶ → Arbeitszeit: etwa 3 Minuten

Beschreibung: Bei dieser Aufgabe steht die freie Produktion im Mittelpunkt. Die beiden Teilnehmenden erhalten jeweils ein eigenes Thema in Form eines sehr kurzen Textes. Darüber sprechen Sie etwa drei Minuten lang frei. Sie sollen Ihre eigenen Gedanken möglichst zusammenhängend und ausführlich ausdrücken. Ihre Gesprächspartner greifen nicht ein.

TIPP: *Während der Prüfung*
Ordnen Sie die Technik der Strategie zu.
Welche Strategie halten Sie persönlich für besonders wichtig? Warum?

Strategie	Technik
Auf eigene Körpersprache achten	Ich gebe bei einem Thema, das mir vertraut ist, Beispiele und erwähne Hintergrundwissen.
Eigenes Wissen optimal einsetzen	Mein Redebeitrag hat einen erkennbaren Anfang und einen Schluss. Ich beginne mit einem Bezug zum Text, den ich gelesen habe. Ich gehe dann auf die Aufgabe Punkt für Punkt ein.
Kommunikation sichern	Ich halte Blickkontakt mit den Beteiligten, also dem Partner/der Partnerin der Paarprüfung und den Prüfenden.
Eine längere Äußerung strukturieren	Wenn möglich, verbessere ich eigene Fehler selber.
Sich korrigieren	Ich spreche deutlich.

PRÜFUNGSTRAINING – Mündliche Prüfung

Aufgabe:

Kinder und Konsum

Ben ist zwei Jahre alt und fast 65 Zentimeter groß. Läuft er den Bürgersteig entlang, sind Autos riesige Blechberge. Trotzdem erkennt er fehlerfrei: „Be-Em-We, Vau-We, Miiisubisi, Merceeedes."
Am Anfang schreit ein unberührter Mensch, der wächst und wächst, doch schnell wird die Kinderwelt zur Markenwelt. Die 12- bis 18-Jährigen kennen heute schon mehr als 130 Modemarken und -ketten, hat die Studie *Bravo Faktor Jugend* ermittelt. So ausgereift wird jeder Heranwachsende zum Konsumenten – und damit zum Ziel allen Wirtschaftens.

Präsentieren Sie Ihrem/r Gesprächpartner/in Thema und Inhalt des Artikels. Nehmen Sie kurz persönlich Stellung:

- Welche Aussage enthält die Meldung?
- Welche Beispiele fallen Ihnen dazu ein?
- Welche Meinung haben Sie dazu?

SPRECHEN | Aufgabe 2 → Arbeitszeit: etwa 10 Minuten

Beschreibung: In diesem etwa zehn Minuten langen Gespräch steht die Interaktion im Mittelpunkt. Die beiden Teilnehmenden sollen gemeinsam eine Aufgabe lösen.

TIPP: Vor der Prüfung
Wiederholen Sie die wichtigsten Redemittel.

Vorschläge machen
- *Ich schlage vor, wir ....*
- *Wir könnten vielleicht ....*
- *Wie finden Sie die Idee ....*
- *Was halten Sie davon, wenn wir ....*
- *Am besten wäre es, wenn wir ....*

Auf Vorschläge positiv reagieren
- *Das ist ein guter Vorschlag.*
- *Die Idee gefällt mir.*

Auf Vorschläge negativ reagieren
- *Ich würde gerne einen anderen Vorschlag machen.*
- *Ich hätte vielleicht eine bessere Idee.*
- *Da bin ich anderer Meinung.*

Sich einigen
- *Ja, so machen wir es.*

Sich nicht einigen
- *Hier müssen wir doch getrennte Wege gehen.*

TIPP: Während der Prüfung
Redeanteile
Lassen Sie nicht Ihren Gesprächpartner die ganze Arbeit machen. Achten Sie darauf, dass Sie nicht nur auf Vorschläge reagieren, sondern auch selber initiativ werden. Die Prüfenden möchten gerne von beiden Teilnehmenden genügend ausführliche Beiträge hören. Bleiben Sie dabei aber immer höflich.

Aufgabe:
Für eine Präsentation zum Thema „Mobilität im 21. Jahrhundert" sollen Sie gemeinsam eines der drei Fotos auswählen.
- Machen Sie einen Vorschlag und begründen Sie ihn.
- Widersprechen Sie Ihrem/r Gesprächspartner/in.
- Kommen Sie am Ende zu einer Entscheidung.

LÖSUNGEN

Lektion 1

S.7/1 Nomen, **positiv**: Fleiß, Großzügigkeit, Zuverlässigkeit; **negativ**: Aggression, Egoismus, Eifersucht, Maßlosigkeit, Schwäche, Trägheit; **neutral**: Stolz
Adjektive, **positiv**: ehrlich, flexibel, geduldig, gesellig, großzügig, hilfsbereit, höflich, humorvoll, interessiert, klug, reif, verantwortungsbewusst, zivilisiert, zufrieden; **negativ**: arrogant, böswillig, depressiv, unehrlich, eifersüchtig, eingebildet, unfexibel, ungeduldig, ungesellig, unhöflich, nervös, oberflächlich, unordentlich, pedantisch, unreif, schüchtern, unsensibel, verschlossen; **neutral**: anpassungsfähig, lebhaft, neugierig, ordentlich, sensibel

S.9/5 b) -e; -en c) Kasus-Signal

S.9/6 beliebten, gelesenen, zahlreiche, besondere, fremde, exotische, bestbesuchten

S.10/7 den/einen großen Erfolg, mit dem/einem großen Erfolg, des/eines großen Erfolges; die gute G., die/eine gute G., mit der/einer guten G., einer guten G.; das europaweite Unternehmen, das europaweite Unternehmen, ein europaweites Unternehmen, mit dem/einem europaweiten Unternehmen, des/eines europaweiten Unternehmens; viele unbekannte Welten, die unbekannten Welten, viele unbekannte Welten, mit den/vielen unbekannten Welten, der unbekannten Welten, vieler unbekannter Welten

S.10/9 b) -er, c) -es, d) -e, e) -e, f) -en, g) -en, h) -en, i) -e, j) -en, k) -e, l) -en, m) -en, n) -e, o) -en, p) -en

S.11/11 (1) heißes (2) Näheres (3) Genaueres (4) letzter (5) Interessantes (6) Neues (7) Neues/neues (8) unbekanntes (9) Historisches (10) Aktuellem

S.11/12 eingebildet, nervös, kritisch, altmodisch, oberflächlich, zynisch

S.12/13 2. 9/10 und 13/14; 3. 2/3; 4. 1; 5. 3; 6. 7/8; 7. 13/14; 8. 19; 9. 5/6; 10. 23/24

S.13/14 Wenn ich gelangweilt bin, wippe ich mit den Füßen. Wenn ich nervös bin, kaue ich meine Fingernägel / an meinen Fingernägeln. Wenn ich wütend bin, stemme ich die Hände in die Hüften. Wenn ich ängstlich bin, beiße ich mir auf die Lippen. Wenn ich ratlos bin, kratze ich mich am Kopf. Wenn ich ablehnend bin, verschränke ich die Arme.

S.13/15 erzkonservativ, superreich, urkomisch, urplötzlich, hochintelligent, superschlau, supermodern, hochmodern, überglücklich, todschick, todunglücklich, bildschön, wunderschön

S.13/16 b) für, c) In, d) im, e) mit, f) bei, g) über, h) darüber, i) für, j) davon, k) an, l) von

S.14/17 **Charakter**: eifersüchtig, freundlich, ordentlich, temperamentvoll, herzlich, höflich, sensibel, treu, humorvoll, stolz, fleißig, zuverlässig, geduldig, verantwortungsvoll; **Gegenteil**: großzügig/tolerant, unfreundlich, unordentlich, temperamentlos, herzlos, unhöflich, unsensibel, untreu, humorlos, bescheiden, faul, unzuverlässig, ungeduldig, verantwortungslos
Aussehen: schön, sportlich, gepflegt; **Gegenteil**: hässlich, unsportlich, ungepflegt

S.14/18 a) recht/ziemlich/ganz, b) total/absolut, c) besonders/höchst/ausgesprochen, d) etwas/recht, e) sehr/ausgesprochen/besonders, f) total, g) höchst/total/absolut

S.15/21 Kurt Tucholsky wurde am 9. Januar 1890 als Sohn eines Kaufmanns in Berlin geboren. Er wuchs in Berlin auf und verbrachte seine gesamte Schulzeit in Berlin. Von 1896 bis 1909 besuchte er das Gymnasium. Dort legte er die Reifeprüfung ab.
Er studierte Jura und schloss das Studium mit der Promotion ab. Im Ersten Weltkrieg wurde er zum Wehrdienst eingezogen. Den Wehrdienst leistete er mit äußerstem Widerwillen. Er musste mehrere Jahre als Soldat bei der Armee dienen. Nach dem Krieg nahm er eine Stelle als Leiter der humoristischen Beilage in einer Berliner Tageszeitung an. Nach einer kurzen Zeit als Privatsekretär in einem Bankhaus wurde er als Mitarbeiter bei der Zeitschrift *Die Weltbühne* angestellt.
1924 verließ er seine Heimat Berlin zum ersten Mal für längere Zeit. Er ging ins Ausland und lebte zunächst fünf Jahre in Paris. Danach beschloss er, nicht nach Deutschland zurückzukehren, sondern nach Schweden auszuwandern. Von dort aus unternahm er Reisen nach England und Frankreich.
Tucholsky war mehrmals verheiratet. Die Ehe mit der Ärztin Else Weil wurde nach wenigen Jahren geschieden. Und auch von seiner zweiten Frau, Mary Gerold, ließ er sich scheiden. Er hatte keine Kinder.
Tucholsky starb am 21. 12. 1935 in Schweden. Er nahm sich das Leben.

S.16/22 auf einem Friedhof beerdigt sein, das Abitur machen/bestehen, eine Diplomprüfung machen/bestehen, eine Schule/einen Kurs besuchen, Reisen unternehmen/machen, zum Militär eingezogen werden, Zeit im Ausland verbringen

S.16/23a aggressiv, depressiv, formal/formell, intelligent, komisch, modern/modisch, moralisch, praktisch, prominent, reaktionär, revolutionär

S.16/23b befreien, unfrei, Freiheit, freilich, freiheitlich, befreien; Neuheit, Neuigkeit, erneuern, neulich; unschön, schönen, verschönern, Schönheit

LÖSUNGEN

S.17/24 **Adjektiv + Nomen:** Altpapier, Blaulicht; **Adjektiv + Verb:** warm halten; **Adjektiv + Adjektiv:** armselig, leichtsinnig, neureich

S.17/25 b) ehrlich, c) herzhaftes, d) altmodisch, e) stilistisch, f) traumhaft, g) eigenhändig, h) lebhaft, i) neugierig, j) vernünftig, k) egoistisch, l) ernsthaft, m) chronischen, n) gesellige, o) pedantisch, p) arbeitslos, q) großzügig, r) kritisch.

S.17/26 b) ein Arbeitsloser, c) ein Bekannter, d) ein Reisender, e) ein Fremder, f) ein Beamter, g) ein Angeklagter, h) ein 18-Jähriger/Volljähriger/Erwachsener

S.18/27 a) 1894 verließ er die Schule ohne (einen) Abschluss. b) (Im Jahre) 1900 schloss er das Studium der Physik mit einem Diplom ab. c) 1901 arbeitete er drei Monate als Hilfslehrer am Technikum in Winterthur. d) 1902 wurde er Beamter im/am Patentamt in Bern. e) 1911 wurde er ordentlicher Professor an der deutschen Universität in Prag. f) 1913, im Alter von (nur) 34 Jahren, entwarf Einstein die „Allgemeine Relativitätstheorie". g) 1921 erhielt er den Nobelpreis für/im Fach Physik. h) (Von) 1913 bis 1933 war er Direktor des „Kaiser-Wilhelm-Instituts" in Berlin. i) 1933 emigrierte er in die USA. j) (Von) 1933 bis 1945 arbeitete er als Professor an der Universität (von) Princeton, USA. k) 1941 erhielt/erlangte er die amerikanische Staatsbürgerschaft. l) Einstein starb (im Jahre) 1955 in Princeton.

S.19/30 freche, humorvolle; scharfen; leichte; schwedische; hübschen; schimmernde schwedische; rauschende; endlose; durchliebte; sonnendurchglühte; leidenschaftlichen; freizügigen; erotische; politischen; sonnige; dekadente; letzten

S.19/31 (2) irgendetwas Schlimmes, (3) irgendwelche/sämtliche guten, (4) viele/einige/sämtliche jungen, (5) einige/irgendwelche guten, (6) solchen großen, (7) irgendetwas Essbares, (8) Jedes kleine, (9) irgendwelche anderen, (10) Solche unkontrollierbaren, (11) einige neuere, (12) irgendetwas Leckeres

S.20/2a Bürger; wütend; Lüfte; Düfte; Ausdrücke; Grüße; Züge; Buch; Hut, Mutter; Vernunft; fuhr; Fuß; Bruder; Tür; für; Küste; Flüge; Züge; müssen; liegen; Gericht; Spielen; Kissen; missen

S.21/4 muss; musste; muss; musst; muss; muss

Lektion 2

S.23/1 benachrichtigen, die Benachrichtigung; berichten, der Bericht; beschreiben, die Beschreibung; interviewen, das Interview; kommentieren, der Kommentar; meinen, die Meinung; mitteilen, die Mitteilung; reagieren, die Reaktion

der Akzent, -; die Amtssprache, -; der Dialekt, -; die Hochsprache, -; der Klang, klingen; die Umgangssprache, -

S.24/2 a) **Verb im Perfekt:** ich habe gelesen; **Verb im Präsens:** Leser fragen, Fachleute antworten, Eltern können viel tun, mein Tobias ist, es gibt, ich kann machen, Sie meinen, Vokabular und Grammatik sollen geschult werden (= Vorgangspassiv im Modalsatz), die Antwort lautet, es gibt, etwas wird, Kinder sind; **Infinitiv:** Sprachenlernen fördern (im Titel), Eltern können viel tun; zu unterstützen, ich kann machen, beizubringen, auseinanderzuhalten; **Modalverb:** Eltern können viel tun, ich kann machen, geschult werden sollen; **Nomen-Verb-Verbindung:** zur Dressur werden, in der Lage sein; **Verb mit trennbarer Vorsilbe:** beibringen, auseinanderhalten; **Verb mit nicht trennbarer Vorsilbe:** unterstützen; **Verb mit fester Präposition:** werden zu + Dat.

b) Die Leserin möchte gerne wissen, inwieweit die Eltern das Sprechenlernen von Babys ab dem 3. Monat unterstützen (fördern) können und ob es Übungen gibt, die sie mit ihrem Söhnchen machen könnte.

c) Die Expertin ist der Meinung, dass es sinnlos ist, mit ganz jungen Babys irgendwelche Vokabular- oder Grammatikübungen zu machen. Sie rät der Leserin entschieden ab, in dieser Hinsicht etwas zu unternehmen.

S.24/3 **Grundverben + Ergänzungen:** bleiben + wo? (Lokalergänzung), fallen + wohin? (Direktivergänzung), führen + Akk., imitieren + Akk., kommen, leben + Adjektiv/wo? (Lokalergänzung), leisten + Akk., lernen + Akk., notieren + Akk., passieren + Akk. + Dat., setzen + wohin? (Direktivergänzung); **Verben mit trennbarer Vorsilbe:** aufnehmen, ausbilden, durchführen, herausfinden, hineinwachsen, hinzukommen, vorgehen, weglassen; **Verben mit nicht trennbarer Vorsilbe:** beherrschen, beobachten, betreffen, empfehlen, erfassen, erreichen, erwarten, geschehen, übersetzen, unterhalten, unternehmen, untersuchen, verbessern, verbinden, vergleichen, verzichten, vollziehen; **Verben + feste Präposition:** erinnern an + Akk., ausbilden in/an + Dat., führen zu + Dat., hineinwachsen in + Akk., hinzukommen zu + Dat., reagieren auf + Akk., setzen auf + Akk., sprechen von + Dat., sprechen über + Akk., stehen auf + Akk., suchen nach + Dat., vergleichen mit + Dat., verzichten auf + Dat., vorgehen gegen + Akk.; **Modalverben:** müssen, wollen

LÖSUNGEN

S.25/4 b) geht, c) gehört, d) verzichten, e) teilzunehmen, f) zählen, g) kommt ... an, h) hängen ... ab, i) gewöhnen, j) achten, k) liegt, l) denken

S.25/5 b) mit, c) über, d) auf, e) von, f) um, g) Für, h) über, i) für, j) um, k) Zu, l) an, m) auf, n) mit, o) an, p) über, q) mit, r) über, s) über, t) Über, u) um, v) über, w) an, x) über, y) von

S.26/6 a) Sie bekämpfen ihre Feinde. b) Wie urteilen Sie über diesen Fall? c) Hoffentlich wird sie unseren Rat befolgen. d) Wir bewohnten ein kleines Appartement. e) Wir staunen über den modernen Außenlift.

S.26/7 verblühen – Blumen, verbrennen – Kohle, verdampfen – Wasser, verderben – Obst, verfallen – Häuser, vergehen – Schmerzen, verhungern – Lebewesen, verklingen – Musik, verrosten – Geräte aus Eisen, verschimmeln – Brot

S.26/8 besser – verbessern, billig – verbilligen, öffentlich – veröffentlichen, scharf – verschärfen, schön – verschönern, stark – verstärken, teuer – verteuern
b) verbilligt/verteuert, c) verbilligt, d) verschönert, e) verstärken, f) verbessert, g) verschärft

S.27/9 b) entspannt, c) entsorgt d) entwaffnet, e) entmachtet, f) entwertet

S.27/10 die Mafia zerschlagen, das verdorbene Essen erbrechen, sich selbst aus Verzweiflung erhängen, ein Stück Papier zerreißen, jemanden mit einem Beil erschlagen, ein Glas zerbrechen, eine Ameise zertreten, ein Haus durch eine Bombe zerstören, ein Haus/Auto erwerben

S.27/11 trennbare Verben

S.28/12 b) verlassen, c) erlassen, d) zulassen, e) ausgelassen, f) entlassen, g) hinterlassen, h) anzulassen, i) überlassen, j) zerlassen

S.28/13 a) 2 verfahren, 3 erfahren, 4 befahren;
b) 1 vertragen, 2 beträgt, 3 betragen, 4 ertragen;
c) 1 versetzt, 2 ersetzen, 3 besetzt, 4 versetzt;
d) 1 bestellen, 2 erstellen, 3 verstellt; e) 1 belegt, 2 verlegt, 3 erlegt

S.29/14 Bild 1: ... macht das Bett; Bild 2: ... macht sich Gedanken/Sorgen; Bild 3: ... macht eine Reise.

S.29/15b eine Entscheidung / einen Freund / eine Veränderung machen

S.29/15c ein Angebot machen – anbieten, einen Vorschlag machen – vorschlagen, einen Versuch machen – versuchen, Angaben machen – angeben, einen Vorwurf machen – vorwerfen, eine Mitteilung machen – mitteilen, einen Besuch machen – besuchen

S.29/15d einen Fleck wegmachen (entfernen), das Licht ausmachen (löschen), das Licht anmachen (anzünden), die Tür aufmachen (öffnen), die Tür zumachen (schließen), vormachen (zeigen), eine Bewegung nachmachen (imitieren), eine schwere Zeit durchmachen (erleben), einen Termin ausmachen (aushandeln), einen Termin abmachen (verabreden/fixieren), das Obst aus dem Garten einmachen (einkochen), ein Vermögen vermachen (vererben), die Arbeit eines Kollegen mitmachen (übernehmen), das Radio anmachen (einschalten), das Radio ausmachen (ausschalten), das Fenster aufmachen (öffnen), das Fenster zumachen (schließen), eine Turnübung vormachen (vorzeigen), eine Turnübung nachmachen (imitieren), eine Turnübung mitmachen (beteiligen)

S.30/16 ein Referat halten; ein Thema anschneiden; eine Antwort geben; eine Auskunft erteilen; eine Frage haben/stellen; eine Rede halten; einen Hinweis geben; einen Rat geben; ins Gespräch bringen/kommen; zum Ausdruck bringen/kommen; zur Diskussion bringen/stellen; zur Sprache bringen/kommen

S.30/17 Die Schweiz hat circa 7 Millionen Einwohner. Die Hauptstadt heißt Bern. In der Schweiz bezahlt man mit Schweizer Franken. Es gibt vier Amtssprachen: Deutsch, Französisch, Italienisch und Rätoromanisch. Die Schweiz ist ein Bundesstaat mit 22 Kantonen. Über zwei Drittel der Fläche sind Berge. Circa zwei Drittel der Schweizer sprechen Deutsch als Muttersprache, circa 20% Französisch, 8% Italienisch und nur etwas mehr als ein halbes Prozent Rätoromanisch. Fast 9 Prozent sind Ausländer, die eine andere Muttersprache sprechen. Fast die Hälfte der Schweizer sind Katholiken, etwa 40% sind Protestanten. Etwas mehr als 2 Prozent sind Muslime, aber nicht einmal ein halbes Prozent sind Juden. Knapp zwei Drittel der Schweizer leben in Städten. Die wichtigsten Städte sind Zürich, Basel, Genf und Lausanne.

S.31/19 lernen: Wer? der Kursteilnehmer/die Kursteilnehmerin; Bei wem? bei der Kursleiterin; Wo? im Institut, im Unterrichtsraum, im Klassenzimmer, in der Bibliothek; Womit? mit dem Lehrwerk, mit der Kassette, mit der Lernkartei; Was? den Lernstoff, Deutsch; Wie? eifrig, auswendig, intensiv, genau
studieren: Wer? der Student/die Studentin; Bei wem? beim Dozenten/bei der Dozentin, bei dem Professor/bei der Professsorin; Wo? an der Hochschule, am Institut, im Hörsaal, in der Vorlesung, in der Bibliothek; Was? Naturwissenschaften, das Fach, Deutsch, Geisteswissenschaften, Germanistik, die Sekundärliteratur, die Fachliteratur; Wie? eifrig, intensiv, praxisorientiert, genau

S.31/20 (a) Hochschule (b) Hauptschule (c) Berufsschule (d) Realschule (e) Fachhochschule (f) Grundschule (g) Gesamtschule (h) Gymnasium

LÖSUNGEN

S.32/22 Frankfurt, 17.03.20.. / Reklamation ... / Sehr geehrte Damen und Herren, / Sie / Mit freundlichen Grüßen

S.33/24 a) Brief erhalten; b) Ihr Päckchen mich gefreut hat; c) mir weiter zugeschickt wird; d) für meine berufliche Tätigkeit; e) nicht per Luftpost/per normaler Post/auf dem Landwege; f) dass ich umgezogen bin; g) finden Sie unten/liegt bei; h) Mit herzlichen Grüßen/Herzliche Grüße und vielen Dank; i) Lassen Sie es sich gut gehen

S.33/25 **Pro:** vergessen; kommt der Vorteil; Vorteil/Aspekt/Punkt; Wert auf; **Contra:** überzeugt; bezweifle; Meinung; davon; kaum/nicht; Ich bin der Meinung/Ich meine; das Argument; dürfen

S.34/27 **Stellenanzeigen:** zunächst in der Zeitung selektiv, um eine passende Anzeige zu finden, dann detailliert, um herauszufinden, ob alle Details auf mich passen; **Übung:** detailliert, weil alle Details wichtig sind für die richtige Lösung; **Gedicht:** detailliert, weil in einem Gedicht jedes Wort und jedes Satzzeichen wichtig ist; **Zeitungsnachrichten:** alle drei Stile sind möglich; global, um interessante Nachrichten zu finden; selektiv, um einen Überblick zu gewinnen; detailliert, wenn mich die Nachricht wirklich interessiert; **Gebrauchsanweisung:** selektiv, um die Passage zu finden, in der mein Problem beschrieben ist; detailliert, wenn ich die Stelle gefunden habe, die für mich im Moment wichtig ist; **Beipackzettel:** zunächst selektiv, bis ich die Information gefunden habe, die ich brauche, dann detailliert; **Katalog:** selektiv, detailliert, wenn ich ein interessantes Produkt gefunden habe

S.35/28 Mit Büchern bin ich aus der Wirklichkeit geflohen; mit Büchern bin ich in sie zurückgekehrt. Ich habe, lesend, meine Umgebung vergessen, um die Umgebungen anderer zu erkunden. Auf Sätzen bin ich durch die Zeiten gereist und rund um die Erde. Bücher haben mir Angst gemacht und Bücher haben mich ermutigt. Sie sind meine Waffe. Eine andere habe ich nicht.

S.35/29 b) über, c) beim, d) gegen, e) an, f) um, auf, g) an, h) auf, auf, i) für - nach, j) vor - mit, k) über, l) zu

S.35/30 b) bestand, c) basierte, d) ging ... aus, e) begann, f) hing ... ab, g) achtete

S.36/31b **Verben mit Präpositionen + Dat.:** unterbringen bei; **Verben mit Präpositionen + Akk.:** halten für, ausfragen über, verwickeln in; **Verben mit trennbarer Vorsilbe:** einsperren, aufwachsen, freisetzen, ausfragen, unterbringen, einholen; **Verben mit nicht trennbarer Vorsilbe:** erzählen, vertauschen, beeinflussen, bestaunen, entgehen, verwickeln, erzählen

S.36/32 b) erzählt/sagt, c) sprechen, d) spreche - spricht, e) redet, f) Sag/Sagt/Sagen Sie, g) sprechen, h) Sprich/Sprecht/Sprechen Sie, i) sagt, j) sagte

S.37/2 Lehrer, Lehrerin, Lehrerinnen; Leser, Leserin, Leserinnen; Dichter, Dichterin, Dichterinnen; Sänger, Sängerin, Sängerinnen; Spieler, Spielerin, Spielerinnen

S.37/4 in der linken Spalte

Lektion 3

S.39/1 auswählen = sich zwischen verschiedenen Möglichkeiten entscheiden; erklären = die Bedeutung eines Wortes angeben; übersetzen = von einer Sprache in eine andere übertragen; verstehen = die Bedeutung von etwas kennen/wissen; wiederholen = etwas noch einmal lernen

S.40/3 **ableiten aus bekannten Wörtern:** Herzstück, Kernstück; **verstehen aus einem anderen Teil des Textes:** überquellend - Ergänzung zu Leben = wie Milch, die im Kochtopf überkocht (überquillt); in den Himmel schießt - Ergänzung zu Fernsehturm = sehr hoch; beklemmend - Ergänzung zu dramatisch und Mauer, Flüchtende = bedrückend, deprimierend; mit ganz besonderer Note = von besonderer Art

S.41/5 (1) Dank deiner, (2) von deiner Wohnung aus, (3) gegenüber der, (4) Innerhalb der, (5) außerhalb des

S.41/6 nicht richtig: Er ist übersichtlich.

S.42/7 **Position 1:** Wir; Beate; Wegen des schlechten Wetters; Einige von uns; Die anderen; **Position 2:** haben; hat; mussten; waren; wohnten; **Position 3, 4:** am ersten Tag zu Fuß einen Stadtrundgang; dabei in einer kleinen Seitenstraße ein schönes Café; wir die letzten Urlaubstage in Museen; bei einer Familie privat; in einem Jugendhotel; **Endposition:** gemacht; entdeckt; verbringen; untergebracht

S.42/8 a) Nach dreistündigem Schlangestehen verließ Christoph genervt das Museum. / Christoph verließ nach dreistündigem Schlangestehen genervt das Museum. b) Wir sind nach dem Frühstück gerne noch etwas im Hotel geblieben. / Nach dem Frühstück sind wir gerne noch etwas im Hotel geblieben. c) Der Rasen ist durch die starken Regenfälle ziemlich nass. / Durch die starken Regenfälle ist der Rasen ziemlich nass. d) Die Friedrichstraße war am Montag wegen Bauarbeiten teilweise gesperrt. / Wegen Bauarbeiten war die Friedrichstraße am Montag teilweise gesperrt. / Am Montag war die Friedrichstraße wegen Bauarbeiten teilweise gesperrt. e) Inge wartet schon seit einer Stunde ungeduldig vor dem Brandenburger Tor auf ihre Freundin. / Schon seit einer Stunde wartet Inge unge-

LÖSUNGEN

duldig vor dem Brandenburger Tor auf ihre Freundin. f) Ich trinke vor dem Nachhausegehen noch schnell in einer Eckkneipe ein Glas Berliner Weiße. / Vor dem Nachhausegehen trinke ich schnell noch ein Glas Berliner Weiße in einer Eckkneipe. g) Ich hätte heute morgen bei der Kälte am liebsten drei Pullover angezogen. / Heute morgen hätte ich bei der Kälte am liebsten drei Pullover angezogen.

S.42/9 a) temporale vor lokaler Angabe: ... schon mal in Berlin ... b) Verb an Position 1 im Imperativsatz: Lass uns am Sonntag ... c) Endposition von Verb 2: ... einen Brief an sie geschrieben. d) Angaben vor Präpositionalergänzung: ... um acht Uhr mit dem Bus zur Arbeit. e) Verb an Position 2: Dieses ist das langweiligste Buch ... f) temporale vor modale Ergänzung vor Präpositionalergänzung: ... vor fünf Jahren freiwillig ins Ausland. g) Verb an Position 1 im Imperativsatz, Verb im Nebensatz in die Endposition: Sei etwas ... / ... zum Anziehen kaufst.

S.43/10 a) Er hat gestern eine Karte an seinen Freund geschrieben. b) Im Hotel gab es gestern Abend schrecklich viel Lärm wegen der Ankunft einer neuen Reisegruppe. c) Peter fuhr mit seinem Fahrrad ganz allein durch die neuen Bundesländer. d) Während unseres Berlinbesuchs waren wir auch im Theater. e) Betty schenkte ihrer Gastfamilie zum Abschied ein Andenken aus ihrer Heimat. f) Sie versprach der Familie, sie bald wieder zu besuchen.

S.43/11 Becky Bernstein goes Berlin ist der Titel des intelligenten Romans | über eine amerikanischen Künstlerin mit Wohnsitz in Berlin. Die Autorin hat Literaturwissenschaft in New York studiert und kam wie ihre Romanfigur 1972 | nach Berlin. Sie ist | Moderatorin beim Hörfunk. Sie war | 24. Die Liebe | dauerte allerdings nicht sehr lange. Die Liebe zu Berlin | hält an. Sie hat | zu erzählen. Becky Bernstein hat als Kind in Brooklyn East, | gewohnt. „Berlin ist ein kleines New York", sagt | Becky einmal. „Es hat die Spannung | einer Millionenstadt. Aber es hat | den provinziellen Charme der alten Welt." Becky ist auf der Suche nach | dem passenden Mann. Beides, | teilt die Heldin mit vielen Frauen in Deutschland und in den USA. Das Buch präsentiert die Stadt | als weitere Hauptfigur. Holly-Jane Rahlens erzählt | vom geteilten Berlin und vom Mauerfall. Ein | amüsanter Roman.

S.44/12 **in den Vororten und Wohngebieten:** das Hochhaus, der Kindergarten, das Mehrfamilienhaus, die Moschee, die Kirche, Reihenhäuser, das Schwimmbad, die Schule, der Spielplatz, das Sportstadion, die Universität, der Wohnblock; **im Industriegebiet:** das Einkaufszentrum, das Elektrizitätswerk; **im historischen Stadtkern:** die Kirche, der Markt, das Opernhaus, das Rathaus, das Restaurant, das Theater, die Universität; **im Zentrum:** die Bank, das Bürogebäude, der Busbahnhof, das Café, das Hochhaus, das Kaufhaus, das Kino, die Konzerthalle, die Kunstgalerie, der Markt, die Moschee, das Museum, das Opernhaus, das Parkhaus, das Postamt, das Rathaus, das Restaurant, das Schuhgeschäft, der Supermarkt, das Theater, die Universität; **im Vergnügungsviertel:** das Café, das Kino, die Konzerthalle, die Kunstgalerie, der Nightclub

S.44/13 Das Wiener Kaffeehaus ... Sein Erfinder ... Er soll ... Schnell wurde ... Bis 1840 ... Für jeden Wiener ... Erst als ... Die große Zeit ... Doch gerade ...

S.45/16 Frankfurt, 17.03.20..; Lieber Sven; du; Beste Grüße

S.46/17 was mache ich – was ich den ganzen Tag mache; Wochentagen ich gehe – Wochentagen gehe ich; Nachdem – Nach dem; in die Mediothek meistens noch – meistens noch in die Mediothek; gleich nach Hause gehen – gehe gleich nach Hause; oft ich verreise – verreise ich oft; Zum Beispiel ich bin – Zum Beispiel bin ich; mir hat gefallen – hat mir ... gefallen; bin ... besucht – habe ich das ... besucht/bin ... gegangen; aber habe ich – aber ich habe; Leider, meine Wohnung ist – Leider ist meine Wohnung; Deshalb ich muss – Deshalb muss ich; leicht für mich nicht – nicht leicht für mich; schreibst wieder – wieder schreibst

S.46/19 a) Es scheint, als ob die Berliner keine Zeit hätten. Vielleicht haben die Berliner keine Zeit, weil sie so viel arbeiten. b) Es scheint, als ob in dieser Stadt geschuftet würde. Vielleicht wird in Berlin so viel gearbeitet, dass keiner mehr Zeit hat, um zum Beispiel ins Kino zu gehen. c) Es scheint, als ob der Berliner sich nicht unterhalten könnte. Vielleicht können sich die Berliner nicht unterhalten, weil sie schlechte Zuhörer sind. d) Es scheint, als ob die Berliner einander fremd wären. Vielleicht sind die Berliner einander fremd, weil sie sich nicht miteinander unterhalten.

S.47/20 nach; Durch; als; unter; von; trotz; vor; seit

S.48/21 a) Weißt du, dass der deutsche Regisseur W.W. vor einigen Jahren einen Spielfilm über Berlin drehte? b) Vor einigen Jahren drehte der deutsche Regisseur W.W. einen Spielfilm über Berlin. c) Worüber drehte W.W. einen Spielfilm? d) Weißt du, wer vor einigen Jahren einen Spielfilm über Berlin drehte? / a) In Cannes erhielt

159

LÖSUNGEN

der Film die goldene Palme für die beste Regie. b) Weißt du, wofür der Film die goldene Palme erhielt? c) Wussten Sie, dass der Film in Cannes die goldene Palme für die beste Regie erhielt? d) Wofür erhielt der Film die goldene Palme?

S.48/22 Am 1. November ... Dieses Datum ... Das Jubiläum ... Dabei werden ... Sie alle belegen ...

S.48/23 **Form:** breit, länglich, oval, rechteckig, schmal, undefinierbar, unregelmäßig, viereckig; **Stil:** altdeutsch, barock, historisch, klar, klassisch, undefinierbar, verspielt; **Größe:** breit, imposant, riesig, schmal, winzig

S.49/3c 1e; 2i; 3f; 4h; 5a; 6c; 7d; 8b; 9g

Lektion 4

S.51/1 er bilanzierte; sie lehnten ab; ich bewirkte; er schuf/schaffte; sie pflegten; ich jobbte; er plauderte; sie protokollierten; ich schlenderte; er stapelte; sie tauschten; ich verdrängte; er war vorhanden

S.52/3 hält; nimmt; fährt; sitzt; steigt; bedankt; geht; trainieren; legt; öffnet; bedankt

S.53/4 (a) der Kaufmarkt; (b) das Einkaufshaus; (c) der Einkaufshandel; (d) Versand-Shopping; (e) der Versandmarkt

S.53/5 **Apotheke:** Medikamente; **Boutique:** (modische) Kleidung; **Buchhandlung:** Bücher; **Drogerie:** Kosmetik, Putzmittel, Tiernahrung etc.; **Feinkostladen:** Delikatessen, Wurstwaren, Salate, Käse etc.; **Juwelier:** Schmuck, Uhren; **Kaufhaus:** alles; **Kiosk:** Zigaretten, Getränke, Presse, Süßigkeiten etc.; **Reformhaus:** gesunde Nahrungsmittel, Naturkosmetik etc.; **Schreibwarengeschäft:** Papierwaren, Schreibartikel, Büroartikel etc.; **Zoogeschäft:** Kleintiere, Ausstattung, Futter und Pflegemittel für Tiere

S.54/7 **Personen:** der Hersteller, die Kassiererin, der Kunde, der Lieferant, der Verbraucherschützer; **Orte:** die Einkaufspassage, das Einkaufszentrum, die Filiale, der Flohmarkt, das Kaufhaus, das Lager, das Versandhaus, die Werbeagentur, der Wochenmarkt; **Leistungen:** das Angebot, der Artikel, das Markenprodukt, das Schnäppchen, die Werbekampagne

S.54/8 Lösungsvorschläge: (b) Im Gegensatz zu normalen Supermärkten gibt es bei Aldi nicht mehr als 600 Artikel. (c) Die Waren werden nicht wie bei normalen Supermärkten aus den Kartons ausgepackt. (d) Im Unterschied zu normalen Supermärkten bekommen bei Aldi die Geschäftspartner keine Geschenke. (e) Bei Aldi gibt es - im Gegensatz zu normalen Supermärkten - keine Markenprodukte. (f) An den Kassen wartet man bei Aldi nicht so lange wir in normalen Supermärkten.

S.54/9 (b) kaum etwas/nichts (c) nichts/nicht viel (d) kein Vergnügen (e) kaum/nicht sehr ausführlich (f) keine/nicht mehr viel (g) nicht so gut (h) niemals (i) nicht so schlecht (j) haben wir nicht eingesteckt (k) nicht gern (l) niemals/nicht ein einziges Mal (m) nicht (n) Nicht alle (o) war nicht groß genug (p) kaum Geld/nicht viel Geld (q) keine interessanten

S.55/10 humorlos, verantwortungslos, gewaltlos; die anderen werden mit *un-* negiert

S.55/11 (a) Tippfehler (b) Betreff; Empfänger (c) Anrede (d) Umgangssprache (e) Grußformel (f) Unterschrift (g) Postadresse

S.55/12 (a) Geld für Kleidung ausgeben. (b) stehen Schuhe. (c) Handys werden 71 Mio. Euro ausgegeben. (d) Lösungsvorschlag: Getränke, Fastfood und Süßigkeiten. (e) 19 Mio. Euro ausgegeben. (f) Lösungsvorschlag: sind Videos und Bücher. (g) werden für Schulsachen augegeben.

S.56/13 (b) Wahrscheinlich geben die jungen Leute bei uns mehr/weniger Geld für Kino aus. (c) Junge Menschen in unserer Gegend verwenden ihr Taschengeld eher für ... (d) Ich vermute, dass ... sehr beliebt sind. (e) Bei uns brauchen Jugendliche bestimmt nicht so viel Geld für ... wie die Deutschen.

S.56/14 (a) nie; keine; nichts (b) nicht das eigene Bett?/ das eigene Bett nicht? (c) nicht hatte (d) Ich verteufle Geld ja nicht. (e) keinen; will nicht dogmatisch sein (f) die man nicht unbedingt braucht (g) die nicht dringend nötig sind

S.56/15 passiver Zuhörer: Stichpunkte mitnotieren, das Gehörte in einzelnen Abschnitten noch einmal hören, das Gehörte nachsprechen oder mitsprechen

S.57/18 brechen, brach auf, ist aufgebrochen; gehen, ging aus, ist ausgegangen; bringen, brachte bei, hat beigebracht; schreiben, beschrieb, hat beschrieben; stehen, bestand, hat bestanden; tragen, betrug, hat betragen; ziehen, zog ein, ist/hat eingezogen; tragen, ertrug, hat ertragen; halten, hielt sich auf, hat sich aufgehalten; lassen, ließ sich nieder, hat sich niedergelassen; kommen, kam vor, ist vorgekommen

S.58/19 passierte, gab, fraßen, verlangten, trat, trug, erklärte, schafft, geben, hörte, ging, kamen, stand, ertranken, rieben, klopfte, erwiderte, war, bereuen, schüttelte, halten, schliefen, strömten, führte, entdeckten, dachten, gehört

S.59/1 Ameisen; reisen; Beine; weise; Teil; Reise

S.59/2 eigen – faule – frei – heiß – reich – Reifen – schleichen – staunen

S.59/3 Eissee – Braunschweig – Freiburg – Heidelberg – Lindau – Leipzig – Passau – Pforzheim – Traunstein

LÖSUNGEN

S.59/4 ei: Eifer – Fleiß – Geist – Leiden – Preis – einen – speichern – Verein – weit – Zweig au: außen – Bau – behaupten – traurig äu/eu: Fräulein – Gebäude – Leute – Neu – neun – verstreut

Lektion 5

S.62/2 a) sie wüsste, ich wäre, du könntest, ihr hättet, sie gingen, wir würden helfen, er nähme (würde nehmen), ihr würdet arbeiten, sie bräuchten, du dürftest, wir wollten, das hieße (würde heißen), ich schliefe (würde schlafen), sie sollten; b) ich wäre gefahren, er hätte gespielt, sie hätte geholt, wir hätten gewusst, sie hätten gedurft, du hättest gesehen, er wäre geflogen, ihr wärt geblieben, ich hätte gekannt, er wäre ausgegangen, er wäre gekommen, wir hätten gemacht, sie hätte erzählt, sie hätten überlebt, er wäre erstaunt gewesen, sie hätten gedroht

S.62/3 a) haben, sein, Modal-: b) würde, Original

S.62/4 Lösungsbeispiele: a) Wenn man Naturkatastrophen verhindern könnte, würde man viele Menschenleben retten. b) Wenn diese Methode veraltet wäre, würde man sie nicht mehr so häufig einsetzen. c) Wenn es in meiner Heimat nur glückliche Menschen gäbe, bräuchte man dort keine Psychiater mehr. d) Wenn ich an der Ehrlichkeit von Politikern zweifeln würde, würde ich nicht mehr zu den Wahlen gehen. e) Wenn Computer und Roboter in Zukunft alle Arbeiten übernehmen könnten, hätten die Menschen ein angenehmes Leben.

S.63/5 Lösungsbeispiele: Bild 2) Wenn Tiere sprechen könnten, würden sie sich viel erzählen. Bild 3) Wenn der Mensch vier Hände hätte, könnte er schneller arbeiten. Bild 4) Wenn Babys schon lesen und schreiben könnten, bräuchten sie es später nicht mehr in der Schule zu lernen.

S.63/6 *darauf* bezieht sich auf Speiseplan; *die* bezieht sich auf Leckerbissen; *das* bezieht sich auf Wasser; *Darüber* bezieht sich auf Röhren über eine Fläche; *Die* bezieht sich auf Sonnenkollektoren; *Das* bezieht sich auf künstliche Kohlehydrate, Öle und Eiweiß; *Dazu* bezieht sich auf das beschriebene Verfahren zur Herstellung synthetischer Lebensmittel.

S.63/7 a) das, dies; es; 1; b) es; 1; c) da(r)-, rückwärts

S.64/8 Lösungsbeispiele: a) eine Kreditkarte: dafür braucht man ein Bankkonto; damit kann man Geld vom Automaten abheben oder bargeldlos bezahlen; dadurch braucht man nicht mehr so viel Angst vor Taschendieben zu haben; b) eine Weltreise: davon träumen viele Menschen; dabei kann man viele verschiedene Länder und Kulturen kennen lernen; darauf muss man sich gut vorbereiten; c) die Zukunft: davor haben manche Leute Angst; darauf freuen sich andere Leute; d) eine Zeitmaschine: davon sprach man schon vor vielen Jahren; damit könnte man in die Vergangenheit oder in die Zukunft reisen; dadurch könnte man das Leben anderer Epochen beeinflussen.

S.64/10 sehen; früher; Rettung; verboten

S.64/11 Sind Sie sich darüber klar, was das bedeutet? – ... obwohl Fische seit 500 Jahren ausgestorben sind. – Wollen Sie dem Computer die Beurteilung überlassen? – Ich verlange, sofort Ihren Vorgesetzten zu sprechen. – Ich bin überzeugt, dass Sie den Fisch in kürzester Zeit entdecken. – Sie wissen, dass vermutlich längst eine Regeneration von Luft und Wasser stattgefunden hat.

S.65/12 Lösungsbeispiele: a) Aber er tut so, als ob sie noch ein glückliches Paar wären. b) Aber er tut so, als wenn er ein gutes Einkommen hätte. e) Aber er tut so, als ob er schon mit mehreren Freunden Pläne gemacht hätte. d) Aber er tut so, als ob alles in Ordnung wäre.

S.65/13 Lösungsbeispiele: b) ... als wäre sie sehr unzufrieden mit ihnen. c) ... als wenn er der Sohn von Franz Beckenbauer wäre. d) ... als ob er alle Teller zerschlagen würde. e) ... als hätte sie drei Tage nichts gegessen. f) ... als ob sie jahrelang dort gelebt hätte.

S.66/16 a) demnächst, b) vor einigen Jahren, c) damals – jetzt, d) in der Zukunft, e) Jahreszeiten – täglich, f) in einigen Jahrhunderten, g) im Augenblick/jetzt/gegenwärtig

S.67/17 die Stunde – stündlich, einstündig; der Monat – monatlich, dreimonatig; die Zukunft – zukünftig; der Morgen – morgendlich, morgig; heute – heutig; das Jahr – jährlich, vierjährig; der Tag – täglich, zweitägig; der Abend – abendlich; die Nacht – nächtlich

S.67/18 2) in der wöchentlichen Beilage, 3) das zukünftige Zusammenleben der Menschen, 4) In diesem dreijährigen Projekt 5) täglich, 6) der morgendliche Fitnesslauf, 7) zukünftig, 8) abendliche Aktivitäten, 9) monatlich

S.67/19 b) Jetzt wird es aber Zeit; c) Kommt Zeit, kommt Rat; d) Zeit ist Geld; e) Reine Zeitverschwendung; f) Lass dir ruhig Zeit!

S.68/20 ein vierstöckiges Gebäude; Darin; die eigenen vier Wände; eines Eigenheims; Reihenhaus; Bungalows

S.68/21 Dort sieht er sich mit dem völlig anderen Leben der Ba-Yan und ihren kulturellen und technischen Errungenschaften konfrontiert. Er weiß zunächst nur, dass er 1000 Jahre in die Zukunft gereist ist, nicht aber, dass er an einem völlig anderen Ort in einer völlig anderen Kultur gelandet ist. Deshalb kommt es zu grotesken Ergebnissen. Diese kom-

LÖSUNGEN

mentiert der Chinese, der deutschen Sprache und Landeskunde zunächst unkundig, mit viel Humor. Als Leser amüsiert man sich darüber. Gleichzeitig beginnt man, Alltägliches und Selbstverständliches der eigenen Kultur aus einer gewissen Distanz zu betrachten. Sie entsteht dadurch, dass man die eigene Kultur durch die Brille eines naiven und erstaunten Fremdlings sieht. Dadurch gelingt es dem Autor, auf ironische Weise Selbstkritik bzw. Kritik an der eigenen Kultur zu üben.

S.69/22 b) Wenn Herr Siebert früher nach Hause gekommen wäre, hätte seine Frau noch nicht geschlafen. (Wäre Herr Siebert früher nach Hause gekommen, hätte seine Frau noch nicht geschlafen.) c) Wenn die Übertragung des Fußballspiels später beginnen würde, könnten wir sie ganz sehen. d) Wenn die Feuerwehr früher benachrichtigt worden wäre, hätte man das Feuer noch löschen können. e) Wenn die Umweltverschmutzung nicht den Lebensraum vieler Tiere zerstören würde, wären noch nicht so viele Tierarten ausgestorben. f) Wenn die Politiker die Warnungen der Experten wahrnehmen würden, würden sie etwas gegen die Ausdehnung der Wüste unternehmen.

S.69/23 **Konjunktiv II mit Modalverb:** sie hätte anrufen sollen; du hättest fragen müssen; ich wollte erklären; ich hätte überlegen sollen; man müsste zweifeln; wir könnten verwirklichen; **Konjunktiv II im Passiv:** wir würden gebraucht; sie wären belogen worden; ihr wärt bestraft worden; ich würde angerufen; du würdest beobachtet; wir wären gerettet worden

S.70/24 b) Hätte ich doch bloß ein neueres Auto! c) Wenn ich nur nicht immer allein wäre! d) Wenn ich bloß schlank und hübsch wäre! e) Hätte ich doch nur Kinder! f) Wäre meine Arbeit doch nur interessanter!

S.70/26 gejagt, flüchtet, entdeckt, versteckt, durchlebt, erhält, erkennt, durchsetzen

S.71/6 Man hört 5 x r. (großen, warten, Wetterbericht, brave, Haustiere)

Lektion 6

S.77/1 **Einstieg:** die Ausbildung, die Bewerbung, die Einarbeitung, die Fähigkeit, das Stellenangebot, das Vorstellungsgespräch; **Hierarchie:** der Arbeitnehmer, der Aufstieg, die Beförderung, das Gehalt, der Verdienst, der Vorgesetzte; **Struktur:** der Bereich; **Motivation:** die Beförderung, das Gehalt, der Verdienst

S.78/2a 1) Kathrin Schmoll will beruflich weiterkommen. Deshalb besucht sie einen Fortbildungslehrgang. K. S. besucht eine Fortbildungslehrgang, denn sie will beruflich weiterkommen. K. S. besucht einen Fortbildungslehrgang. Sie will nämlich beruflich weiterkommen. K. S. besucht einen Fortbildungslehrgang, da/weil sie beruflich weiterkommen will. 2) Otto Grimm macht eine Ausbildung als Bankkaufmann. Er möchte nämlich die Berufspraxis kennen lernen. O. G. möchte die Berufspraxis kennen lernen. Aus diesem Grund macht er eine Ausbildung als Bankkaufmann. Da O. G. die Berufspraxis kennen lernen möchte, macht er eine Ausbildung als Bankkaufmann. 3) Die Firma Zimmer sucht Auszubildende. Deshalb/Infolgedessen inseriert sie in der Zeitung. Weil die Firma Zimmer Auszubildende sucht, inseriert sie in der Zeitung. 4) Claudia Feuerbach braucht ein gutes Einkommen. Sie zahlt nämlich eine hohe Miete. Weil C. Feuerbach eine hohe Miete zahlt, braucht sie ein gutes Einkommen. C. F. zahlt eine hohe Miete. Deswegen braucht sie ein gutes Einkommen. 5) In großen Betrieben gibt es zahlreiche Entlassungen. Deshalb steigt die Arbeitslosenzahl stark an. In großen Betrieben gibt es zahlreiche Entlassungen, so dass die Arbeitslosenzahl stark ansteigt. Infolge/Aufgrund der zahlreichen Entlassungen in großen Betrieben steigt die Arbeitslosenzahl stark an.

S.78/3a richtige Lösung: 1 – C, 2 – F, 3 – D, 4 – B, 5 – H, 6 – J, 7 – A, 8 – E, 9 – G, 10 – I

S.79/4 aufgrund – weil – daher – infolge – zu ..., als dass – wegen – denn – zu ..., um ... zu

S.79/5 Lösungsbeispiele: a) Frau Küng ist im Berufsleben erfolgreich, weil sie keine Angst vor neuen Aufgaben hat. b) Aufgrund ihrer hohen Qualifikation hat sie bei der Stellensuche keine Probleme. c) Sie könnte sich aber auch selbstständig machen, sie hat nämlich ausreichend Berufserfahrung. d) Am kommenden Dienstag wird sie sich bei der Firma Müller vorstellen, da sie eine Einladung erhalten hat. e) Wegen ihrer ansprechenden Persönlichkeit bietet man ihr eine Stelle an.

S.80/6a Name und Adresse – Geburtsort – Geburtsdatum – Schulbildung/Studium – Berufsausbildung – Berufstätigkeit – Fortbildung – Auslandsaufenthalte

S.81/8 verantwortungsvoll – unselbstständig; kreativ – einfallslos; abwechslungsreich – eintönig; bescheiden – anspruchsvoll; teamorientiert – individualistisch; unsicher – souverän; engagiert – interesselos; gescheitert – erfolgreich; freiberuflich – angestellt

S.82/10 b) Ist es denn ... c) Haben Sie eine ... d) Und dann würde ich gern ... e) Mich würde noch ... f) Wie ist das ... g) Also, können wir so ... h) Außerdem wollte ich noch ...

S.83/12 Bei Rückenschmerzen sollte sie die Qualität ihres Bürostuhls überprüfen. Im Falle einer langwieri-

LÖSUNGEN

gen Krankheit muss sie ein ärztliches Attest bringen. Ohne Weihnachtsgeld kann sie die Videokamera nicht kaufen. Falls sie ein interessantes Stellenangebot in der Zeitung liest, erkundigt sie sich vorab telefonisch. Wenn sie am Wochenende wandert, will sie an die Probleme im Büro nicht denken. Ohne Unterstützung von ihren Kolleginnen kann sie die Verbesserungsvorschläge gegenüber ihrem Chef nicht durchsetzen.

S.84/15 a) 2 + 8; b) 9 + 14; c) 10 + 15; d) 1 + 12; e) 3 + 16; f) 5 + 11; g) 6 + 13; h) 4 + 7

S.84/16 a) nicht mehr wissen, wo uns der Kopf steht. b) Es ist noch kein Meister vom Himmel gefallen. c) reißt sich kein Bein aus. d) ist ein Trittbrettfahrer. e) Viele Köche verderben den Brei. f) Lehrjahre sind keine Herrenjahre.

S.85/18 b) ein Formular ausfüllen c) Berufserfahrung sammeln d) einen Vertrag abschließen e) seinen eigenen Lebensunterhalt verdienen f) auf den neuesten Stand bringen g) seine Kenntnisse erweitern h) einen Termin ausmachen i) Voraussetzungen mitbringen j) arbeitet man auf eigene Rechnung

S.86/20 a) Sitzen Sie den ganzen Tag im Büro, dann treiben Sie am besten zweimal pro Woche Ausgleichssport. b) Wenn Sie mit Ihrem Vorgesetzten streiten, können Sie den Betriebsrat um Hilfe bitten. c) Bei Fragen zur Arbeitszeitregelung wenden Sie sich an das Personalbüro. d) Sollte ein Kollege Sie zum Mittagessen einladen, dürfen Sie sich ruhig revanchieren. e) Falls der Strom im Lift Ihres Bürogebäudes ausfällt, bewahren Sie bitte Ruhe!

S.87/21 a) Je besser die Ausbildung ist, desto größer sind die Chancen auf dem Arbeitsmarkt. b) Je öfter der Chef seine Mitarbeiter lobt, desto motivierter sind sie. e) Je klarer das Bewerbungsschreiben formuliert ist, desto lieber liest man es. d) Je vielseitiger die Kenntnisse eines Bewerbers sind, desto größer ist das Interesse des Personalchefs.

S.87/22 b) Je ... desto; c) sonst; d) Im Falle; e) ohne; f) Sollte; g) Falls

S.87/23 **Verkehrsmeldung:** selektives Hören; Suche nach Meldungen, die mich betreffen; **Rezept:** detailliertes Hören; für das Gelingen ist jedes Rezeptdetail wichtig; **Dialog/Hörspiel:** globales Hören; erste Orientierung, Thema/Hauptaussagen erfassen; **Durchsage:** selektives Hören; Suche nach Meldungen, die mich betreffen; **Nachrichten:** globales Hören zur Orientierung, detailliertes Hören bei interessierenden Beiträgen

S.87/24 a) verheiratete Arbeitnehmer: 4, ledige Arbeitnehmer: 3, verwitwete Arbeitnehmer: 5, Frauen: 2; b) ledige Arbeitnehmer: Sie haben ihre Lebensstellung noch nicht gefunden, sie sind jung. – Verheiratete Arbeitnehmer: Sie haben Familie. Verwitwete Arbeitnehmer: Sie sind schon älter.

Lektion 7

S.87/1 -/¨: der Heiratsschwindler, der Liebhaber, der Pfarrer, der Verhaltensforscher; -e/¨e: das Bedürfnis, die Braut, der Bräutigam, der Heiratsantrag, die Liebesnacht, das Signal, der Trauschein; -er/¨er: der Ehemann; -en/-n: die Abwechslung, die Annäherung, die Bedrohung, die Bereicherung, die Ehe, die Ehefrau, die Entscheidung, der/die Geliebte, die Harmonie, die Heiratsanzeige, die Heiratsvermittlung, der Kosename, die Liebesbeziehung, die Quelle, das Risiko, die Rolle, die Spannung, die Tante, der Taufpate, der Trauzeuge, die Trennung, die Verlobung, der/die Verlobte, die Zweideutigkeit; -s: der Flirt, der Single; **ohne:** die Bereitschaft, der Liebesentzug, der Liebeskummer, die Souveränität; das Verhalten

S.88/2 In einem Bett ist eine Frau, die ein Nachthemd anhat und einen Hut aufhat. Auf dem Bettrand sitzt ein Mann in Uniform. Er hält etwas in der Hand, wahrscheinlich seinen Säbel. Während sie dem Mann den Arm um den Hals legt und ihn verführerisch anschaut, wirkt der Mann betont korrekt und distanziert. Es sieht so aus, als ob sie den Mann zu sich ins Bett ziehen will. Insgesamt wirkt die Szene künstlich.

S.88/3 mit dem Genus

S.88/4 der Kopf (2), Ereignisse (2), das Lied (3), Freundinnen (4), der Bruder (1), Partner (1), die Stelle (4), Teams (5), das Ergebnis (2) Paare (2), das Sofa (5) Untersuchungen (4), die Scheidung (4), Gewohnheiten (4), der Mund (3), Beziehungen (4), die Freiheit (4), Jahrhunderte (2), die Chance (4), Kämpfe (2)

S.89/5 - oder ¨: die Viertel, die Leiden, die Koffer, die Zeichen, die Häfen, die Mittel, die Artikel; -e oder ¨e: die Werke, die Orte, die Flüsse, die Türme, die Rechte, die Versuche, die Nächte, die Träume, die Blicke, die Ängste; -er oder ¨er: die Blätter, die Kleider, die Räder, die Dörfer, die Götter, die Bilder; -en oder -n: die Einkaufszentren, die Fabriken, die Hallen, die Galerien, die Aggressionen, die Bibliotheken, die Emigranten, die Prüfungen, die Schwächen, die Vorlieben, die Schmerzen, die Mannschaften, die Staaten, die Nerven, die Schultern; -s: die Blocks, die Radios, die Details

S.89/6 Der erste Blick ... Es gibt also ... Männer tasten ... Frauen schauen ... Im Jahr 1979 ... Der größte Teil ...

LÖSUNGEN

S.90/7 Arbeitszeit, Freizeit, Gesprächspartner, Großfamilie, Großstadt, Kindergeld, Kindergarten, Kleinstadt, Kleingeld, Lebenspartner, Lebenszeit

S.90/8 z.B. A1+B2 Wasserflasche; A1+B5 Wasserball; A2+C4 Bettdecke; A3+C1 Königsschloss; A4+B5 Fußball; A5+B3 Damenring; A5+B1 Fingerring; B1+C5 Fingernagel; B2+C3 Flaschenpost; B3+C4 Damenrock; B4+C2 Autotür; C2+C1 Türschloss; C5+A2 Nagelbett; B1+B5 Handball

S.90/9 Braunbär, Braunkohle, Gelbsucht, Gelbfieber, Gelbwurst, Weißwein, Weißwurst, Weißgold, Weißbrot, Rotlicht, Rotwein, Rotwild, Rotkohl, Schwarzarbeit, Schwarzseher, Schwarzmarkt, Schwarzbrot, Schwarzfahrer, Grünfläche, Grünkohl, Grünzeug, Grünschnabel, Blausäure, Blaubeere, Blaulicht

S.91/11 die Probleme in der Beziehung, der Blickkontakt, eine Bewegung mit dem Kopf, die Liebesheirat

S.91/12 4, 2, 5, 6, 1, 3

S.92/13 die Brautmutter, der Eheberater, der Ehebrecher, der Ehering, der Trauring, die Hochzeitsfeier, die Verlobungsfeier, die Ehescheidung, das Hochzeitsfoto, die Ehefrau, die Hochzeitstorte, das Hochzeitskleid, das Brautkleid, die Heiratsurkunde, die Hochzeitskutsche, der Ehemann, der Trauzeuge

S.92/14 die Verlobung, verlobt sein; die Scheidung, geschieden sein; der Verzicht, verzichten; ausbilden/ausgebildet werden, ausgebildet sein; die Entstehung, entstanden sein; die Erziehung, erziehen

S.92/15 der Liebesentzug, der Liebesroman, der Liebeskummer, die Liebesnacht, die Liebesbeziehung, die Liebesheirat, das Liebesverhältnis, das Liebespaar, das Liebesobjekt

S.92/16 a) lieben b) (gern) mögen c) gern haben d) (nicht) mögen e) (gern) mögen

S.93/17 Kollegin, Ostern, Brautpaar, verliebt, Richter, Brille, gekündigt

S.94/20 Lebensmuster, Kleinstadt, Partnerschaften, Wohngemeinschaften, Studienkollegen, Wohngemeinschaften, Lebensstile, Singledasein, Rücksicht, Singledasein/Lebensstil

S.94/21 Er ärgert mich. – Du siehst alles positiv. – Du möchtest die Entscheidungen treffen. – Du möchtest nicht im Hintergrund stehen. – Du bist bereit Schwierigkeiten zu akzeptieren. – Er macht alles, was sie will. – Du riskierst den Verlust des Partners. – Ich bin darüber nicht mehr informiert. – Es ist mir egal, was du machst.

S.95/22 a) die Fahrt, die Furcht, die Lage/die Liege, die Schrift, die Sprache, der Streit – das Erlebnis, das Hindernis, das Gefängnis, das Wachstum – die Bedrohung, die Freundschaft, die Bereitschaft, die Beziehung, , die Entscheidung, die Enttäuschung, die Erfahrung, die Meinung, die Trennung, die Unternehmung – die Druckerei, die Heuchelei, der Lehrer, der Verkäufer, der Schlüssel; b) die Eitelkeit, die Freiheit, die Gerechtigkeit, die Herzlosigkeit, die Schönheit, die Seltenheit, die Unabhängigkeit, die Wahrheit

S.95/23 a) Das Ergebnis, die Reaktion, Erfahrung, Bestellung, (die) Forschung, Die Verbindung, Begleitung, Bildung, Konkurrenz, Analyse; b) Faulheit, Geheimnis, Arroganz, Ehrlichkeit, Sparsamkeit, Sauberkeit, Flexibilität, Sensibilität, Kritik, Offenheit, Unabhängigkeit

S.96/24 Ergebnisse, Forscher, Zufalls, Untersuchung(en), Umgebung, Versuche, Gemeinsamkeiten, Tests, Ähnlichkeit(en), Resultat, Kleidung, Geschmack, Schlag, Persönlichkeit, Schluss

S.97/25 Herzlichen Glückwünsch zur Verlobung. – Mit den besten Wünschen zum Jubiläum.

S.97/26 scheinen – Vermutlich – scheint – wahrscheinlich/vermutlich – wahrscheinlich/vermutlich – wahrscheinlich/vermutlich – scheint – wahrscheinlich/vermutlich – scheint – wahrscheinlich/vermutlich – könnte – wahrscheinlich/vermutlich

S.97/28 Frankfurt, 17.03.20.. / Umfrage zum Thema „Kosenamen" / Sehr geehrte Damen und Herren, / Sie / Mit freundlichen Grüßen

S.98/29 (1) Laufbahn (2) Besuch (3) Assistent (4) Fachartikel (5) Privatpraxis (6) Ambitionen (7) Kreis (8) Freundschaften (9) Heimatstadt (10) Gelegenheit

S.99/30 2 – A, 3 – B, 4 – D/F, 5 – F/D, 6 – E, 7 – G

S.99/31 die, eine, die, der, Die, des, dem, der, dieses, den, der, Das, eines, die, der, die, Die, der

S.99/32 (1) an der, (2) zwischen ihnen, (3) an das, (4) zwischen, (5) mit, (6) mit, (7) durch den, (8) nach, (9) zu, (10) zu, (11) für ihn, (12) mit

S.100/33 Liebesfilm – Konflikt zwischen zwei Kulturen – jüngere Menschen

S.101/1 höfliche Österreicher, zwölf Brüder, größere Dörfer, Fröhliche Töchter, müde Söhne, kühle Flüsse, mühsame Überstunden, berühmte Künstler, fünf Übungen, Frühstücksbrötchen

S.101/3a a: kam, nahm, Paar, Saal, Schale, Straße; e: geben, Melone, nehmen, See; i: ihre, niesen, sie, siegen, Wiese, Zitrone; o: Ofen, rot, Sohn; u: Kuh, Kuchen; ö: Höhle; ü: kühl

S.101/3b a: Fall, Kasse, lachen, lassen, Wasser; e: erzählen, Messer; i: Licht, singen, Sitz, wissen; o: Tomate; u: dunkel, Puppe, Suppe, Zucker; ö: – ; ü: küssen, Mütze, wüsste

Lektion 8

S.104/2 h) ... kann man sehen, was man gerade schreibt. c) ... Eingeben (Schreiben) von Daten und Be-

LÖSUNGEN

fehlen. d) ... kann man eine Funktion anklicken. e) ... speichert man Dateien. f) ... verbindet man die Teile eines Computers. g) ... druckt einen Text auf Papier aus. h) ... kann man Bilder in eine Datei übertragen/einscannen.

S.104/3 b) Die Box, aus der es pfeift und knarzt, ... c) ... die wir erst müde belächelt haben, ... d) ... hängen wir an der elektronischen Nadel ... e) ... prägen den Umgangston nach seiner Kunstsprache ... f) ... nehmen sie die Koordinaten des Diesseits nicht mehr wahr ... g) ... und die Gebührenuhr rattert und rattert. h) ... gehörnte Ehefrauen ...

S.104/4 a) gesund, gesund sein/werden; die Sucht, süchtig; geheilt, geheilt sein, heilen; die Erkrankung, die Krankheit, erkrankt, krank; die Gefahr, gefährlich sein/gefährden; der Schaden, schädlich; missbraucht/missbräuchlich, missbrauchen; der Nutzen, nutzen; die Anhängigkeit, abhängen/abhängig sein b) erkrankte; schadet; heilen; abhängig; gefährdet

S.105/5 bevor – Sobald – bis – seit ... vor – Nach – Immer wenn – Bei –gleichzeitig

S.105/7 a) Zuerst füllt man das Wasser in die Kaffeemaschine ein. Nachdem man eine Filtertüte in den Filter getan hat, füllt man Kaffee in den Filter. Anschließend drückt man den Knopf und schaltet die Kaffeemaschine ein. h) Nach dem Anfertigen der Gästeliste ruft man die Gäste an oder verschickt Einladungskarten. Vor dem Einkauf von Essen und Getränken organisiert man die Musik. Danach wird der Raum vorbereitet und dekoriert.

S.106/8 2 C Ersatzwelt, 3 A Vielseher, 4 C handelt, 5 B geprägt, 6 C geringer, 7 0 zu lösen, 8 A Mangel, 9 C Zusammenhang

S.107/9 a) für das Fernsehen
c) Man merkt ... Man sieht ... Man kauft ... Man bezahlt ... Die Kasse ... Der Nachbar
d) Lösungsvorschlag: Zuerst merkt man, dass die Tube leer ist. Nachdem man Werbung für Zahnpasta gesehen hat, kauft man Zahnpasta. Anschließend bezahlt man sie mit Chipkarte. Schließlich registriert die Kasse den Einkauf. Gleichzeitig sieht der Nachbar Reifenwerbung.

S.108/11 A-2, B-4, C-1, D-3

S.108/12 a, b, m, h

S.109/14 (Antworten in der Anordnung: Jahr – Reihenfolge – Ereignis) 1959 – 3 – Tod des Vaters; 1981 – 6 – Gründung einer Literaturstiftung; 1952 – 2 – Geburt Jan Philipp Reemtsmas; 1980 – 5 – Verkauf des Konzerns; 1910 – 1 – Gründung einer Zigarettenfabrik durch den Vater; 1984 – 7 – Einrichtung eines Instituts für Sozialforschung; 1978 – 4 – freie Verfügung über das Erbe

S.109/15 a) suche (Konj. I), müsse (Konj. I), erhielten (Konj. II), könne (Konj. I), seien (Konj. I), gehe (Konj. I), finde (Konj. I), werde (Konj. I), sei (Konj. I), wollten (Konj. II)
b) In der Anzeige steht: Binn sucht eine oder mehrere Familien mit schulpflichtigen Kindern, sonst muss die Schule geschlossen werden. Interessierte erhalten von der Kommune in der Touristenregion Goms dafür günstige Wohnungen und einige Teilzeitstellen. Man kann beispielsweise das Verkehrsbüro des Dorfes in einer geschützten Berglandschaft leiten oder im Hotel Ofenhorn arbeiten.
Der Vorsteher der Kommune, Beat Tenisch räumt ein: Diese Anzeigen sind schon eine ungewöhnliche Art, zu Kindern zu kommen. Doch schließlich geht es um die Erhaltung der Volksschule. Wenn Binn nicht schnell noch mindestens ein Kind für die erforderlichen sieben Schüler findet, wird die Schule vom Staat aufgegeben. Doch die junge Generation ist meist noch unschlüssig in Sachen Familienplanung und die jungen Frauen wollen eben möglichst lang berufstätig sein.

S.110/16 a) 1 Sie sagt, sie lege die Diskette ein. 2 Er meint, das führe zu großen Problemen. 3 Sie meint, du nähmest die Realität nicht wahr (du würdest die Realität nicht wahrnehmen). 4 Sie sagen, die Schreibweise sei neu. 5 Er meint, ich wisse nichts davon. 6 Sie glaubt, ihr hättet die Zeitschrift zu Hause. 7 Er meint, wir müssten den Text ausdrucken. 8 Sie sagen, die Schlagzeilen brächten den Politiker in Schwierigkeiten. 9 Sie meint, er gebe sich Mühe, alles richtig zu machen. 10 Er sagt, ich wolle den Computer mit dem Lautsprecher verbinden. 11 Sie behaupten, die Informationen würden auf der Festplatte gespeichert.
b) 1 Er meinte, wir hätten die Meldung sofort erhalten. 2 Sie behauptete, die Nachricht sei auch über den Bildschirm geflimmert. 3 Er meinte, ich hätte die entführte Millionärin persönlich gekannt. 4 Er behauptete, sie sei früher einmal zu uns nach Haus gekommen. 5 Man vermutete, der Kommissar habe erneut über das Verbrechen nachgedacht. 6 Es hieß, er habe sich die Tat nicht erklären können.

S.110/17 a) Der Lehrer habe ihnen das neue Computerprogramm sehr ausführlich erklärt. b) Immer wieder hätten sie sich mit schwierigen Fragen an ihn gewandt. c) Aber alle Fragen seien detailliert beantwortet worden. d) Die Teilnehmer hätten aber auch versuchen müssen, sich gegenseitig zu helfen. e) Es habe sich natürlich schnell herumgesprochen, wie viel man in diesem Kurs lernen

LÖSUNGEN

könne. f) Aufgrund der großen Nachfrage werde der Kurs im nächsten Monat wiederholt.

S.111/18 b) Mit dem Internet habe der Mensch wieder etwas hergestellt, das er nicht verstehe, aber verstehen wolle. Die SZ stellte die Frage, ob sich die Menschheit nicht auch deshalb ins Netz stürze, weil sie nach einer neuen Utopie suche. Glaser erläuterte, dass das natürlich auch ein Grund sei. Er vergleiche die momentane Netzeuphorie mit der ersten Mondlandung. Niemand habe rational erklären können, warum so viele Milliarden Dollar ausgegeben worden seien, um drei Männer auf den Mond zu schießen. Mit dem Erreichen des Ziels sei die Euphorie dann schnell verschwunden gewesen. Die SZ informierte sich auch, ob sich die Aufregung um das Internet also bald wieder legen werde. Glaser erklärte, er sei da ziemlich sicher und er hoffe es auch. Bei der Einführung des PCs sei auch die Rede von der „größten Erfindung seit Gutenbergs Buchdruck" gewesen. Heute sei der Computer schon fast so normal wie ein Bügeleisen und die Leute fingen an, damit ruhiger und selbstverständlicher umzugehen. Die SZ wandte ein, dass das Internet doch auch unsere Welt verändere. Glaser betonte, dass man das wohl sagen könne, er habe seine Frau schließlich auch im Internet kennen gelernt. Aber andererseits habe es eine Art von Vernetzung schon vor 5000 Jahren bei den Bewässerungssystemen der Assyrer und Ägypter gegeben. Aus ihrer Organisation seien später die ersten Staatsformen hervorgegangen. Netzstrukturen hätten schon immer soziale Auswirkungen gehabt. Die SZ fügte hinzu, dass es im immer größer werdenden Internet wohl ein großes Problem sei, zu wissen, wie man nützliche von unnützen Informationen trenne. Glaser unterstrich, dass journalistische Qualitäten gefragter seien denn je. Das Printmedium werde niemals untergehen, sondern sich durch die elektronischen Medien erst richtig entfalten. Auch Bücher seien immer noch sehr praktisch. Außerdem: Kein Bildschirm könne jemals mit der Ästhetik einer schönen Buchseite konkurrieren.

S.112/19 ausgebrochen – stand – eingesetzt – schließen – verletzt

S.112/20 falsch, richtig, falsch, richtig

S.113/2 c) In ursprünglich deutschen Wörtern spricht man v wie f (Vater, verstehen), in Internationalismen spricht man v wie w (Vase, Video).

Lektion 9

S.115/1 ausgeglichen, Ausgleich, ausgleichen, nicht extrem/neutral; ausgeprägt, Ausprägung, ausprägen, deutlich sichtbar; ausreichend, ausreichen, genug; beschleunigt, Beschleunigung, beschleunigen, schneller; deftig, reichhaltig/schwer; einheimisch, Heimat, aus der Region; enttäuscht, Enttäuschung, enttäuschen, negativ gestimmt, weil eine Erwartung nicht Realität wurde; erreichbar, Erreichbarkeit, erreichen, man kann an das Ziel kommen; erschöpft, Erschöpfung, erschöpfen, müde aus Anstrengung; gesundheitsfördernd, Gesundheit/Förderung, fördern, positiv beeinflussen; lebenswichtig, Leben/Wichtigkeit, leben, für die Existenz notwenig; leistungsfähig, Leistung/Fähigkeit, körperlich/psychisch in der Lage, etwas zu tun; lecker, schmeckt gut; mittelfristig, Frist, Periode zwischen der nahen und der fernen Zukunft; naturbelassen, Natur, belassen, unverändert; stärkehaltig, Stärke, beinhalten, hat Stärke als Bestandteil; auffällig, Auffälligkeit, auffallen, sofort sichtbar/bemerkbar; behandelt, behandlung, behandeln, verändert/nicht naturbelassen

S.116/2 Herzinfarkt; Qualität; Krankheiten; Voraussetzung; Atmung; Nutzen; Ausdauer; Übungen

S.116/3 **Kalorienreiche** ...: Butter, Wurstwaren, Frittiertes, Schokolade, Öl; **Eiweiß** ...: Fisch, Milchprodukte, Fleisch, Käse, Eier; **Mineralstoffe** ...: Gemüse, Salate, frische Früchte; **stärkehaltige** ...: Kartoffeln, Teigwaren, Brot, Getreide, Reis; **ungezuckerte** ...: Tee, Wasser

S.117/4 1 = durchgelesen habe, 2 = tägliches, 3 = *um* streichen, 4 = **auf** Frittiertes, 5 = Süßigkeiten, 6 = zum Kochen, 7 = ich konsumiere, 8 = zu essen, 9 = schreib, 10 = liebe

S.117/5 (1) BEILAGEN (2) LECKER (3) GENUSS (4) WOCHENMÄRKTEN (5) MAHLZEIT (6) FERTIGGERICHTE (7) WIRKUNG (8) NATURREIN (9) GESCHMACK (10) OBST (11) GETRÄNKE (12) KOHLEHYDRATE (13) PRODUKTEN (14) GEMÜSE (15) GUTEN (16) ERNÄHRUNGSTYPEN

S.120/8 Homöopathie: Dr. Samuel Hahnemann ...; Bachblüten: Hat nichts mit ...; Reflexzonenmassage: Spezielle Massage ...; Akupunktur: Chinesisches Heilverfahren ...; Aromatherapie: Hier werden duftende ...

S.120/9 (2) nicht, (3) unterscheiden, (4) kann, (5) weil/da, (6) Beispiel, (7) wie, (8) Seite, (9) wichtig, (10) allen, (11) wir, (12) abzubauen

S.121/11 Lösungsvorschläge: (b) Um zu viel Stress zu vermeiden, sollte man ... (c) Wenn man einen gesunden und schönen Körper haben will, muss man ... (d) Zur Steigerung des physischen Leistungskraft muss man ... (e) Wenn man (gegen) Krankheiten vorbeugen will/um Krankheiten vorzubeugen, ist es empfehlenswert, ...

LÖSUNGEN

S.121/12 (a) zum (b) Für die (c) zum; Für (d) Für; zum (e) Zur; für die

S.122/14 (b) Obwohl wir nicht mehr so lange arbeiten müssen wie die Menschen früher, sind wir häufig durch die Arbeit gestresst./Wir müssen nicht mehr so lange Arbeiten wie die Menschen früher, trotzdem sind wir häufig durch die Arbeit gestresst. (c) Manche Menschen sind im Urlaub gerne faul und lassen sich verwöhnen, während andere extreme Abenteuer suchen. (d) Herr Meuer sollte sofort mit dem Rauchen aufhören anstatt immer mehr zu rauchen. (e) Karla bereitet sich auf ihr Tennismatch vor, indem sie täglich zwei bis drei Stunden trainiert. (f) Benni hat das Rauchen aufgegeben. Stattdessen isst er ständig Gummibärchen. (g) Das Fitnessstudio ist für Amelie zu teuer. Stattdessen geht sie regelmäßig joggen.

S.123/15 Lösungsvorschläge: a) Ich esse manchmal Fastfood, obwohl das sehr ungesund ist. b) Anstatt mir eine Pause zu gönnen, mache ich Überstunden. c) Während meine Mutter traditionelle österreichische Küche liebt, esse ich lieber italienisch. d) Man kann sich einen freien Tag angenehm gestalten, indem man nur schöne Dinge macht. e) Frau Sembach kauft nur in teuren Bioläden ein, ohne über die Kosten nachzudenken.

S.123/17 a) Laune b) Noten c) tragen; Aufzug/Lift d) zurückzugeben

S.124/18 a) Weil er depressiv und verzweifelt war. b) Ob sportliche Betätigung bei seelischen Problemen weiterhilft. c) Die Mehrzahl der depressiven Menschen, die regelmäßig Sport treiben, fühlten sich besser. d) die Ängste sowohl dann abnehmen, wenn die Patienten Medikamente einnehmen, wie auch durch regelmäßiges Laufen.

S.124/19 Oberbegriffe: psychische Probleme; Heilmittel

S.125/1 singen; klingen; springen; lachen; für Sachen

S.125/3 Bank – Schlange – sang – Enkel – Zangen – belangt

Lektion 10

S.127/1 **Mobilität**: eilen, die Eile; hüpfen; klettern; krabbeln; rudern, das Ruder; rutschen; die Rutsche; schlendern; segeln, das Segel; fahren, der Anfahrtsweg; der Beifahrer, fahren; sich fortbewegen, die Fortbewegung; der Führerschein; die Geschwindigkeit; der Individualverkehr; der Massenverkehr; der Mittelklassewagen; die Mobilität; das Navigationssystem; pendeln, der Pendler; schweben; die Schwebebahn; der Traktor; transportieren, das Transportmittel; der Van; **Wirtschaft**: sich erhöhen, die Erhöhung; liefern, die Lieferung; senken, die Senkung; sich vermehren, die Vermehrung; sinken; stagnieren, die Stagnation; steigen; steigern, die Steigerung; verdoppeln, die Verdopplung; zunehmen, die Zunahme; abnehmen, der Abnehmer; absetzen, der Absatz; ansteigen, der Anstieg; der Aufschwung; beruhigen, die Beruhigung; einbrechen, der Einbruch; einbüßen, die Einbuße; handeln, der Einzelhandel; die Flaute; herstellen, der Hersteller; nachfragen, die Nachfrage; umsetzen, der Umsatz; verbrauchen, der Verbrauch, der Verbraucher; wachsen, das Wachstum; austauschen, der Warenaustauch; wachsen, der Zuwachs

S.128/2 b) Der neue Typ wird bereits serienmäßig produziert. c) Verschiedene Funktionen können (von ihm) gleichzeitig ausgeführt werden. d) Während der Fahrer von einem Bordcomputer über einen Lautsprecher zum Ziel gebracht wird, wird von einem eingebauten Roboter ein alkoholfreier Cocktail serviert. e) Außerdem wird den Insassen auf Wunsch jeder beliebige Film gezeigt. f) Diese Extraleistungen müssen allerdings noch sehr teuer bezahlt werden. g) Alles in allem wird die Luxuslimousine für über 50 000 Euro ausgeliefert.

S.128/3 b) übersetzt worden, c) verkauft werden konnten, d) eingestellt werden, e) hergestellt worden, f) angeboten wird, g) abgesetzt werden

S.129/4 b) worden, werden; c) ist, werden; d) ist (wurde), wird, ist; e) werden; f) ist, wird

S.129/5 b) Einige Modelle sind schon mit einem elektronischen Beifahrer ausgerüstet. c) Außerdem ist die Innenausstattung besser verarbeitet. d) Bei allen Modellen ist eine Diebstahlsicherung eingebaut. e) Die ersten 10000 Stück sind schon verkauft. f) In den nächsten Jahren ist ein Öko-Auto geplant.

S.129/6 Fahrrad: a5, d7, e2, f4, g3, h9, l6, n14, o8, s1
Auto: b17, c18, i19, j10, k11, m13, n14, o19, p12, q15, r16

S.130/7 a) **Fahrrad**: einen Helm aufsetzen, das Schloss öffnen und abnehmen, den Ständer einklappen, aufsteigen, in die Pedale treten, das Gleichgewicht halten, schalten, bremsen, in höhere Gänge schalten; **Auto**: einsteigen, sich anschnallen, den Zündschlüssel umdrehen, die Kupplung treten, die Kupplung langsam kommen lassen, in den Rückspiegel schauen, Gas geben, bremsen, schalten, den Blinker betätigen, in höhere Gänge schalten; **Motorrad**: das Schloss öffnen und abnehmen, einen Helm aufsetzen, Handschuhe anziehen, aufsteigen, den Zündschlüssel umdrehen, Gas geben, das Gleichgewicht halten, in den Rückspiegel schauen, schalten, bremsen, den Blinker betätigen, in höhere Gänge schalten; **Rollschuhe**: einen ebenen Weg aussuchen, Knieschoner anziehen, die Schnallen einstellen,

LÖSUNGEN

einen Helm aufsetzen, gleichmäßige Schritte machen, Hindernisse umfahren, bremsen

S.130/8 a) Einige neue Entwicklungen können kaum bezahlt werden. Einige neue Entwicklungen lassen sich kaum bezahlen. Einige neue Entwicklungen sind kaum zu bezahlen. Einige neue Entwicklungen sind kaum bezahlbar. b) Die Vielzahl der Produkte kann nicht überschaut werden. Die Vielzahl der Produkte lässt sich nicht überschauen. Die Vielzahl der Produkte ist nicht zu überschauen. Die Vielzahl der Produkte ist nicht überschaubar. c) Manche Erfindungen können nicht realisiert werden. Manche Erfindungen lassen sich nicht realisieren. Manche Erfindungen sind nicht zu realisieren. Manche Erfindungen sind nicht realisierbar. d) Viele neue Modelle können besonders gut im Ausland verkauft werden. Viele neue Modelle lassen sich gut im Ausland verkaufen. Viele neue Modelle sind gut im Ausland zu verkaufen. Viele neue Modelle sind gut im Ausland verkäuflich.

S.130/9 b) Das Verschwinden der Papiere ist unerklärlich. c) Die Regel ist nicht auf alles anwendbar. d) Sein Verhalten ist unverzeihlich (nicht verzeihlich). e) Der Pullover ist in der Maschine waschbar. f) Die Hitze in diesem Raum ist unerträglich (nicht erträglich). g) Der Stift ist nicht nachfüllbar. h) Ist der Text an der Tafel auch in der letzten Reihe sichtbar? i) Die Mathematikaufgabe ist nicht lösbar. j) Jeder Mensch ist ersetzbar.

S.131/10 a) Der Antrag muss vollständig ausgefüllt werden. Sonst erhält man keine Unterstützung. b) Die Führerscheinprüfung kann leicht bestanden werden (kann man leicht bestehen). c) Die Verkehrsregeln müssen genau beachtet werden. d) Das Obst muss schnellstens gegessen werden. Sonst verdirbt es. e) Die Mikrowelle ist recht praktisch, denn darin kann das Essen schnell aufgewärmt werden. f) Dafür müssen allerdings Teller ohne Metallrand verwendet werden.

S.131/11 a) nahm ... ab/ging ... zurück, b) senken/reduzieren, c) steigern, d) ansteigt, zurückgeht/abnimmt, erhöhen, senken/reduzieren

S.131/12 ergeben: das Ergebnis; abnehmen: die Abnahme; verkaufen: der Verkauf, der/die Verkäufer/in; steigern: die Steigerung; herstellen: der Hersteller, die Herstellung; anbieten: das Angebot, der Anbieter; nachfragen: die Nachfrage; wachsen: das Wachstum, der Zuwachs; entwickeln: die Entwicklung, der/die Entwickler/in; bestellen: die Bestellung, der/die Besteller/in, das Bestellte; einbrechen: der Einbruch, der/die Einbrecher/in

S.132/13 a) 1 der für eine ... 2 als er vor Fahrscheinkontrolleuren ... 3 sonst ist er ... 4 Ersatz für das ...
b) 1 Filmmusik und Tempo eher positiv 2 Tempo eher positiv 3 Handlung/Bedeutung eher negativ 4 Hauptdarsteller eher positiv

S.134/15 b) hüpfen, c) ausgerutscht, d) krochen, e) klettern, f) rennen, g) schlenderten/raste, h) setzte er einen Fuß vor den anderen, i) gleitet

S.134/16 eine Person, die befragt wurde; ein hoher Verdienst, der verlockend ist; eine Organisation, die durchdacht ist; das Karrierepaar, das eine Wochenendbeziehung führt; die Pendlerin, die auf Kinder verzichtet; die Familien, die betroffen sind/die das betrifft

S.135/17 b) steigende Preise, c) die nachlassende Qualität, d) ein meckernder Kunde, e) zurückgegebene Ware, f) das kassierte Geld, g) ein ungelöstes Problem, h) streitende Geschäftspartner

S.135/18 die belastete Beziehung (PI), die belastende Beziehung (PII); die wachsende Unruhe (PI); das verlorene Vertrauen (PII); die befragten Personen (PII), die befragenden Personen (PI); die anstrengende Autofahrt (PI); die geliebte Hausarbeit (PII); die vorgeschlagene Lösung (PII), die passende Alternative (PI)

S.135/19 a) Er dachte darüber nach, wie man Frauen, die mit Beruf und Familie belastet sind, das Leben erleichtern könnte. b) So erfand er ein den Tagesablauf organisierendes Gerät. c) Denn sinnvoll und effektiv genutzte Zeit ermöglicht wiederum mehr Freizeit. d) Man braucht nur alle Tätigkeiten, die für den folgenden Tag geplant sind, inklusive Termin- und Ortsangaben in die Maschine eingeben. e) Sie erstellt dann einen Tagesablauf, der für jeden persönlich zugeschnitten ist. f) Dabei handelt es sich natürlich nur um einen nach Wunsch noch zu verändernden Vorschlag. g) Inzwischen ist auch die Zahl der sich für das Gerät interessierenden Männer schon stark gestiegen.

Übungstest

Lesen 1 E, 2 A, 3 D, 4 negativ, 5 H, 6 b, 7 c, 8 b, 9 b, 10 c, 11 positiv, 12 skeptisch/negativ, 13 skeptisch/negativ, 14 positiv, 15 positiv, 16 mehr, 17 wird, 18 wenig, 19 zu, 20 Alltag, 21 dem, 22 spielen, 23 um, 24 nur, 25 macht

Schreiben 2 1 aus diesem Grund, 2 musste, 3 nicht, 4 Ihrem, 5 die nahen Berge, 6 kann man, 7 blicken, 8 so dass, 9 mir, 10 mit einem neueren Bad